揺らぐ男性のジェンダー意識

仕事・家族・介護

目黒依子・矢澤澄子・岡本英雄 編

江原由美子・山田昌弘・渡辺秀樹・舩橋惠子・
直井道子・大槻奈巳・島直子

新曜社

私たちの長年の研究仲間であり，本書の共編者でもある岡本英雄さんが，2010年9月11日に逝去されました。ここに謹んで本書を捧げます。　　　　　　著者一同

　2012年6月

揺らぐ男性のジェンダー意識／目　次
　──仕事・家族・介護──

編者まえがき　v
　調査の概要／統計手法の解説　viii

I　雇用不安と男性性の変容　1

第1章
雇用不安の背景　　　　　　　　　　　岡本　英雄　2
　1　問題の設定
　2　雇用不安の理由
　3　キャリアの不安定化
　4　本調査に見る都市男性の就業・雇用・収入

第2章
社会変動と男性性　　　　　　　　　　江原　由美子　23
　1　社会変動とジェンダー
　2　「場の相違」による「男性性の複数性」
　3　フェミニズムとのかかわりで見た「男性性の複数性」
　4　「稼ぎ手役割」の喪失と男性性

II　男性意識の諸相　39

第3章
男性のジェンダー意識とパートナー関係　　山田　昌弘　40
　1　ジェンダーと規範意識
　2　ジェンダー意識とパートナー関係──二つの仮説
　3　男性のジェンダー意識とパートナー関係の相関関係
　4　考　察

第4章
男性のジェンダー意識とリプロダクティブ・ライツ
　　　　　　　　　　　　　　　　　　　　　目黒　依子　54
　　1　本論の目的
　　2　リプロダクティブ・ライツ——問題と背景
　　3　少産世代男性のジェンダー意識——リプロダクティブ・ライツとの関連
　　4　リプロダクティブ・ライツへの態度
　　5　まとめ

第5章
変容する男性の子ども観——子どもをもつことの意味
　　　　　　　　　　　　　　　　　　　　　渡辺　秀樹　72
　　1　子どもの価値の変化
　　2　多元的な子ども観——〈家の子ども〉から〈機会費用としての子ども〉へ
　　3　都市男性の子ども観——本調査の結果
　　4　男性の職業と子ども観

第6章
「仕事と育児」バランスをめぐる男性意識　　舩橋　惠子　88
　　——どのようにパートナーと分かち合おうとしているか
　　1　はじめに
　　2　男性にとっての育児
　　3　「仕事と育児」の夫婦間バランスに関する男性意識の5類型
　　4　5類型の基本的特徴
　　5　5類型の背景要因
　　6　国際比較に見る5類型

第7章
男性のジェンダー意識と介護意識　　　　　　直井　道子　114
　　1　問題と分析枠組み
　　2　3つの介護意識はどう違うか
　　3　5つのジェンダー意識
　　4　ジェンダー意識と介護
　　5　社会的属性と介護意識
　　6　共働きと介護意識
　　7　結論と考察

III　揺らぐ男性の稼ぎ手役割意識　133

第8章
雇用不安定化のなかの男性の稼ぎ手役割意識　　大槻　奈巳　134
1　雇用不安定化と稼ぎ手役割
2　先行研究をめぐって
3　雇用の不安定化，転職・離職経験と男性意識
4　社会的成功志向と男性の稼ぎ手役割意識
5　男性の稼ぎ手役割意識に何が影響を与えているか――複数の要因の検討
6　考　察

第9章
夫たちの「夫婦関係に関する意識」　　島　直子　154
　　――妻の就労と夫の経済力が及ぼす影響
1　はじめに
2　先行研究の検討――男性の性別役割分業意識に影響を及ぼす要因
3　分析方法と分析結果
4　考察と今後の課題――夫たちの「夫婦関係に関する意識」に影響を及ぼす要因

第10章
男性の家族扶養意識とジェンダー秩序　　矢澤　澄子　167
1　「男性稼ぎ主モデル」と家族扶養意識
2　先行調査の結果――女性／男性の自立と家族扶養意識
3　男性の家族扶養意識の揺らぎ
4　男性の家族扶養意識とジェンダー・アイデンティティ
5　「女性の家族扶養役割」を重視する男性のジェンダー意識・ケア意識
6　「男性＝稼ぎ手」役割を重視しない男性のジェンダー意識・ケア意識
7　「男性稼ぎ主モデル」の揺らぎとジェンダー秩序のゆくえ

付録　調査票と単純集計――都市男性の生活と意識に関する調査　193

装幀　谷崎文子

編者まえがき

　私たち「ジェンダー社会学研究会」は1995年に女性のジェンダー意識についての調査研究を行い，その成果を目黒・矢澤編著『少子化時代のジェンダーと母親意識』（新曜社，2000）にまとめたが，そのさいの分析概念として，子どもの有無や就業状況，未既婚を問わず「母親になること」「母親であること」を含む「母親意識」を用いた。正規雇用，非正規雇用（臨時やパート，契約など）のいずれでも，また男性に比べて低い報酬であっても，働く女性や共働きカップルが増加するなかで「母親意識」は日本の女性のジェンダー意識の中核をなすといえること，そして，社会環境の変化に伴い「母親意識」の内容は変化しつつも，その中核性・重要性は継続していると判断することができた。つまり，女性のジェンダー意識と母親という意識には一貫性があるということである。

　この結果から，私たちは男性のジェンダー意識とその変化についても，女性との比較という観点から父親意識に注目し，合わせて子ども・パートナー・親へのケア意識と，従来の制度的な一家のあるじ，世帯主としての職業意識のバランスが変化しているのではないかと想定した。

　日本において年功序列・終身雇用制などで男性の職業キャリア・パターンが安定していた時代には，女性のジェンダー意識が変化しても，男性は働いて家族を養うという「稼ぎ手・養い手」役割には変化がなく，男性は生産活動の主役であるというジェンダー文化や構造＝ジェンダー秩序は維持され続けた。日本的経営の成功によって男性の職業キャリア・パターンの安定が続く限り，日本社会の強固なジェンダー役割や意識は，男女を問わず個人レベルでも根強く存在していたように思われる。しかし，成果主義の導入によって男性の職場ス

トレスが増大し，男性のキャリア・パターンの安定が崩れ始め，ホームレスやフリーター，ニートといった現象に象徴されるような雇用の不安定化が現実味を増すと，男性たちの中には自分たちのジェンダー役割を柔軟にとらえる兆しが現れてきたのではないだろうか。

そこで私たちはこうした傾向がジェンダー秩序の流動化に与える影響を実証するために，男性のジェンダー意識についての調査を実施することにした。特に，男性の職業意識の揺らぎと家庭・子どもについての考え方や子ども・パートナー・親へのケア意識，男性にとっての生殖，結婚観・女性観などを探り，男性のジェンダー意識の変化と連続性への接近を試みた。

本調査から浮かび上がってきた男性のジェンダー意識の傾向のエッセンスとしては，男性の職業キャリア・パターンの不安定化は男性の雇用不安につながり，パートナーにも収入を期待する（女性にも稼いで欲しい）という意識を強める一方で，男性にとって家族を養うこと・扶養者であることは代替されない男性性として意識されていることである。

つまり，男性個人のジェンダー・アイデンティティは，世帯における「唯一の稼ぎ手」には必ずしもこだわらないが，扶養者＝養い手であることへの執着が強固であるといえるのである。これは「稼ぎ手・養い手」というジェンダー役割規範に含まれる2つの要素がそれぞれ個別の要素として分離してきたことである。これは，子ども・妻・親へのケアに対する肯定的意識とあいまって，家族のトータルな扶養者・責任者でありたい，という「修正された男性性」といえるのではないだろうか。

本調査を実施してから8年を経た現在，日本の雇用不安は増大している。アメリカのサブプライム・ローンに端を発する2008年の金融危機は，日本の経済全体への強い衝撃とともに，人びとの日常生活に急激で厳しい圧迫を加え，非正規のみならず正規雇用者にとっても失業問題は他人事ではなくなってきた。この危機的状況は1929年の世界大恐慌に匹敵するとの見方もある。

アメリカの大恐慌時代の家族においては，妻・母親は生活を支えるために就業を余儀なくされ，稼ぎ手役割が妻や息子に代替されることによって夫婦・親子の役割関係に混乱や葛藤が生じた（Komarovsky, 1940; Elder, 1974）。それ

にもかかわらず，当時の福祉・児童支援の法制度には夫・父親が一家の稼ぎ手であるという理念が映し出されていたのである。したがって，この時代のアメリカにおける夫婦の稼ぎ手役割転換はジェンダー役割の再編につながらなかった。だが，1960年代以降の産業構造の変化を経て雇用される女性が急激に増加した結果，共働き家族が多数派となり，夫のみが稼ぎ手である家族が少数派となった。このことにより，夫が自動的に世帯主となる近代家族モデルは1980年までには統計上消滅したとされた（Bernard, 1983a; 1983b）。夫＝稼ぎ手という家族モデルがこのような現実に適合しなくなったということである。男性の「家族扶養役割」の心理的側面に注目したバーナードは，多くの男性たちが男性＝養い手として「成功」するために働きバチとなる一方で，そのような「成功」を否定した男性たちが家族を棄てる傾向も見られるなど，この時代に男性の役割葛藤が少なくなかったと指摘している（*ibid.*）。

本書で描き出した日本男性のジェンダー意識は，雇用不安の深刻化が進むことにより，アメリカの経験と類似の役割葛藤を経てジェンダー役割再編という変革を導くことになるのだろうか。私たちの調査研究の成果と限界を踏まえ，多様な角度から，今後の男性意識研究が発展することを期待したい。

本調査研究は平成15〜16年度日本学術振興会科学研究費補助金（基盤研究（B）（1））研究「男性のケア意識・職業意識がジェンダー秩序の流動化に与える影響に関する実証的研究」（課題番号15330109　研究代表者目黒依子，メンバーは本書の執筆者と庄司洋子，松信ひろみの12名）の成果である。

編　者

参考文献

Bernard, J., 1983a, "The Good-Provider Role: Its Rise and Fall," in A. S. & J. H. Skolnick, *Family in Transition*, 4th edition, Little Brown & Co., 155-175.
Bernard, J., 1983b, "Foreword," in J. Scanzoni(ed.), *Shaping Tomorrow's Family: Theory and Policy for the 21st Century*, Sage Publications.
Elder, G. H. Jr., 1974, *Children of the Great Depression*, University of Chicago Press.
Komarovsky, M., 1940, *The Unemployed Man and His Family*, Dryden Press.

調査の概要

岡本　英雄

　本書の分析は主として私たちジェンダー社会学研究会が企画しておこなった2種の調査，すなわち一連のヒアリング調査と統計調査に基づいている。

　研究会では，まず統計調査の準備としていくつかのヒアリング調査をおこなった。ヒアリングの対象者はファミリー・フレンドリー（FF）企業に関する研究者およびFF企業の人事・業務担当者，父親としてのケア役割を積極的に担おうとする男性，従来女性の役割とされてきたケアを職業とする男性，ケアに関する専門職に従事する男性，男性のストレスに関する専門家などである。
　統計調査は研究会で数度の検討をおこない，東京都内在住の成人男性の職業，ジェンダー，父親意識を探る質問紙の内容を決定した。調査対象のサンプリング，実際のデータ収集，単純集計は社団法人新情報センターに委託した。

　調査種類　質問紙調査
　調査項目　職業状況，日頃の意識，結婚観や家族についての考え
　母集団　東京都区部在住25～49歳の男性
　標本数　3,000
　抽出方法　層化二段無作為抽出法
　調査期間　2004年1月15日～2月17日
　調査方法　調査員による訪問留置訪問回収法
　有効回答数　1,523（50.8％）

　データ集計および中間分析をした後に，38～49歳で有配偶，有子，有職，関東在住の男性10人に対し，仕事への思い入れとケア役割への意識・役割遂行を中心とするインデプス・インタビュー（2004年）を補足的におこなった。

　回答者の属性の概要は付録の調査票と単純集計に示されているが，簡単にそ

の特徴を述べておく。

　①年齢は 25〜49 歳までの 5 歳ごとに各年齢階層がほぼ 2 割ずつで，30〜34 歳が数％多く，45〜49 歳が数％少ない（図 0-1）。母集団ではもう少し年齢が若い方に偏っている可能性があるが，ほぼ均等に分布していると考えてよいだろう。（経験上調査拒否や不在などは若年者に多い）。

　②学歴は大学卒が半数を超え 52.2％，高卒が 26.3％と 4 分の 1 を少し上回る。専門学校卒が 16.4％とかなり多いのも一つの特徴である。一般に低学歴よりも高学歴のほうが調査に応じる割合が高いので，母集団より今回の回答者は学歴は高くなっているであろう（図 0-2）。

　③結婚の有無，同居家族は，既婚者が 61.7％である。これも，既婚者のほうが回答する可能性が一般的には高いとされているので，母集団よりも結婚している者の割合が高くなっている可能性がある（図 0-3, 0-4）。

　このように本書が分析している回答者は，想定された母集団より年齢，学歴，既婚者の割合がともに若干高いと考えられるのである。

　④就業，職業，雇用，年収については第 1 章 4 節，⑤子どもの有無については第 5 章 3 節を参照されたい。

統計手法の解説

岡本　英雄・島　直子

　本書ではいくつかの章において統計的な分析手法が用いられているが，これらの手法になじみのない読者が少なくないと予想される。統計的分析がおこなわれている個々の箇所において解説を付けることも考えられたが，論文の流れを損なうおそれもあり，また何箇所かにわたって使用されているので，ここにまとめて解説を付することにした。

カイ二乗検定

　本書が主として用いるデータは，研究の対象となっている人たち全員を調べたのではなく，その一部をサンプルとして調査対象としている。この場合大きな問題は，サンプルにおいて観察された事象が，そもそも研究対象である全体

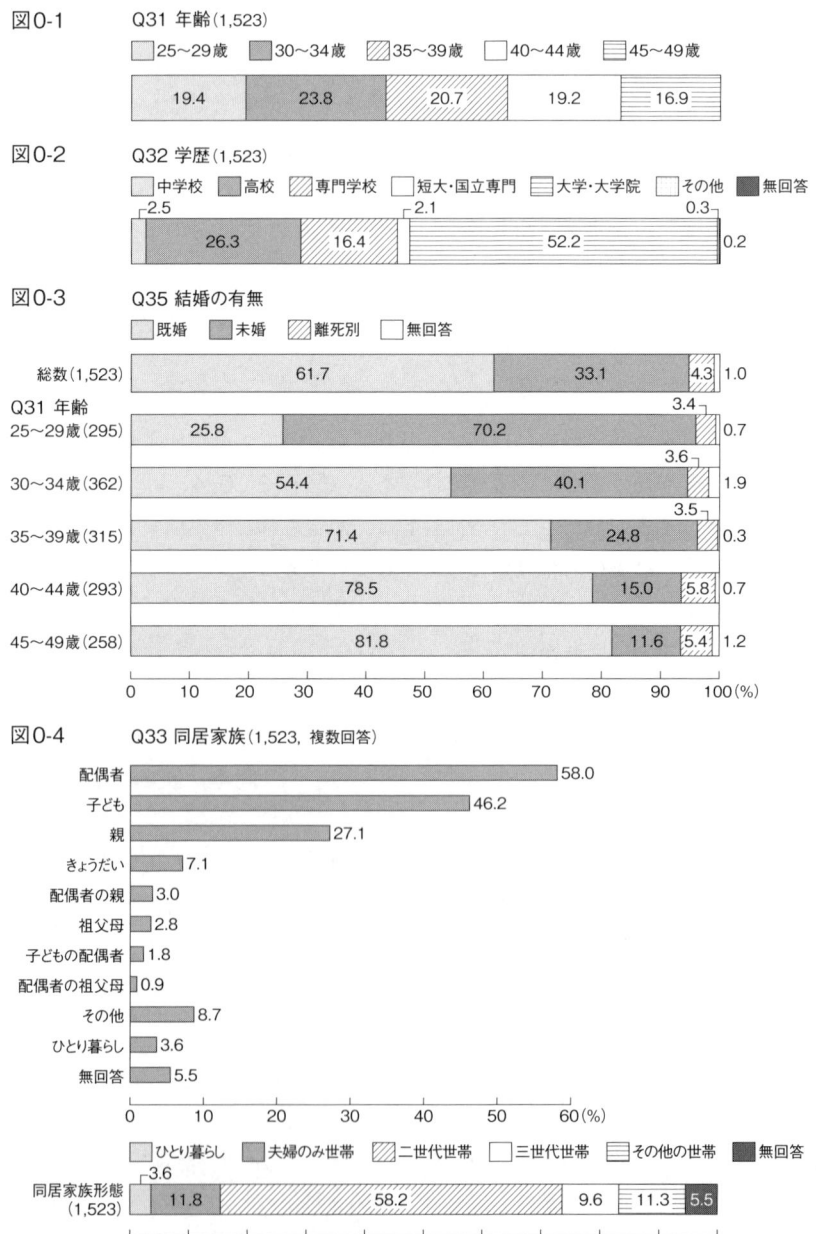

においてもあてはまることかどうか，である。たまたま，調査対象になったサンプルが偏っていたために観察されたのであって，サンプルが代表しているもとの集団（これを母集団という）では観察されない，ということもありうる。このようにサンプルの偏りによって生ずる，サンプルと母集団の間の食い違いは，サンプル誤差と呼ばれる。

2つの変数，たとえば年齢と介護意識について見ると，調査データではある程度の関連が見られる。この関連が母集団においても見られるであろうか，といった議論をおこなうときにしばしば用いられるのが，カイ二乗（χ^2）検定である。この方法は両者のあいだに関連が見られないと仮定したときに出現するはずの数値と，実際に得られた調査データの数値を比較することによってなされる。関連がないと仮定したときの値（期待値）と調査データとの差は，両者に関連がなければ0であり，関連があればあるほど大きな値になるが，一定値以上であれば，両者の関連があると判断される。「χ^2検定をおこなった結果，5％水準で有意」（$p < .05$）と表されるとき，これは両者に関連があると判断しても95％以上の確率で正しい（この判断が誤っている可能性が5％未満である）ことを意味している。

重回帰分析

たとえば，体重と身長の関係を考えると，人によって体重は異なるが，この差異は身長の差異によってかなりの程度説明がつく。このように，ある変数（たとえば体重）の差異を別の変数（ここでは身長）の差異で説明しようとすることを，体重を従属変数（説明しようとしている変数），身長を独立変数（影響をもつと考える変数）とする回帰分析という。この独立変数を増やしていくと（たとえば性別という要素を入れる），従属変数である体重をさらに精度よく推定できる。このように複数の独立変数を用いて，それらの従属変数への影響力を測定しようというのが，重回帰分析である。

重回帰分析の主な結果として示されるのは，①各独立変数が従属変数に及ぼす影響の向き（大きくする，あるいは小さくする）と大きさで，これは標準化偏回帰係数として表される。②複数の独立変数が全体として従属変数を説明できる程度，これは決定係数として表現される。標準化偏回帰係数の値のとりう

る範囲は−1〜＋1で，マイナスであればこの独立変数が大きくなればなるほど従属変数が小さくなり，プラスであれば従属変数を大きくする方向に影響力をもつ。そして符号に関係なく，絶対値が大きいほど影響力が大きいことを意味する。決定係数は0から1までの値をとり，1に近いほどこの独立変数のセットだけで従属変数を説明できる力が大きいことを意味する。

なお，性別のような要素は，身長などと違い，もともと数値で表現されるものでないが，独立変数として回帰分析に組み込めると便利である。そこで，とりあえず数値に直して回帰分析に組み込むことがおこなわれる。たとえば男性を0，女性を1というように。これをダミー変数と呼び，本書の回帰分析においてもしばしば用いられている。

因子分析

多数の質問を調査対象者におこなって，その回答パターンから回答の裏側に潜むと考えられる要因を見つけようとする手法。多数の質問をすると1番の質問に「はい」と答えた人の大部分が，3番の質問にも6番の質問にも「はい」と答えたとすると，1番，3番，6番の質問に「はい」と答えさせる，より根源的な要因が回答者にあるのではないかと推測する。これが因子分析の考え方である。

実際の分析には，質問相互間の相関係数を計算し，相関関係の強い質問群を見出すことから始まる。統計結果は，回答の背後により基本的な要因（これを因子と呼ぶ）が存在することを示唆するのみであって，その因子がいかなるものであるかは，分析者の判断に任される。通常，数個の因子を想定するが，これは群としてまとまっている程度が一定以上であるかどうかを見て，いくつの因子を想定するかを決定する。ついで各群の背後にある因子がどのような性格のものであるかを判断することになるが，これは想定した因子と，個々の質問との相関を見ながら検討することになる。ここでは統計的知識ではなく，分析対象になっている事象についての知識が動員される。

各因子と各質問項目との関係は「因子負荷量」として示され，−1〜＋1の値をとる。もちろんプラスであれば因子と当該項目との関係が正であり，マイナスであれば負の関係である。絶対値は1に近いほど関係が強いことを示す。

I　雇用不安と男性性の変容

第1章 雇用不安の背景

岡本　英雄

1　問題の設定

　日本の社会は先進国の中では例外的にジェンダー役割観が強いとされてきた。あらためていうまでもないが，この役割観で男性の役割とされているのは「家族を養うためのお金を稼いでくる」というものである。ところが近年の長期にわたる経済の停滞，急速なサービス経済化，情報化による雇用の不安定化により，男性の稼ぎ手役割がかつてのように安定的でなくなってきている。もちろん，雇用の不安定化は誰よりも先に女性をはじめとするセカンダリー・マーケットの労働力に生じているが，不安定化の規模が大きいために男性を中心としたプライマリー・マーケットの労働力にまでおよんできている。
　安定した稼ぎ手役割のもとでは性別分業意識も変化が少ないと考えられるが，稼ぎ手としての自他からの期待にこたえられない状況になったときに，分業意識は不変のままであるだろうか。これが今回の調査研究の大きなテーマである。このテーマは他の章でも扱われるが，本章では，もっぱら稼ぎ手役割の不安定化そのものに焦点をおく。
　わが国の失業率は2001年から数年のあいだ5%を超え，高い失業率が問題となった。それ以前は2%台が長かったので，5%の失業率は高失業率として騒がれたのである。しかし，諸外国の例を見ると5%台の失業率はけして高くない。ヨーロッパで近年，経済が最も好調といわれたイギリスの失業率が5%前後であり（2000～2008年），他のヨーロッパ諸国はこれより軒並み高い数字

を示していた（その後2009年にはイギリスも7%台に悪化）。

　後に触れるが，私たちの調査での失業者は調査対象者の3.5%である。調査対象者には学生や病気中の者も含まれるから，失業率として計算すればもっと低い数字になる。このように，失業を経験している者は日本社会ではそれほど多くない（もっとも多い，少ない，を判断する明確な基準があるわけではないが）。しかし，自らの雇用を「安定している」と見る者は，働いている者の7割であって，3割は「不安定」と回答している。実際に失業あるいは事業の行き詰まりを経験している者の数と比較すると，雇用の先行きに不安を感じている者はずっと多い。この関係を考えてみようというのが，この章の問題である。

2　雇用不安の理由

　人々が雇用に不安を感じ始めた理由はなんであろうか。以前と比べて相対的に高くなった失業率が，その理由として挙げられるが，上で述べたように日本の失業率それ自体は高いとはいえない。もちろん，欧米社会との雇用システムの違いから，相対的に低い失業率でも不安感を覚えさせるに十分であるということもできる。つまり，長期雇用を一般的とする日本の企業は中途採用を例外としてきたから，人々は一度失業すると再就職が困難であると考え，キャリアの途中で勤務先を変えることが珍しくない欧米よりも失業に対する恐れが強い。しかし，最近の不安感の増大はもっと基本的な雇用の変化を反映しているのではないだろうか。

　日本の経済が高度成長を経験したころに日本人のキャリアはいくつかの安定的なパターンを構築したのであるが，それが崩れ始めたことが，人々が自らの雇用に不安を抱き始めた理由であろう。キャリアのかたちは職種によって異なり，安定的となった時期，それが不安定化した時期や理由も異なる。ここではいくつかの代表的なキャリア・パターンを取り上げて，その変化を示しておく。なお，本書が男性の問題を主題としているため，ここで扱うのは男性のキャリアのみである。まず，安定的であると考えられてきたキャリア・パターンを示そう。

2.1 ホワイトカラー

ホワイトカラーは，男性に限れば現在では大学卒が大部分を占める。彼らは大学を卒業するとすぐに比較的大きな企業に勤めて，その中で昇進していくのが一般的である。職業的能力は，企業内で経験を積むことによって，あるいは企業が機会を与えてくれる訓練によって向上する。それに伴って企業内のポストと給料が上昇していくわけだが，これはいわゆる年功とかなりの程度比例する。年功制システムといわれるゆえんである。キャリア・パターンとしては，「ある企業に入り，そこで上昇して管理職に到達する」というかたちである。どこまで上昇できるかは能力以外の要素も作用するが，ある程度の上昇はほとんどの人が期待できた。これには高度成長によって多くの企業が拡大を続け，そのため管理的ポストの数が増え続けたことも寄与している。

技術系を中心として管理職でなく，スペシャリストを目ざす志向も存在するが，企業側にスペシャリストの処遇についての充分な用意がないため，彼らの多くも管理的ポスト（技術系ではあっても）を目ざすことになる。

ホワイトカラーの職業では，このようなキャリアタイプのほかに，医師，弁護士などを代表とする専門的職業があり，これらは資格を獲得すると，ずっとその仕事を続けるというキャリアになり，特定の勤務先との関係は薄い。その意味で欧米的な形態のキャリアである。しかし，このタイプは少数である。

2.2 ブルーカラー

高卒男性の一部はブルーカラーとなり，一部は販売・サービス業の分野に就職する。ホワイトカラー系の職種と異なり，ブルーカラー系では企業外の職業訓練機会がある程度存在する。工業高校，公的な職業訓練機関，さまざまな専門学校などである。したがって，入職前に特定の職業能力を身につける訓練がある程度おこなわれる。しかし，職業能力の育成の中心は企業内訓練である。OJTを核として，大企業ではOff JTもおこなわれる。

彼らのキャリア・パターンは2つに大別される。ひとつは大企業に入社したブルーカラーの場合で，彼らは企業主導の技能育成を受け「企業内で熟練度を高め，それに応じた昇進・昇給を享受する」。これは年功制の昇進・昇給システムである。したがって，ホワイトカラーとパターンとしては基本的に同じで，

目ざすところが管理職でなく，熟練工としての処遇である点が異なるだけである。

いっぽう中小企業に入社したブルーカラーは，そこでは年功制の処遇システムが存在しないため，より上位の地位に就くために別のキャリア戦略をとることになる。彼らは，経験を積むことによって自ら技能を高め，その技能を正当に評価してくれる企業を探してそこに移る。多くの場合，彼らのキャリアの最終目標は，独立して自らの企業（多くの場合個人企業）を起こすことである。「技能を順次高めて，独立する」ことを目ざすキャリアタイプである。大工などの職人の場合もこれと同じパターンである。

2.3　販売・サービス従事者

販売・サービス業の分野は多様であり，そのキャリア・パターンを単純化することは難しい。伝統的な販売・サービスの分野，すなわち商品販売の店員，飲食店の調理人や店員などは特別な技能をもたずに就職して，そこで経験を積むことによって職業能力を獲得するのが普通である。ある企業に長く勤めてもそれほど賃金が上昇するわけでもなく，管理的ポストも存在しないので，勤続があまり意味をもたない。そのため，彼らの目標は「経験を積んで独立する」ことになる。この点で，彼らのキャリアタイプは中小企業で働くブルーカラーと共通する。

サービス業は急発展を遂げているが，拡大しているのは産業としてのサービス業であり，そこで働く人の多くは専門技術的職業や事務的職業に就いている。職業としてのサービスでは社会福祉関連の職業（ホームヘルパーなど）の増加が目立つ。これらの職業では，職業能力は就職する前に訓練機関によって育成される。そして資格を得た後就職する。より上位の職種に就くためにはそれに必要な資格を改めて取得しなければならない。これは欧米社会に多いキャリアタイプであるが，日本ではまだ増加し始めたところであり，しかも多くは女性によって占められているので，男性のキャリアでこのタイプは少ない。

3 キャリアの不安定化

　日本の男性のキャリアは上記のようなものが主要なタイプと考えられてきた。これは研究者の認識だけでなく，一般にも認められていたと思われる。上述のキャリアをさらに単純化すれば，「企業の中で努力していれば，キャリアはなんとかなる」「技能と経験を身に着ければキャリアはなんとかなる」という認識が一般的にあった，といえよう。そして，これらのコースに沿って人々は努力してきた。各人が到達できた地点は異なっても，コースそのものが疑われることはほとんどなかった。

　しかし，現在はこのキャリア・パターンの安定性が疑われ始めている。これまでは努力の方向が示されており，それに従って努力していけば（ある程度の）キャリアを獲得することができた。ところが，このキャリアパターンの安定性が失われ始めたのである。このために失業率の数字以上に，雇用不安が広がっていると考えられる。では，どのようにキャリア・パターンは不安定化したのであろうか。その過程は職種等によって異なるので，それぞれについて検討する。

3.1 ホワイトカラー

日本的雇用慣行の変化　現在，日本の社会で雇用が不安定化しているという印象を与えている最大の要素は，ホワイトカラーの世界で起きている変化である。日本の企業は，日本的経営と呼ばれた独特の経営方針をもってきたが，これが変化しているというのである。日本的経営のうち雇用と関連の深いものは，(1) 新規学卒採用，(2) 長期雇用，(3) 年功制である。戦前に誕生して，戦後むしろ強化され，高度成長期に完成したこのシステムは，現在転機を迎えている。これは企業を取り巻く環境が変化したことで，これまでのシステムが効率的でなくなったと考えられ始めたことによる。ここで詳細に環境の変化について述べることはできないが，ここ10年の経済的停滞が従来の雇用のあり方に対する評価を変えたことは間違いない。第二次大戦の終了直後には，合理的でないとして多くの学者や評論家たちから (1)(2)(3) に低い評価がなされたが，

第1章　雇用不安の背景

日本の社会には適合的なシステムであったため，存続あるいは強化され，結局高度成長をもたらした要因のひとつとされた。それが，ここ10年の経済的低迷のため，再び低い評価に戻ったのである。

　現在日本企業が採用しようとしている雇用システムは，いわゆる成果主義の導入である。日本的経営が成果を問題にしなかったわけではけしてない。大きな成果を挙げてきて，それが日本の経済発展を支えてきたのである。その成果が長期的に見た場合の成果であるのに対して，現在いわれている成果主義は短期的な成果である。つまり従来のシステムは長期雇用を前提として，入社以降定年前後に企業を辞めるまでに受け取る報酬とその間の彼の貢献のバランスがとれればよかったのに対して，現在の成果主義は短期的に報酬と貢献がバランスすることを求めている。長期雇用が前提でなくなれば，長期的なバランスで見ることは不可能になる。

　長期雇用が非効率的であると見なされるようになった要因は，企業が従業員に求める職業能力の変化が激しく，短期的に人材を入れ替えないと対応できないためとされる。ITをはじめとする技術の急速な進歩，グローバル化もその一因である。商品やサービスの需要と供給の短期間の変化などに対応するため，企業はその生産方法や販売方法，マネジメントの方法をつねに変化させることを余儀なくされる。これに伴い，企業が構成員に求める知識・技能が変化する。従来の企業内でおこなってきた知識・技能の養成では，この変化に対応できないので，そのつど必要な人材を外部から導入するのが合理的とされるようになった。したがって，従来の「ひとつの企業の中で努力していればキャリアはなんとかなる」というわけにはいかなくなったのである。

　こうして長期雇用は望ましい雇用形態とされなくなり，それに伴って年功制も変化し，その時点時点での成果に応じた報酬・昇進が決定される。また企業による訓練は減少し，個人個人で訓練を受けなければならない。あまりに変化が速いと企業外の訓練機関はそれに対応した訓練を与えることができないので，IT関連の企業などでは企業内訓練を実施せざるを得ない場合もある。これらがどの程度実際に導入されているかは吟味を必要とするが，この方向への変化が，ホワイトカラーに自分たちのキャリアは不安定化したと考えさせることは間違いない。

先に述べたように，日本の企業は企業規模の拡大に伴う管理職ポストの増大を自社の従業員でまかなってきたために，これまでのホワイトカラーはある程度の昇進を期待できた。しかし，企業規模の拡大は常態ではなくなり，合併・分離・吸収が必ずしも例外的な現象でなくなって，管理的ポストは増大せず，しかも内部昇格が当然ではなくなった。管理的ポストの減少はITの進歩による部分もあるとされる。つまり情報の処理が容易になったために，管理職の階層を少なくする（組織のフラット化）傾向があり，このため管理職ポストが少なくなる。すなわちホワイトカラーにとってキャリアが限定されたものになる。

非正規雇用の増加　この日本的雇用慣行と呼ばれたものの変化と並んで注目されているのは，いわゆる非正規雇用の増加である。これは正規雇用を圧縮して，パートタイマー・アルバイト，派遣労働者，請負作業従事者で代替しようとする傾向である。ホワイトカラーの分野では，定型的な事務処理がこれらの労働力によって分担されることが多いが，これらはもともと女性によってなされることが多かったので，男性のキャリアにはそれほど多くの影響を与えていない。ただ，IT関連の職種では派遣労働の導入がかなりおこなわれている。

システム・アナリストなどコンピュータ関連の職種では，当初職種ごとの労働市場が形成される可能性が予想された。つまり，欧米と同じようにこの職種に従事する者は企業の枠にとらわれずに勤務先を移動し，採用側も専門能力のみに注目して採用するようになるのではないか，というのである。この場合キャリアは「ひとつの職業をずっと」というかたちになる。しかし，この予想は全面的には的中しなかった。この関連の職種のキャリアは他の職種よりも流動性が高いが，従来型のキャリアつまり企業が訓練して育成し，ずっと雇い続けるキャリアタイプも従事者の数が増えるに従って増加した。

3.2　ブルーカラー

ホワイトカラーは現在の日本の雇用者の中で最大のグループであり，また高学歴であることなどから，発言力や注目度も大きく，日本人のキャリアのイメージの形成を左右する。しかし，ホワイトカラー以外の職種でもキャリアの不安定化は進んでおり，むしろホワイトカラーはその変化が一番遅かったグループなのである。

製造業では生産技術の発展の速度は速く,技術革新という言葉は何度も使われた。日本の雇用慣行はこの技術革新の波に適合的であった。従業員は企業の負担で訓練を受けるために,それに対して抵抗が少なく,もっている技能が陳腐化していくことに強く反対しなかった。改めて企業が訓練を与えてくれたからである。したがって,戦後何度かの技術革新はブルーカラーのキャリアに対して大きな影響は与えなかった。しかし,ITの進歩は彼らのキャリアの一部に大きな影響を与えた。この影響は大量生産の分野と多品種少量生産の分野で異なった展開を見た。

大量生産の分野では,専用の自動機械を開発しても採算が合うために,早くから機械化,自動化が進み,その機械を操作するにはそれほど高度の技能を必要とせず,中心となるのは半熟練工であった。ただし,生産に支障が生じた場合の対処などには経験の蓄積が求められ,工員の勤続が長くなれば貢献と年功的な処遇はマッチした。もっともこれは少数の工員に当てはまることで,半熟練の技能のみですむ多くのブルーカラーでは,体力を必要としない生産工程の分野は女性に占められ,体力を必要とする分野では季節工が多く働いていた。大量生産の分野でも基本となる金型の製造,修理などの分野では次に述べる多品種少量生産の場合と同様であった。

多品種少量生産の分野では,熟練が必要とされ続けていた。ひとつの製品を生産するために専用の機械を開発したのでは採算が合わないため,汎用の機械を用いて個人の力量に頼った生産がおこなわれた。旋盤工などの機械加工が代表的事例であるが,工員たちは職人的な訓練過程を経て腕を磨き,それに応じた待遇を受けてきた。この分野で必要とされる技能が大幅に変化したのは,ITの導入による。工作機械を例にとれば,熟練工が図面を見ながら加工の手順を考え(頭脳の働き),それに対応して手腕を活かして(手足の動き),製品を生産してきたのが,工員が機械を直接動かすのではなく,入力されたデータによって動くものになった(数値制御機械と呼ばれる)。プログラムを入れると機械装置はそのプログラムにしたがって加工をおこなうようになったのである。手足の動きは機械の中に組み込まれ,頭脳の働きはプログラムの中に収められる状態になった。男性ブルーカラーの代表的存在であったこのタイプの熟練工は「技能を磨いていけばキャリアは何とかなる」という状態でなくなった

のである。この技能の2極分解と呼ばれる現象は図式どおりに起きているわけではないが，方向としてはこのように進み，キャリアを不安定化させた。

3.3 販売・サービスの職業
　この分野のキャリアを変えたのは，必要とされる技能の変化と，組織の変化である。サービス業では調理人の一部や理髪師など従来と同じようにキャリアが形成されているものもあるが，変化したものも多い。技能と経営知識を蓄積して個人業主を目ざすのがモデル的なキャリアであるが，たとえばチェーン化した販売店や飲食店などでは従来の技能は不要になっている。コンビニエンスストアの店長は従来の小売店主にあたるが，仕入れ，販売，経理，店員の管理など経験を蓄積して獲得してきたスキルはあまり役立たなくなった。そこではマニュアルに従って行動することを要求されるばかりである。ある程度の資本があれば，誰でも参入可能だが，その後の展開は難しい。つまり，キャリアとしての発展性に欠ける。また，チェーン化した飲食店では熟練は必要なく，店員から次第に店主になっていくというルートはなくなってきている。これらの領域における管理的ポストはホワイトカラーとして本部に入職する人たちによって占められる。

　実は学歴社会といわれる日本において，低い学歴しか獲得できなかった人たちが，学歴と関係なく活躍できる分野が個人業主だったのである。そこでの成功は学歴と直接的な関係がなく，低学歴でも大きな収入と高い社会的評価を獲得できるチャンスがあると信じられていた。その分野の多くがあまり発展性のないキャリアで占められるようになってしまったのである。ここでも「技能と経験を積んで努力すればキャリアは何とかなる」ではなくなった。

3.4 キャリア目標の不明確化
　従来は明確なキャリアの類型がいくつか存在し，人々はそれを目標に職業生活に励んできた。それが，いま述べてきたようにいずれも確かさが失われるようになった。しかも新しいキャリアの類型はまだ現れてきておらず，人々は不安を強めている。これが，実際の失業率以上に雇用についての不安感が存在する背景なのである。このことはまた，現在社会問題のひとつになっているフリ

ーターやニートの増大の背景ともなっている。

4 本調査に見る都市男性の就業・雇用・収入

ここで今回の男性意識調査（2004）に現れた雇用不安について簡単に紹介しておく。どのような人が失業しているかについてはサンプルの大きさが充分でないので，雇用に不安を抱いているのはどのような人たちであるかについて述べる。

4.1 就業の現状

本書のほかの章でも就業と関連づけて議論がなされるので，ここで簡単に調査回答者の就業状況について述べておく。調査対象は東京都区部在住 25〜49 歳の男性であり，有効回答数は 1,523 人である。Q1 就業状態では，就業している者は 1,417 人（93.0%）であり，ほとんどが就業している。就業していないのが 106 人で，この半数が失業中である（53 人，全体の 3.5%）。日本全体の男性の失業率は 4% 台であるから，それよりは低くなっている（図 1-1）。

Q3 職業では，就業者 1,417 人のうち自営業主が 186 人，その家族従業者が 32 人で合わせて全体の 15.4% となっている。自営の専門的職業（自由業）が 55 人（3.9%），商工サービス業が 130 人（9.2%）である。雇用者（勤め人）は 1,193 人（84.2%）であり，その職業を大分類で見ると，最も多いのが事務職 534 人（全体の 37.7%），ついで労務職 248 人（17.5%），サービス職 9.2%，販売職 7.9%，管理的職業 6.5%，専門的職業 5.4% である（図 1-2）。

Q3-1 雇用形態は常勤が 86.0% で，契約社員が 6.8%，臨時・パートが 3.7% である。Q4 勤め先の従業員数規模は 1,000 人以上と官公庁を大企業と見なせば 27.2% が大企業ということになる。一方，小規模企業で働いている者も多く，5 人以下の企業が 18.3%，6〜30 人未満が 17.2% ある（図 1-3）。

Q5 年収にも触れておこう。回答者のうち働いている者の年収の平均は約 530 万円である。メディアン（中央値）の属するカテゴリーは 400〜500 万未満である。Q6 職業の満足度では自分の収入に満足している者は 4 割（「とても満足」＋「やや満足」）で，不満な者が 6 割（「やや不満」＋「とても不満」）であ

図1-1　Q1 就業状態(1,523)

☐就業(1,417)　■失業中(53)　▨学生(30)　■その他(23)

| 93.0 | 3.5 | 1.5 | 2.0 |

図1-2　Q3 職業(1,417)

☐自営業主・農林漁業(1)　☐自営業主・商工サービス業(130)　▨自由業(55)　■家族従業者(32)
☐勤め人・管理的職業(92)　☐勤め人・専門技術職(77)　☐勤め人・事務職(534)
■勤め人・労務職(248)　▥勤め人・販売職(112)　▨勤め人・サービス・保安職(130)　▨その他(6)

| 9.2 | 3.9 | 6.5 | 5.4 | 37.7 | 17.5 | 7.9 | 9.2 | 0.4 |

（-0.1、2.3）

図1-3　Q3-1 雇用形態(1,193)

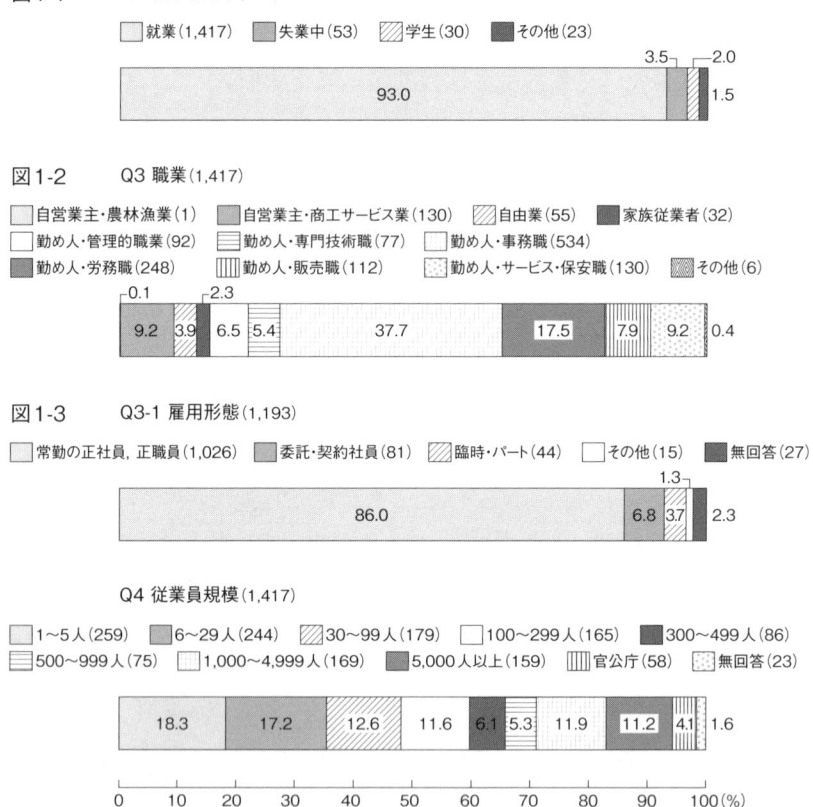

☐常勤の正社員, 正職員(1,026)　■委託・契約社員(81)　▨臨時・パート(44)　☐その他(15)　■無回答(27)

| 86.0 | 6.8 | 3.7 | 1.3 | 2.3 |

Q4 従業員規模(1,417)

☐1～5人(259)　■6～29人(244)　▨30～99人(179)　☐100～299人(165)　■300～499人(86)
▤500～999人(75)　▦1,000～4,999人(169)　▨5,000人以上(159)　▥官公庁(58)　▨無回答(23)

| 18.3 | 17.2 | 12.6 | 11.6 | 6.1 | 5.3 | 11.9 | 11.2 | 4.1 | 1.6 |

0　10　20　30　40　50　60　70　80　90　100(%)

る。ただし，職業の総合的な満足度は逆転して満足という者が6割近く，不満が4割強である（図1-4）。

　Q9 3年間の収入変化を全員に聞いているが，「ほぼ横ばい」が最も多く37.6％，増えたほうは「やや増えた」が23.1％，「かなり増えた」は3.0％である。減ったほうは「やや減った」が19.8％，「かなり減った」が14.6％であり，減ったとする者が増えたとする者より多くなっている。ただし，Q10 今後の収入見通しとしては「横ばいが続く」を予想する者が半数近く（48.1％），「増えたり，減ったりする」者が21.9％で，「増えていく」と予想する者が「減っていく」と予想する者より多い（17.3％と12.0％）（図1-5）。

第1章 雇用不安の背景

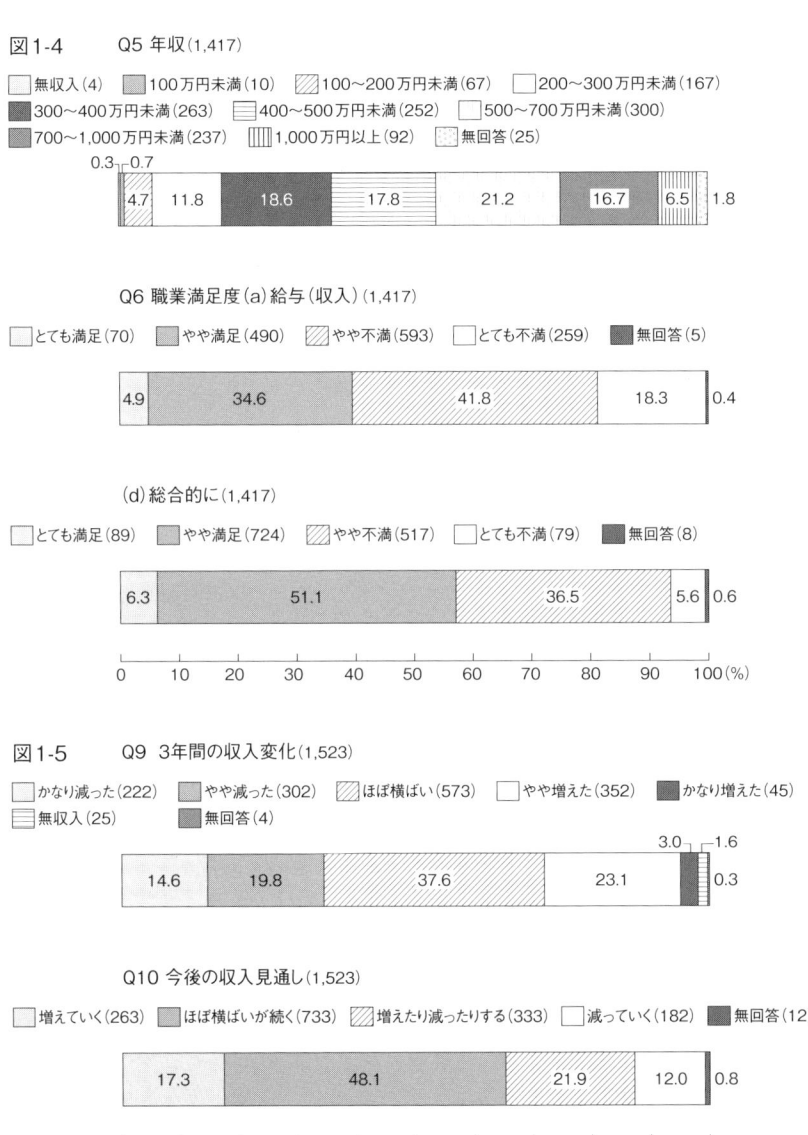

図1-4　Q5 年収(1,417)

- 無収入(4)
- 100万円未満(10)
- 100～200万円未満(67)
- 200～300万円未満(167)
- 300～400万円未満(263)
- 400～500万円未満(252)
- 500～700万円未満(300)
- 700～1,000万円未満(237)
- 1,000万円以上(92)
- 無回答(25)

0.3　0.7　4.7　11.8　18.6　17.8　21.2　16.7　6.5　1.8

Q6 職業満足度(a)給与(収入)(1,417)

- とても満足(70)
- やや満足(490)
- やや不満(593)
- とても不満(259)
- 無回答(5)

4.9　34.6　41.8　18.3　0.4

(d)総合的に(1,417)

- とても満足(89)
- やや満足(724)
- やや不満(517)
- とても不満(79)
- 無回答(8)

6.3　51.1　36.5　5.6　0.6

図1-5　Q9 3年間の収入変化(1,523)

- かなり減った(222)
- やや減った(302)
- ほぼ横ばい(573)
- やや増えた(352)
- かなり増えた(45)
- 無収入(25)
- 無回答(4)

14.6　19.8　37.6　23.1　3.0　1.6　0.3

Q10 今後の収入見通し(1,523)

- 増えていく(263)
- ほぼ横ばいが続く(733)
- 増えたり減ったりする(333)
- 減っていく(182)
- 無回答(12)

17.3　48.1　21.9　12.0　0.8

13

4.2 転職・離職経験

雇用の安定・不安定は何よりも転職に表れるであろうから，まず転職の状況を検討する。Q8 3年以内の転職・離職経験では，転職経験者は4分の1で，かなり多いといってよいだろう。Q31 年齢分布を見ると転離職者は若い人ほど多くなっている。25〜29歳で37.6%，30〜34歳で29.6%，35〜39歳と40〜45歳は19.7%と21.2%，45〜49歳が12.4%であって，年齢との関係は明確である。キャリアの転換が近年になって起きていることの反映であろう（図1-6上）。

Q3 職業別ではサービス・保安職と販売職で特に多く（それぞれ43.1%，34.8%），次いで労務職と家族従業者が多くなっている（26.6%，25.0%）。特に少ないのが当然のことながら管理的職業（5.4%）で，事務職も比較的少ない（16.7%）（図1-6下）。

先に見たように転職・離職の経験者は全体の4分の1いたわけであるが，その理由は「転職のため」という，選択肢のなかでは比較的積極的な理由をあげた者が33.4%で最も多く，次が「仕事や事業の先行きに見切りをつけた」27.8%である。「解雇された，倒産した」は12.6%，「退職奨励」「契約期間満了」はそれぞれ3.2%，6.4%である。健康や家庭の事情があわせて6.4%で，「その他」も9.6%ある。「解雇，倒産」と「退職奨励」は明らかに不本意な離職であり，両者を合わせると2割近い。「先行きに見切りをつけた」は積極的な離職か不本意な離職か微妙であるが，キャリアの安定性が損なわれ，途中で方向を転換しなければならない状況が少なくないことを示している（図1-7）。

Q8-1 転職・離職理由を年齢別に集計したのが図1-7下である。積極的な転職理由と考えられる「転職のため」は年齢が若いほど多い理由である。全体で2番めに多かった「先行きに見切りをつけた」は35〜39歳で最も多く，その前後ではやや少なくなっている。「解雇，倒産」は40歳以上で多く，若い層は少ない。「退職奨励」も同様である。この結果は，普通常識的に考えられていることと合致している。健康上の理由や家庭の事情による者は，この調査対象者の年齢の範囲内では明確な傾向は見られない。

第1章 雇用不安の背景

図1-6　Q8　3年以内の転職・離職経験

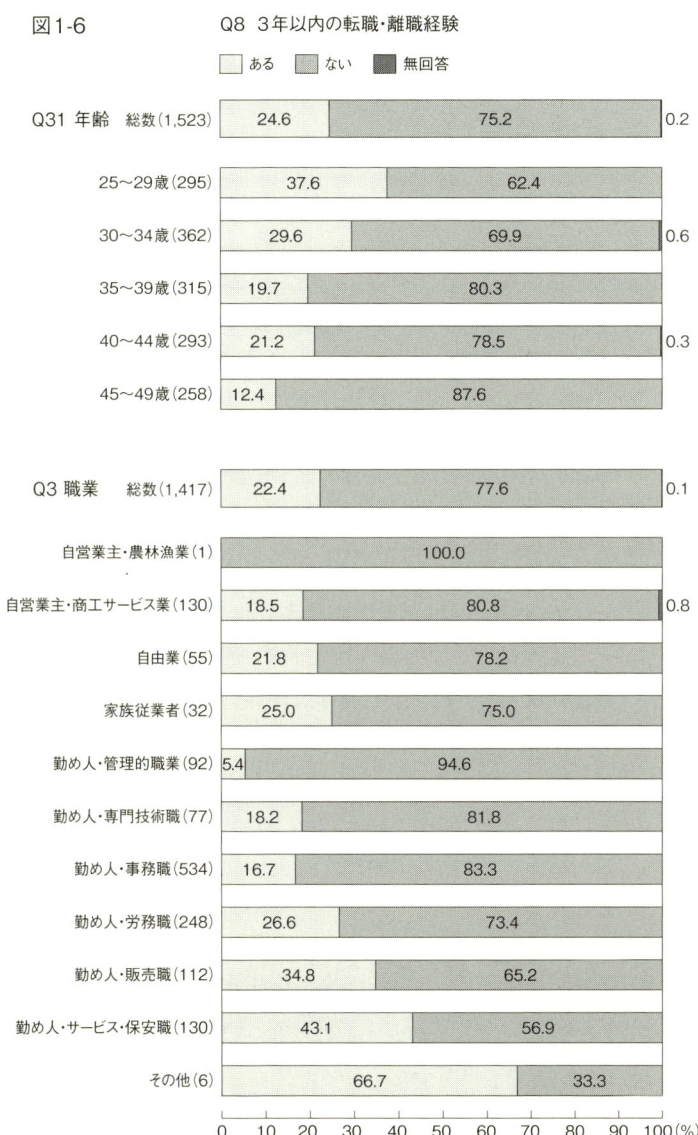

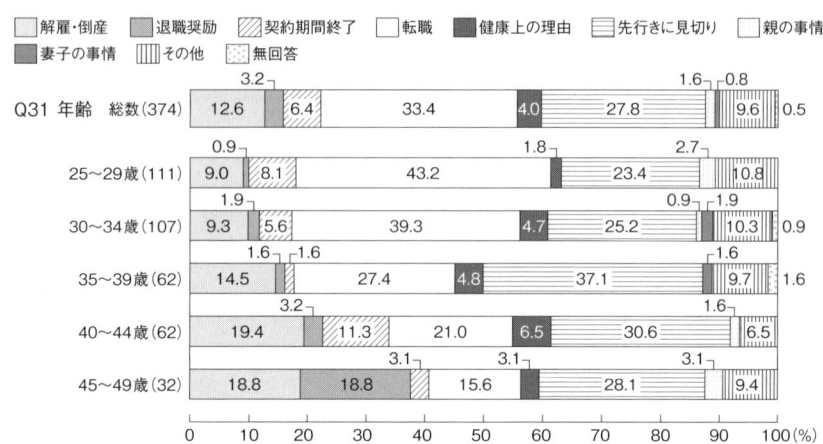

図1-7　　　　Q8-1　3年以内の転職・離職理由

4.3　収入

　男性には稼ぎ手役割が期待されるとすれば，男性は何よりも収入を確保しなければならない。図1-8はQ9 3年間の収入変化をQ32学歴別に見たものである。中学卒と短大卒はサンプル数が少ないので別とすると，「増えた」（「やや増えた」+「かなり増えた」以下同）は学歴が高い層に明らかに多い。高校卒の16.5%に対して大学卒は31.4%あり，倍近くである。これに対して「減った」（「かなり減った」+「やや減った」以下同）は学歴が低い層に多い。ただし，高校卒の41.6%に対して大学卒30.9%と「増えた」場合ほど学歴による差は大きくない。「ほぼ横ばい」も高校卒のほうが大学卒より多いがその差はさらに小さくなっている。

　3年間の収入変化をQ5年収別に見た時どのようになっているかを示したのが，図1-9である。「増えた」とする者は700万円以上の層で多く，300万円未満では少ない。逆に「減った」とする者は300万円未満，特に200万円未満で多い。「減った」結果年収が少なくなった，あるいは「増えた」結果多くなったことが考えられるが，いずれにせよ収入の変化が所得を平準化する方向へは変化していないことが示されている。

　次にQ10 今後の収入見通しについて見ていく。

　図1-10は今後の収入見通しをQ32学歴別に集計したものである。「増えて

第1章 雇用不安の背景

図1-8 Q9 3年間の収入変化

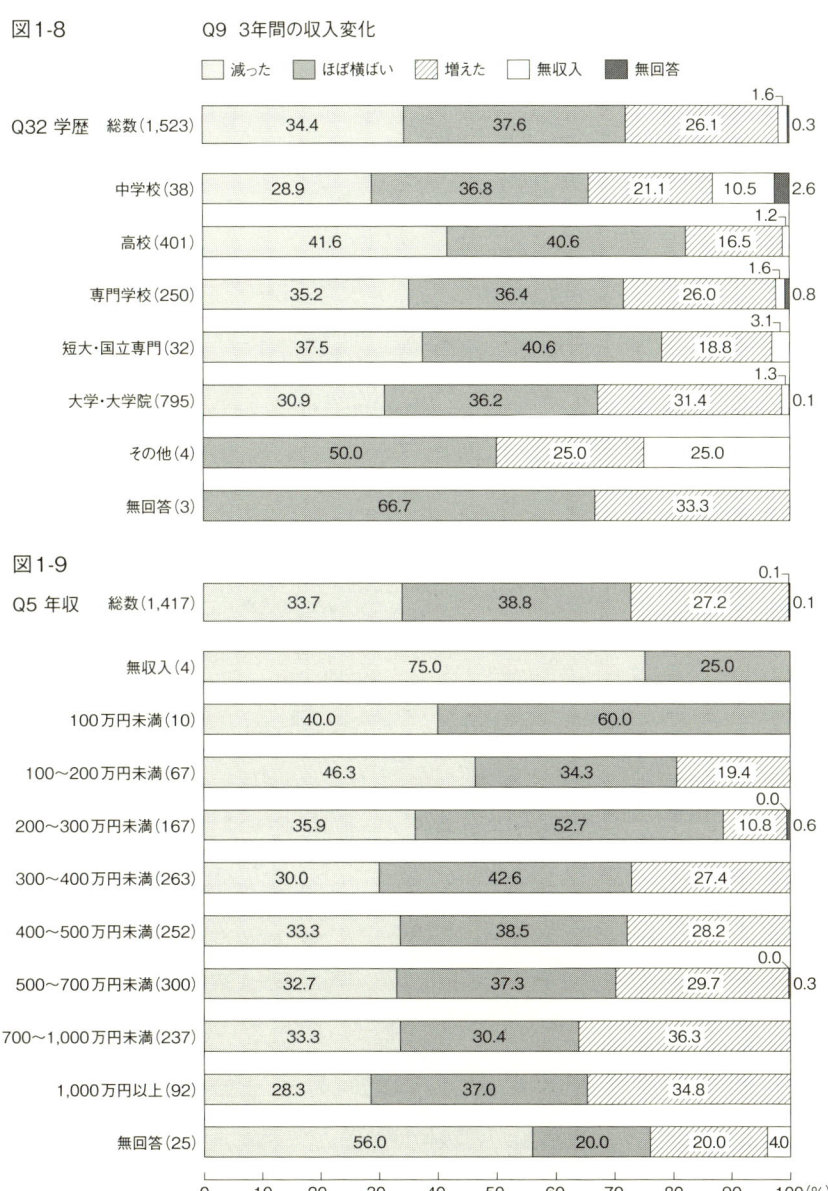

図1-9 Q5 年収

図1-10

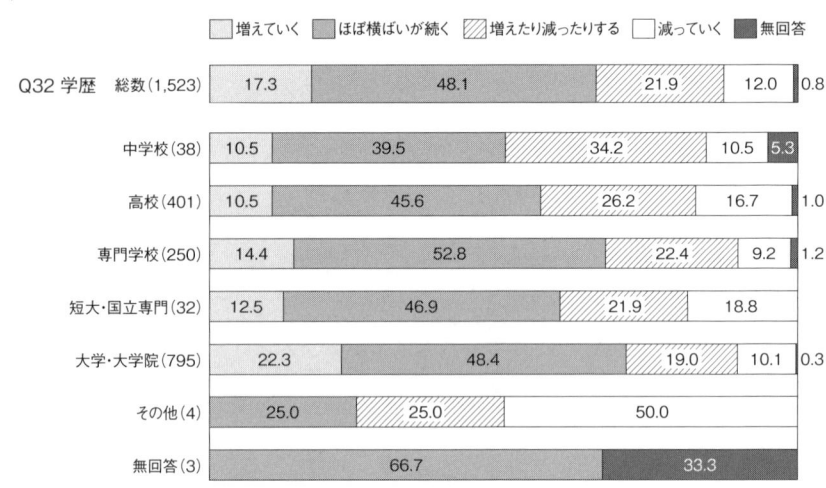

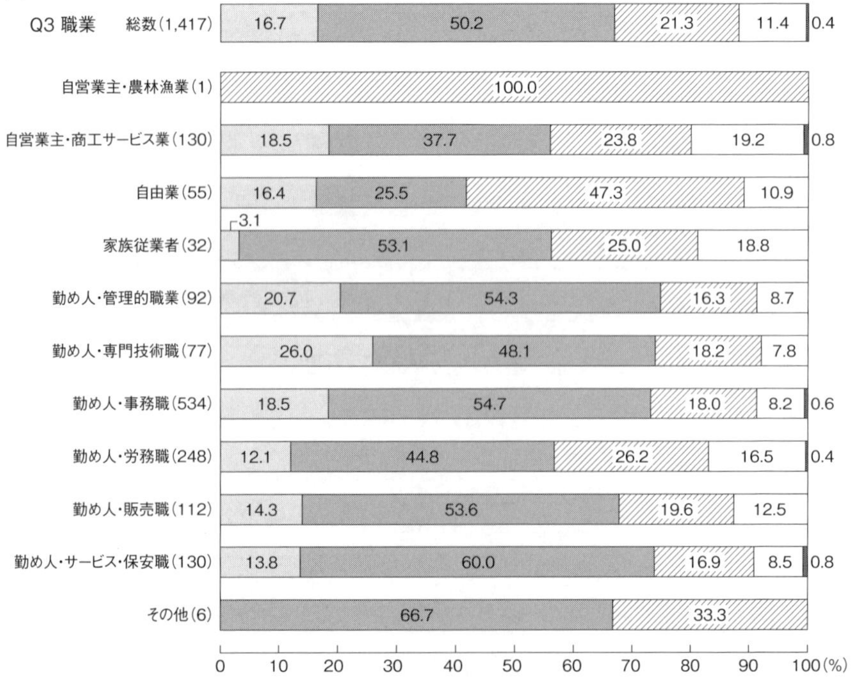

図1-11

第1章　雇用不安の背景

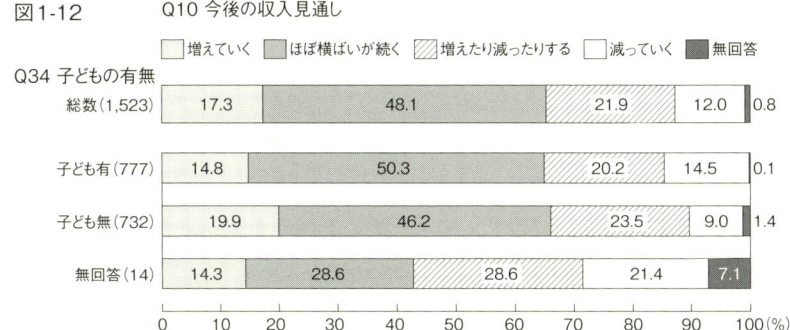

図1-12　Q10 今後の収入見通し

いく」という見通しは高校卒より大学卒に多く，1対2である（10.5%と22.3%）。逆に「減っていく」と答えた者は大学卒より高校卒に多い（10.1%と16.7%）。「ほぼ横ばいが続く」という回答は学歴差が小さい。興味深いのは「増えたり減ったりする」という回答が「減っていく」と同様に大学卒より高校卒にずっと多かったことである。収入のまさに不安定を予想しているのであるが，これも低学歴に多いことになる。

今後の収入見通しをQ3 職業別に見ると図1-11のようになる。「増えていく」は専門技術職に特に多く見られる。ほかに比較的多いのが管理的職業，事務職，自営業の商工サービス業である。少ないのは家族従業者，労務職，販売職，サービス・保安職である。「減っていく」という見通しが多いのは，自営業の商工サービス，家族従業者，労務職，販売職などである。ほとんどの職業が「増える」と「減る」が対照を成しているのに対して，商工サービス業はどちらも多くなっており，明暗の見通しが混在している。層として見通しの明るい者と暗い者が混じっているばかりでなく，ひとりの人が不安定な見通しをもつ場合もかなり含まれていることは「横ばい」を予想する者がほかの職業よりずっと少ないことからもわかる。「横ばい」が少ないのは自由業も同様であり，自由業は「増えたり，減ったりする」が特に多くなっている。総じて自営業の場合は雇用者よりも収入の見通しが不安定である。

Q34 子どもの有無と関連させて収入の見通しを見たのが，図1-12である。「増えていく」という回答は子どものいる者よりいない者の間で多く，「減っていく」は逆である。これは子どものいる人たちのほうが年齢が高いことから来

19

ているのであろうが，今後の収入見通しは子どものいる世帯でより深刻であることが示唆されている。

4.4　雇用・事業の安定度

今後の収入見通しと密接に関係があると思われるが，Q7 雇用・事業の安定度について，男性たちはどのように感じているだろうか。図 1-13 は予想されることながら，高学歴のほうが雇用は安定（「とても安定している」+「どちらかといえば安定している」以下同）が多くなっている。ただ，高校卒で「安定」が 65.0% に対して，大学卒は 73.7% であるから決定的に差があるとはいえないだろう。過去の調査データがないのでなんともいえないが，高学歴だからといって雇用の安定が保証されるとはいえないようである。

雇用・事業の安定度を Q3 職業別に見たのが図 1-14 である。安定が多い職業は事務職，専門技術職，管理的職業である。官僚制的組織に多く見られる職業で，当然安定とつながると考えられる。この対極は自営業である。自営業は本質的に不安定という考えもあるが，かつてはそれなりの安定性を保っていたものである。しかし，近年は特に不安定となっていることがうかがわれる。雇用者（勤め人）の中で比較的不安定なのは販売職，労務職である。

雇用の安定は企業規模との関連が予想されるので，それを確かめてみよう。図 1-15 が Q4 従業員数との関連を示す。大企業に勤務する者ほど雇用・事業が「安定」と考えることが明瞭に示されている。特に 30 人未満では不安定さを訴える者が多くなっている。

4.5　まとめ

以上簡単に，男性に期待されている稼ぎ手役割が揺らいでいる状況を検討した。一般に予想されてきたことと特に異なった結果が示されたわけではないが，かなりの規模で不安定化が進行していることが示されている。

参考文献

岡本英雄，1988，「変革を迫られる日本人のキャリア」『上智経済論集』33(2)，上智大学経済学会：150-163.

第1章　雇用不安の背景

図1-13　Q7 雇用・事業の安定度

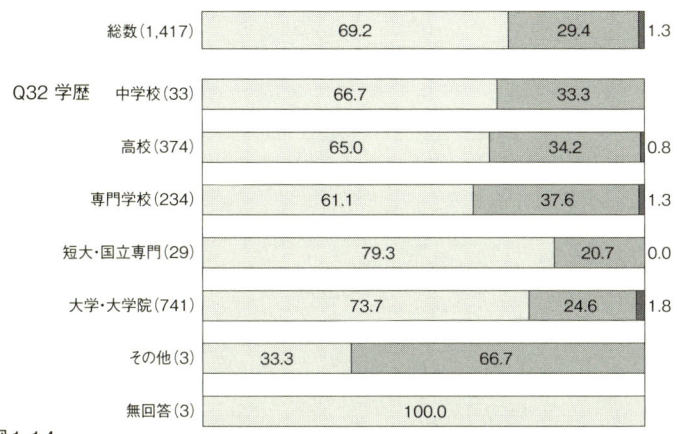

凡例：安定／不安定／無回答

区分	安定	不安定	無回答
総数(1,417)	69.2	29.4	1.3
Q32 学歴			
中学校(33)	66.7	33.3	
高校(374)	65.0	34.2	0.8
専門学校(234)	61.1	37.6	1.3
短大・国立専門(29)	79.3	20.7	0.0
大学・大学院(741)	73.7	24.6	1.8
その他(3)	33.3	66.7	
無回答(3)	100.0		

図1-14
Q3 職業

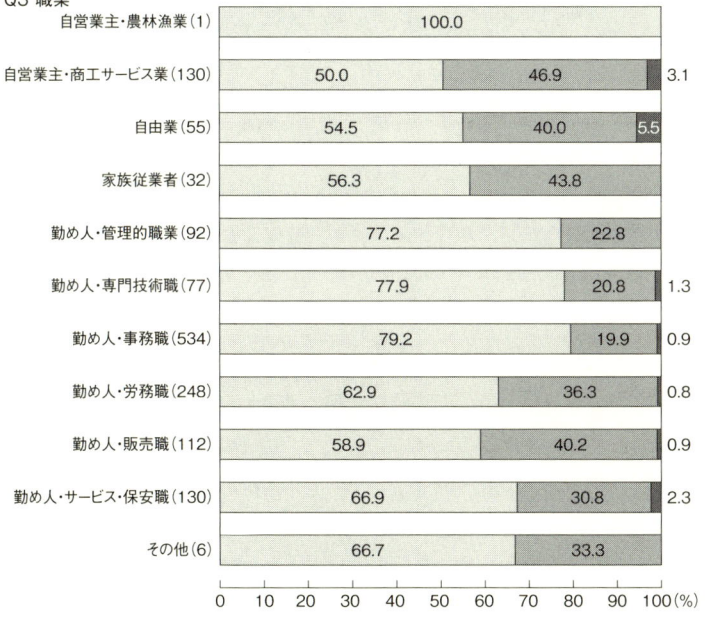

区分	安定	不安定	無回答
自営業主・農林漁業(1)	100.0		
自営業主・商工サービス業(130)	50.0	46.9	3.1
自由業(55)	54.5	40.0	5.5
家族従業者(32)	56.3	43.8	
勤め人・管理的職業(92)	77.2	22.8	
勤め人・専門技術職(77)	77.9	20.8	1.3
勤め人・事務職(534)	79.2	19.9	0.9
勤め人・労務職(248)	62.9	36.3	0.8
勤め人・販売職(112)	58.9	40.2	0.9
勤め人・サービス・保安職(130)	66.9	30.8	2.3
その他(6)	66.7	33.3	

図1-15　Q7 雇用・事業の安定度

□ 安定　■ 不安定　■ 無回答

Q4 従業員規模

従業員規模	安定	不安定	無回答
1～5人 (259)	48.3	49.4	2.3
6～29人 (244)	61.5	37.7	0.8
30～99人 (179)	67.0	31.8	1.1
100～299人 (165)	70.3	29.7	
300～499人 (86)	80.2	17.4	2.3
500～999人 (75)	74.7	22.7	2.7
1,000～4,999人 (169)	82.8	17.2	
5,000人以上 (159)	88.1	11.3	0.6
官公庁 (58)	93.1	5.2	1.7
無回答 (23)	47.8	39.1	13.0

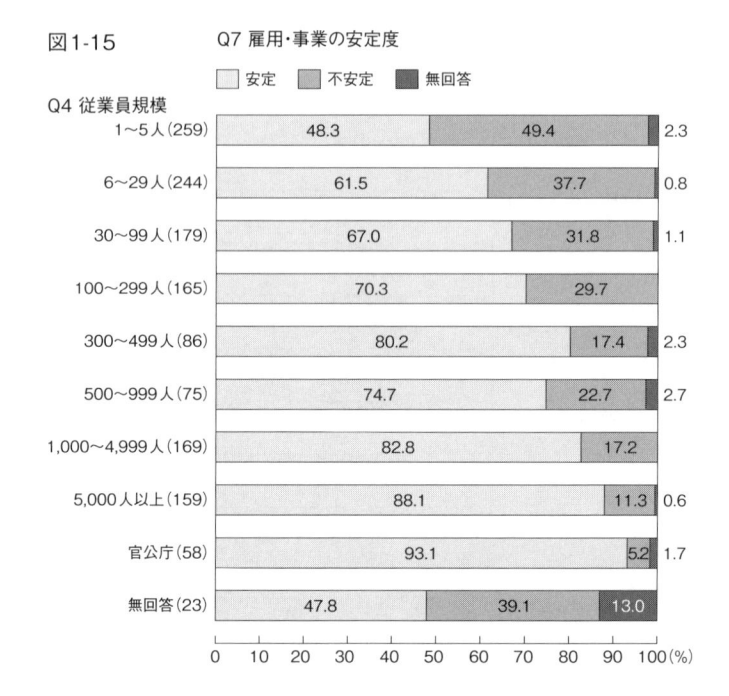

岡本英雄，2000,「職業の100年（特集20世紀の軌跡・日本の社会）」『統計』51(11), 財団法人日本統計協会：22-28.

大竹文雄，2005,『日本の不平等——格差社会の幻想と未来』日本経済新聞社.

白波瀬佐和子編著，2008,『リーディングス・戦後日本の格差と不平等 第3巻——ゆれる平等神話1986-2000』日本図書センター.

第2章 社会変動と男性性

江原　由美子

1　社会変動とジェンダー

　本書は，社会変動が男女間の社会関係にいかなる影響を与えるのかを，主題としている。ジェンダーは社会構造の構成要素であるとともに，個人のアイデンティティの中核的構成要素でもある。ゆえに，社会変動によって家族や職場などの社会集団内の役割達成度や達成可能性に変動が生じれば，個人のジェンダー・アイデンティティにも大きな揺らぎを生じさせずにはおかない。この揺らぎは，一時的な心理的問題を帰結する以上の変化，すなわち当該社会の役割観や性役割規範等をも，変化させる可能性をもっている。本章では，この主題を探求するうえで有効だと思われる「男性性」についての見方を検討する。

　本書において主題とされている社会変動とは，「日本型雇用慣行の崩壊」である。この本の基礎になっている調査が行われた時期は，ちょうど日本経済が，長期にわたる不況期に入り込んだ時代であった。深刻な不況に対処するため，多くの企業で解雇・リストラが行われ，失業率が急上昇した。給料の上昇も止まり，消費が低迷した。また新規学卒者就職も困難さを増し，超氷河期という言葉も生まれた。人件費を節約するために，正規雇用労働者を非正規雇用労働者で代替する傾向も強まり，格差社会が問題となった。すなわち，長期雇用・年功序列型賃金を基本とする「日本型雇用慣行」が完全に崩壊し，安定した収入を得られなくなった男性たちが大量に生まれた。

　現代日本社会における「男性性」は，経済的稼得能力に重点をおいていると

言われる。ゆえに，上記のような経済状況の変動は，日本社会に生きる男性たちに大きな影響を与えるものと考えられた。私たちの問題関心は，グローバル化に伴う格差の拡大によって「男性稼ぎ手型」家族の形成や維持が，次第に困難になっている現代日本において，都市部在住の男性たちが，性役割意識やジェンダー・アイデンティティを変化させるのだろうか，また変化するとしたらどのような変化なのかということであった。ゆえに，本章においては，男性性のなかでも特に，以下の章において分析される経済変動期の現代日本都市部に居住する男性たちの意識と行動を理解するうえで有効と思われる，男性性の諸要素に焦点を当てることにする。

一般に，個々の男性の性役割観やジェンダー・アイデンティティは，非常に多くの要素の複雑な織物として存在する。男性性役割についての考え方は，ひとつではなく非常に多様性がある。そうであれば，同じ経済的状況の変化に直面しても，どのような男性性役割観をもっているかによって，対処の方法が異なる可能性がある。また当該社会における支配的な男性性役割意識やジェンダー・アイデンティティを構成する要素も，多様性があり，その諸要素の配置いかんによっては，変化の方向性が異なってくる可能性がある。ゆえに本章においては，社会変動と男性性の関連性を考えるうえで必要な，「男性性」を構成する諸要素や，男性性役割意識の類型等を検討し，社会変動と男性性との関連性の，複数の筋道を考えることにする。

2 「場の相違」による「男性性の複数性」

2.1 男性性と女性性の違い

「男性性」とは，本稿では二項対立的に形成されたジェンダーの一方の項をさす。すなわち「男性と性別判定された人に割り当てられ期待される性格・行動・態度」などを意味することとする。

一般に歴史的社会においては，「男性性」は「女性性」に比較して，高い評価が与えられている。「男性性」は，人間としてあるべき理想のあり方だと考えられているのである。ゆえに，男性は努力して「男らしくある」ことを学ぶ必要があると考えられている。男子教育の中心的理念の一つは，「男になる」

ことを学ぶことである。「男らしく」あることは，賞賛され，推奨される。時には，「女性が『男らしくする』こと」も，「許容されたり賞賛されることもある」。しかし，「男性が『女らしくする』ことに対しては，非難というよりも感情的な拒否反応が生じる」(山田，1999)。つまり多くの社会において，男性には，「男としてうまれた以上，『男になる』べきだ」というプレッシャーがかけられているのである。

「女性性」を構成する要素が複数あるように，男性性を構成する要素も複数あると考えられる。「男性性」を構成する要素としてどのような要素が挙げられるだろうか。

伊藤は，男性性を，優越志向・所有志向・権力志向という3つの志向性によって把握し，その志向性が発揮される場として，男性同士の競争・闘争という場と，女性を相手にする場を挙げた（伊藤，1993）。男性性が発揮される場として，女性を相手にする場だけでなく，「男性同士の競争・闘争」という場が重要な意味を持つことは，「女性性」と比較した場合に「男性性」がもつ大きな特徴である。この伊藤の男性性論は，男性性の複数性を考えるうえで，どのような場（文脈・社会領域など）における男性性なのかがもつ意味の重要性を指摘していると，考えることができよう。

2.2 「男性同士の競争・闘争という場」と「女性を相手にする場」の関連性

男性性の複数性を考えるうえでの「場」の重要性は，たとえば，R. W. コンネルの男性性論にも見出すことができる。コンネルは「男性性」がもつ，この「男性同士の競争・闘争の場」との密接な関連性という特徴から，「男性性」のなかに，「支配的男性性」と「従属的男性性」という「男性性」の多様性を見出した（Connnel, 1995）。一般に「男性性」においては，男性間においても「支配―従属」という関係性が成り立ち，「従属的男性性」は，より「女性性」に近い位置におかれる。また「男性間の競争・闘争」における勝敗は，女性に対する「支配力」と関連性をもつように，観念連想されることが多い。すなわち，「男性同士の競争・闘争の場」において優越する男性が，「女性を相手にする場」において女性を手に入れることができると考えられる傾向がある。逆に言えば，男性にとって，「男性同士の競争・闘争」に負けることは，「女性を支

配することの失敗」「女性を手に入れられないこと」「女性を失うこと」を想起させ、逆に「女性に支配されること」「女性から捨てられること」は、「男性同士の競争・闘争における敗退」をも想起させるように、思われるのである。この2つの場における男性性が重ね合わされる傾向があることは、男性性アイデンティティを考えるうえで非常に重要な点であるように思われる。

本調査における Q13（f）「男らしくないと、女性にはもてないと思う」という考え方に対する賛否を問うた問いは、この「男性同士の間の競争・闘争」と「女性を手に入れられる可能性＝女性を支配できる可能性」についての観念連合に関連する問いであると解釈できよう。確かにこの問いにおいては、何を「男らしさ」と考えるかどうかについては何も規定してはいない。しかし、伊藤が示したとおり、一般に「男らしさ」には、優越志向が含まれるとするならば、それは当然「男性同士の競争・闘争の場」において勝者であること（「スポーツができる」とか「勉強ができる」等の特性をもつこと）、あるいはそうした「競争・闘争の場」において勝者であるための性格的条件（リーダーシップ・判断力・強い意思など）が含まれていることは、明らかだろう。この問いに対して、「そう思う」「どちらかといえばそう思う」を選択した人は48.8%であり、「どちらかといえばそう思わない」「そう思わない」を選択した人50.6%に比較してやや少ないとはいえ、ほとんど拮抗しており、この観念連合の根強さをうかがわせる結果となっている（有効回答数1,523人。以下同）。

2.3 「女性との関係」における男性性の複数性

では「女性との関係」における男性性の複数性としては、どのようなものが考えられるだろうか。

江原は、ジェンダー秩序を構成するパターンを、(1) 性別分業、(2) 異性愛という2つのパターンによって把握した（江原, 2001）。この江原の枠組みは、伊藤やコンネルが指摘した男性性の2つの場のなかでは、基本的には女性との関係において男性性が定義されていると言いうるだろう。この枠組みにおいては、「男性性」とは、自分の責任において主体的に活動を行うこと（性別分業＝男性は活動の主体、女性は他者の活動を手助けする存在）、女性に対して性的欲望をもち女性を獲得しようとすること（異性愛＝男性は性的欲望の主体、

女性は性的欲望の対象）という、2つの要素からなるものとして把握することができる。

「男性性」をこの2つの構成要素から構成されるものと考えるとすると、男性は性別分業パターンからは、「自分自身の志に従って生きるのではなく、他者の手助けをして過ごす＝他者に従属して生きること」が「男らしくない」として否定され、異性愛パターンからは「他者から性的対象として扱われること」、あるいは「性的対象を得ることができないこと」などが、「男らしくない」として否定されることになる。家事や育児など、他者の都合に合わせて働くことが要求される「世話をする」という労働が、男性性ではなく女性性と結びつけられていること、他の男性の性的対象となることを含意する同性愛者男性が、多くの社会で「男らしくない」存在と考えられていることなどは、男性性についてのこのような2つのパターンによって、説明できよう。また、この2つの男性性の軸をクロスさせる（それぞれ＋／－を、強い／弱いに対応するものとする）と、①性別分業的男性性（＋）・異性愛的男性性（＋）、②性別分業的男性性（＋）異性愛的男性性（－）、③性別分業的男性性（－）異性愛的男性性（＋）、④性別分業的男性性（－）異性愛的男性性（－）という、4つのタイプを見出すことができる。

たとえば、性別分業パターンの男性性を、「経済力がある（＋）／ない（－）」、異性愛パターンの男性性を、「結婚している（＋）／していない（－）」という変数によって把握する場合であれば、上記の4タイプの男性性はそれぞれ、以下のような男性によって代表されることになる。①は、既婚の妻子を養う「伝統的男性」、②は、経済力はあるが結婚していないシングル男性、③は、専業主夫の男性、④は、ニートでシングルの男性などである。

2.4 「英雄的男性性」「立身出世的男性性」「家長的男性性」

さらに別の「場の相違」による「男性性の複数性」を考えてみよう。

一般に、ジェンダーに関連する変数は、生活領域における「公私」の分離という問題と、密接に関連している。ならば、「公／私」という場の分化に関連して男性性を考えることは、多様な場に対応する男性性を考慮するうえで、有効だと考えてよいだろう。

現代社会においては，社会構造の分化が進行し，公的領域と私的領域が分化したと言われる。しかし，この公私分離に関しては従来から，国家と市民社会（官と民）という区分と，家庭の外と内という区分の2つが存在することが指摘されている。この指摘に従うならば，近代社会においては，公私分離に関して，大きく国家・市民社会・家族という3領域が存在すると言いうることになる。ここから，この3領域に対応した3種類の男性性を考えることができるだろう。すなわち，①国民国家という場における民族や国家に献身する男性性（「英雄的男性性」），②市民社会的・市場経済的競争に打ち勝ち「尊敬されるべき地位」を手に入れる男性性（「立身出世的男性性」），③夫・父として家族を守る責任を負う男性性（「家長的男性性」）などである。

　この3つの領域における男性性を区別することによって，3つの男性性の関連性，つまり相互補完性や相互代替性，両立可能性の有無などを考えることが可能になる。このことは，「社会変動と男性性」という主題を考えるうえで極めて重要であるように思われる。すなわち，近代社会においては，国民統合のため，あるいは諸危機に対応するために，国家機関や企業など多様な組織が，男性性に関する戦略を張りめぐらしており，そこでこの3つの男性性が，相互補完的・相互代替的に，利用されているからである。

　たとえば近代国家は，男性市民に参政権を付与することと交換に，兵役を課し，国家に対して「血と汗を流す」ことを義務づけた。ここには，政治参加という「市民社会の場における男性性」を国家に対する「英雄的男性性」と不可分に結びつける戦略が，見出せる。また実際には，「英雄的男性性」の実現は，家族に対する責任という「家長的男性性」と矛盾する側面があったにもかかわらず（戦争に行くことは家族に対する責任の多くを果たせなくなることを意味する），この矛盾を糊塗するかのように，さまざまな制度や言説が生み出された。たとえば，地域社会において戦死者を英雄としてほめたたえ，遺族に対して「尊敬されるべき地位」を付与したり，戦死者の遺族に経済的な保障を与えたりすることで，この矛盾を見えなくしようとしたのである。また，「英雄的男性性」を証明しえた退役者に，優先的に大学への入学資格を与えたり，就職に有利になるような特権を与えることによって，国家的男性性と市民社会的男性性，「英雄的男性性」と「立身出世的男性性」の矛盾を調停しようとするこ

ともあった。

　他方，大衆文化においては，「英雄的男性性」や「立身出世的男性性」を証明した男性を，最も優れた恋人や結婚相手として理想化するような言説が，大量に生み出された。「立派な男性」の妻になることが，女性の最大の名誉であるというわけである。しかし，このような諸施策にもかかわらず，3つの領域における男性性の間の矛盾をなくすことは，依然として非常に困難なままであった。戦時など，家族にとって最も父親・夫が必要な時期に，父親・夫は「お国のため」というより大きな「使命」のために，家族を置き去りにしなければならないなどの例のように。与謝野晶子の「君死にたもうことなかれ」の反戦詩も，この英雄的男性性と家長的男性性の矛盾をついたものだといえるだろう。

　戦時などの非日常的な状況ではない場合でも，この3つの男性性を同時に追求することは，なかなか困難である。一般に，英雄・ヒーローになること（国家や共同体のために献身し，人々から尊敬される存在になること）は，立身出世することと矛盾する。また，立身出世することは，地道な職業人としてかつ良き夫・良き父として生きることと，矛盾するのである。この3つの領域の男性性のどれを優先するかによって，男性たちは自分の生き方を模索してきたといってもよいだろう。ミュージシャンとして成功するという自分の夢（立身出世的男性性）を捨て，妻と子どもを養うため（家長的男性性）に「地道な仕事」に就くことを決意する男性。愛する人と家庭をもつ夢（家長的男性性）をあきらめ，国家の危急存亡を救うため，あるいは「地球の平和を守る」ため（英雄的男性性），命を懸けた戦いに向かう男性。これら小説やマンガに表れる物語のほとんどは，3つの男性性の矛盾として描けるように思われる。

2.5　日本社会における「男性性」の変容

　この3つの領域に対応した男性性を区別することは，時期や社会によってどのような男性性が強調されているのかを記述するうえでの概念装置としても，有効に使用しうるように思う。以下においては，戦前から現代に至るまでの「男性性」の変容に関して，ひとつの仮説を提示することを試みよう。

　現代日本社会における「男性性役割」は，一般に経済的役割に特化していると言われる。このことは本調査においても，以下のような結果から確認しうる。

まず，Q12「人生にとって重要なこと」に対して，最も多くの男性が「とても重要」だと回答したのは，(d)「幸せな家庭をつくる」(66.2%)，ついで (c)「趣味や余暇を楽しむ」(50.6%)，(b)「好きな仕事ができる」(48.7%) であり，(e)「人のためになることをする」(29.6%) や (a)「社会的に成功する」(20.0%) を大きく引き離した。ここから，男性が人生において重要と考えることは，「公私」という観点から見たとき，かなり「私生活」に偏っていることがわかる。現代日本社会においては，少なくとも表向きには，「人のためになる」ことをする（「英雄的男性性」）や，「社会的に成功する」（「立身出世的男性性」）は，「幸福な家庭をつくる」ことと比較した場合，あまり重要だとは考えられていないのである。

しかし，この「幸せな家庭をつくる」うえで重要な男性の役割とは基本的に「経済力」である。Q30「男性の自立にとって重要なこと」においては，(a)「経済的に自立している」(c)「家族を養うことができる」を「とても重要」とした男性はそれぞれ 78.9%，71.2% である。また Q14「夫婦や家族のありかたに関する考え方」について性別役割分業（(e) 夫は外で働き，妻は家を守るべきである）に賛成する男性は，「そう思う」「どちらかといえばそう思う」を合計しても 36.2% であるが，(a)「妻の収入が夫より多いのは，男として不甲斐ない」(f)「夫は妻子を養えなくなったら，離婚されても仕方がない」という考え方には，同じくそれぞれ 49.9%，47.5% が賛成しているのである。これらのことから，現代日本の男性は，公と私という2つの領域のなかでは私生活を重要視するが，家族における男性の役割，あるいは男性として自立した生き方のためには「経済的に自立し」かつ「家族を養うこと」が必要だと考えている人が多いと言いうるだろう。ここから，現代日本における「家長的男性性」（夫・父親として妻子を守る男性性）は，基本的に，「稼ぎ手になる」という意味に限定されている（「稼ぎ手的男性性」）と言いうるように思う。

2.6 近代の男性性から現代の男性性へ

ではこのような「男性性」の考え方は，いつごろからできてきたのであろうか。

戦前の日本社会においては，徴兵制が存在した。また戦争も頻繁にあり，徴

兵・従軍という経験をする男性は少なくなかった。そこでは男性性のなかで，国家という場における男性性，「英雄的男性性」は，かなり重要な位置を占めていたと考えられる。しかし，戦後日本社会においては，徴兵制が廃止され，一般の男性の生き方のなかで，「国家・民族のために命をかけて闘う」英雄的男性性を実現することは，なかなか難しくなったと思われる。

他方，家制度が廃止され，法的には従来の男性の家庭内地位であった「家長」が，存在しなくなった。このことは，少なくとも法的には，「家長的男性性」という家庭内の役割モデルが喪失したことを意味するだろう。

しかし他方においては，産業構造の転換によって，第一次産業従事者比率が低下し，就業者に占める雇用者比率が非常に高くなるという変化が生じた。雇用労働に就くことが一般化すると，職住分離が不可避となり，家事育児責任を負った女性たちの生産活動への従事が困難になった。また，産業資本主義の成熟に伴って，立志伝上の人物になることは，誰にでも開かれた普遍的な夢ではなくなってしまった。つまり多くの男性にとって，最も一般的な生き方は，雇用者になることに変化していった。これらの変化に関連して，男性に期待される役割は，雇用労働に従事して家計を維持することに特化するようになっていったのではなかろうか。この戦後社会における男性役割の「稼ぎ手役割」への限定は，他方における女性役割の限定化，つまり女性は家庭にとどまり，家族成員が心地よく暮らせるように家事や育児やケアにいそしむのがよいとする役割観と並行的に形成されたことはいうまでもないだろう。ここに，いわゆる「男は仕事，女は家庭」という性別分業を伴った日本型「近代家族」が形成されたのである（山田 2001）。

しかし，女性に経済的な役割を期待しない性役割観の形成が，逆に雇用労働者として家計を支えるという男性の「稼ぎ手役割」を特化させるように作用したとも考えることができよう。「家族を守る」「家族を支える」という意味は，一般に多様に解釈できる。しかし戦後社会では，「稼ぎ手役割」以外の役割は見えにくくなってしまい，男性の結婚の資格が，ほとんど「家計維持が可能な程度に経済的稼得能力をもつこと」に一致してしまうような意識が形成された。あるいは男性の仕事は次第に，「収入が安定しているかどうか」という評価基準で図られるようになり，「良い会社に勤めて出世する」以外の仕事の仕方は，

「安定していない」等の否定的な評価を受けるようになった。これらのことは，女性に家計維持役割を求めない役割観の形成が男性役割にもたらした反作用だったと考えることもできよう。いずれにせよ，現代日本社会においては，雇用者として働いて家族を養うという「稼ぎ手役割的男性性」のみが，男性性として突出しているのである。

　しかし1990年代以降，グローバリゼーションに伴う経済状況の激変によって，危機に直面したのはこのような男性役割であり，この男性役割を前提とした性別分業型の家族のあり方であった。現代日本社会において男性も含めた多くの人々が非正規労働に就かざるを得ない状況のなかで，突出した男性性であるところの，この「稼ぎ手役割」を果たすことができない男性たちが，大量に生まれた。この状況に直面した男性たちは，男性性や男性役割・家族について，どのように考え方を変化させたのだろうか。これが本書の主題であることは，最初に述べたとおりである。

3　フェミニズムとのかかわりで見た「男性性の複数性」

　このように，男性性は，さまざまな領域とかかわりながら，変化し続けている。またさまざまな変化の要請にどのように対応するのかという男性の態度自体に多様性があることが，現代日本の男性性を，さらに複雑なものにしている。以下では，女性運動からの「変化の要請」に直面した男性たちの態度の多様性に焦点を当てて，「男性性の複数性」を，考察してみよう。

　男性性について考察を進めてきた最も大きな研究は，男性学（男性研究）だと言ってよいだろう。日本の男性学においては，1990年代の成立以来，「男性性の複数性」の主題のなかで，「変化の要請」に対する対応の相違による複数性を，考察の中心に据えてきた。それは，男性学自体が，フェミニズムなどの女性運動からの問題提起に対する呼応として成立したという理由による。それゆえ男性学のなかでは，フェミニズムにどのような態度をとるのかということが，男性の生き方や男性運動のあり方を考えるうえで，非常に重要な要素として，位置づけられてきたのである。

　多賀太は，日本における男性運動の立場には，「女性を差別する男性を問題

にする立場」と、「男性自身が困っていることを問題とする立場」という２つがあるという。言うまでもなく、前者の立場は、フェミニズムの問題提起を受け入れた立場である。また同じく多賀は、英語圏の男性問題に対するアプローチのなかに、「フェミニズムの主張に共感しつつもフェミニズムが取り上げてこなかった男性の抑圧や疎外の問題にも焦点をあてる親フェミニスト派」、「フェミニズムを敵視し、道徳的規範・生物学・宗教的教義などを根拠として伝統的な男女の役割の回復を訴える保守派」、「性差別の解消を目指しつつも、女性よりもむしろ男性こそが性差別の被害者であると主張する男性の権利派」、「男性問題の議論に男性内部の差異や不平等という視点を導入しようとするマイノリティ派」等の、複数の立場があると紹介している（多賀, 2006: 15）。このように男性学のなかでは、男性学や男性運動の多様性を記述するうえで、「フェミニズムの主張」に対する共感度が、ひとつの重要な基準となっているのである。

　では、現代の男性は「フェミニズム」などの女性運動や社会風潮によって、男性性の変革に関して、どのような要請を受け取っているのだろうか。多賀は、「男は仕事、女は家庭」という性別分業に基づく男性性すなわち「男性稼ぎ手型家族」における男性性を、「伝統的男性性」として把握する。そのうえで、現代社会をこの「伝統的男性性」を含む「伝統的男女観」と、「男女平等主義的男女観」が錯綜する社会と把握し、そうした社会環境のなかで若い男性たちがどのような男女観に関する生活史を経験してきたかを、面接調査によって明らかにしようとした。多賀が見出した男女観に関する青年期男性の生活史は、以下の４つである。

　第一に、「伝統的男女観から男女平等主義へ」という類型。この類型に入る若者は、「伝統的性別分業」がはっきりしている両親のもとで育ち、高校生くらいまで、性別分業家族をつくることが「自然」であるように感じている。しかし女性との交際その他をきっかけに女性差別の現状を知り、男女平等主義に沿った人生設計をつくり直している。第二に、「伝統的男女観から価値観の混乱へ」。この類型に入る若者は、「伝統的な性別分業」を当然のものとして育ち、女性との交際その他をきっかけとして「伝統的男女観」が相対化されるまでは、第一の類型と同じである。しかし、「職業的成功」以外の男らしさを見出すこ

とができず，結果として男女平等主義に傾倒することもできないまま，葛藤を続けている。第三に，「アイデンティティ拡散」（男女観の形成が未成立）。この類型に入る若者は，「伝統的男女観」と「男女平等主義的男女観」が錯綜する社会で成育し，そのどちらにも傾倒することなく，自分のコミットする男女観をもてないでいる。相手によって決めればよいと考えることで，思考を停止するが，その相手ができないまま，選択が先送りされている状態であるという。第四に，「伝統的男女観の固守」。この類型に入る若者は，「伝統的男女観」を強固に維持し続ける。同じような男女観をもつ人を重要な他者として選択する傾向もある（多賀，2006: 49-74）。

多賀のこの分析は，現代社会の若い男性たちにおいては女性運動などの影響により「男性稼ぎ手型家族」モデルに基づく男女の性役割観が揺らいでいること，そこには葛藤やアイデンティティの拡散が見出せることを示している。「男性稼ぎ手型家族」モデルの揺らぎは，単純に「男女平等主義的家族観」をもたらすわけではなく，葛藤も多く存在し，家族観の変化のあり方や経過も，選択していく男女観や男性性も，多様なのである。この分析は，本書にとっても非常に示唆的であるといえるだろう。

しかし，多賀が「伝統的男性性」と呼んでいるものは，「男性稼ぎ手型家族」における「稼ぎ手役割」を指しており，これは本章前半においては，「現代日本社会において一般的な男性性」として記述したものと一致している。本章においては，この「男性稼ぎ手型家族」の形成を戦後社会と規定し，戦前の社会などにおける「男性性」のあり方と比較した。その意味においては，本章において「男性稼ぎ手役割」は，伝統的とは位置づけられていない。「男性稼ぎ手役割」の変容可能性を考えるためには，より広い枠組みが必要だと考えたゆえであえる。多賀の用語法と本章の用語法に対する注意が必要であろう。

また，多賀が見出した類型のなかで，最も興味深いのは，「アイデンティティ拡散型」であろう。従来「男性稼ぎ手役割観」に基づく男性観からの変化の方向性は，何らかの価値選択を伴うコミットメントの過程であると，暗黙に想定されていたように思う。たとえば「男性稼ぎ手役割観」に基づく男性観を否定し，「男女平等主義」を価値選択し，それに適合的な男性観にコミットする過程であるかのように。しかし，多賀が見出した「アイデンティティ拡散型」

は，価値選択そのものから撤退しているように思われる。一般に，男女の役割観に変動が生じる場合，その変動は，積極的役割取得によって一定領域にコミットすることで変動する（たとえば女性が家庭内役割という伝統的女性観を乗り越え，仕事などの新しい役割取得を行うなど）とイメージされやすいが，それ以外に，「(望ましい男性性などの）アイデンティティ確立・役割選択・役割取得自体からの撤退」というかたちの変動もありうることに，留意する必要があるだろう。たとえば，男性性に変化が生じる場合，これまでコミットしてこなかった役割取得（男性の家事参加や育児休暇など）だけでなく，これまで専心してきた役割へのコミットをなくし，コミットそのものをしないという方向への変化も，生じうるのである。

4 「稼ぎ手役割」の喪失と男性性

最後に，本書の主題である「雇用不安」と言われるような出来事が男性性に与える影響をどう考えるかという問題に戻ることにしよう。

日本社会においては，1980年代末までは，多くの男性たちは，日本型雇用慣行の下で，正社員として安定した職業生活を送ることができた。しかし，1990年代に入ると，この条件が失われていった。社会主義崩壊に伴って，十数億～数十億を超える良質な労働力が市場に出現したことにより，日本企業は海外の安い労働力によって生み出される商品との競争を強いられる結果となり，労働力の安い地域に生産を移転させていった。また国内の雇用に関しても，人件費節約のため，雇用形態を非正規に大きく転換させた。その結果，パートやアルバイトなどの非正規雇用に就くしかない人々が，男性に大量に生じることになった。日本社会において非正規雇用は，もともと家計責任がない（と考えられていた）女性向けの雇用であり，技能を磨くことも，昇進を期待することもできず，賃金も非常に低い雇用形態であった。ここに男性たちが参入するということは，家族生活を維持する経済力を持てないことを意味する。

先述したように，戦後形成された日本的「近代家族」観においては，家庭における男性の役割は，生活の糧を得ることで家族を養うことに限定された。また，戦後社会においては，国民国家の英雄的男性性が称揚されなくなった分だ

け,「良い学校・良い会社に入り偉くなる」という立身出生的男性性が強調されるようになった。すなわち多くの男性にとって,職業生活は単に経済的手段ではなく,自負心や自尊心を得る源泉となった。「職業において成功する」ことが,戦後日本社会の男性にとって,ほとんど唯一の「望ましい生き方」になってしまったのである。

ゆえに,1990年代からのグローバル化によって,男性たちが非正規労働にしか就けなくなることは,この男女観や価値観を前提とするならば,男性が家族を扶養しえない賃金しか得られないことであり,技能の獲得や昇進など将来への期待をもてなくなることであり,自負心や自尊心を職業生活から得にくくなることであり,つまり「望ましい生き方」からの転落を意味したはずである。

では,このような経済状況・雇用環境の激変に直面した男性たちは,このような社会変動にどのように対処したのであろうか? 以下の章における分析が,それを明らかにしてくれるはずである。本章では,ここまで考察してきたことから,以下のことを指摘することにとどめたい。

第一に,経済状況の変化や雇用環境などの外的な要因において「男性稼ぎ手型家族」の維持が困難になったからといって,すべての男性が「男性稼ぎ手型家族」を是とする「伝統的男女観」から「男女平等主義的男女観」に価値観を変えられるわけではない。むしろそのようにできる男性はそれほど多くはないだろう。先述したように,「伝統的男女観」が「男女平等主義的男女観」によって揺らいでいる今日,男性たちはアイデンティティの拡散を経験しているのかもしれない。確かにグローバル化は「伝統的男性性」を維持しうるような雇用のあり方を一部の男性たちから剝奪した。またその不安感が日本社会を広く覆っている。しかし,こうした状況が男性たちに何をもたらすかは,非常に多様でありうる。

第二に,男性性を,家族領域・市民社会領域・国民国家領域にそれぞれ対応させて,家長的男性性・立身出世的男性性・英雄的男性性に分類したが,変動期においては,この比重自体も大きく変化する可能性があることを指摘したい。家長的男性性・立身出世的男性性の実現・証明が行き詰まれば,男性性の発現を求めて,新たな英雄的男性性が生み出される可能性もある。ナショナリズム

の高揚，あるいは新たな社会変革運動・宗教的救済への志向など，多様な可能性が存在する。これらの3つの男性性は，相互代替的である。

　第三に，「稼ぎ手役割」を果たせなくなった非正規労働者の男性の多くは，「男性稼ぎ手型家族」という家族観を変えるのではなく，家族形成という選択自体から撤退するという選択も可能である。今日の未婚化・少子化という社会現象は，この選択をする者が多いのではないかということを推測させるものである。

参考文献

江原由美子，2001,『ジェンダー秩序』勁草書房.
Connell, R. W., 1995, *Masculinities*, Polity Press.
伊藤公雄，1993,『〈男らしさ〉のゆくえ――男性文化の文化社会学』新曜社.
多賀太，2006,『男らしさの社会学――揺らぐ男のライフコース』世界思想社.
山田昌弘，1999,「『男』とは何か―男らしさの代償」江原由美子・山田昌弘『ジェンダーの社会学』放送大学教育振興会：第3章，42.
山田昌弘，2001,『家族というリスク』勁草書房.

Ⅱ　男性意識の諸相

第3章 男性のジェンダー意識とパートナー関係

山田　昌弘

1　ジェンダーと規範意識

1.1　雇用流動化時代のジェンダー意識

　雇用流動化時代は，家族流動化時代でもある。1990年代後半以降，男性の雇用の流動化が進んでいる。高度成長期から1990年頃までは，男性であれば定職に就くことは容易であり，定年までの雇用保障と昇進，収入の増大が期待できた。しかし雇用流動化時代を迎え，たとえ企業の正社員であっても，収入増加が期待できなくなるだけでなく，企業倒産やリストラなどで雇用自体の保証も怪しくなっている。若年層では，フリーターや派遣社員など不安定な非正規雇用に就く男性も増大している。この流動化は，個人が自分の雇用形態を選択した結果として流動化しているのではなく，流動化させられている，つまり個人にとって不本意な選択肢を強いられているという側面が強い。つまり，雇用が不安定化しているともいえる。

　同時に，家族生活に関しても，流動化が進行する。20代で結婚し，夫がおもに外で仕事を行い，妻がおもに家事・育児を行うという戦後典型的であった性役割分業型家族が揺らいでいる。それは，単に夫婦間の役割関係が流動化していることに留まらない。結婚すること，そして夫婦を続けることが当然期待できる前提ではなくなっているのだ。1990年以降，未婚率と離婚率は飛躍的に増大した。国立社会保障・人口問題研究所の推計によると，1985年生まれの男性は，3割弱が生涯未婚と推定され，離婚経験率も3割を越すと予想され

ている。つまり，結婚して離婚せずに一生を送る若年男性は，今後4割と少数派に転落する。

　家族の流動化も，個人の主体的な選択によって多様な家族が出現しているというよりは，結婚したくてもできない，離婚したくなくてもせざるをえないという，不本意な選択肢を選ばざるをえない側面が強いのだ。

　そしてこの2つの流動化は，相互に関係している。夫の雇用が不安定化すれば，妻が働いて家計を補うという圧力が働き，共働き化が進行するし，失業した男性を見限るという意味で離婚を促進する要因となる。また逆に，妻が雇用労働に就いている場合，夫は安心して転職などに踏み切れるというケースもあるだろう。

　このように，現実に男性の雇用やパートナー関係が流動化している時代に，ジェンダーに関わる意識はどのように変化しているのだろうか。本章では，特に男性のパートナー関係とジェンダー意識の関わりについて考察を深めていきたい。

1.2　意識と行動の関係

　意識と行動の間には，複雑な関係がある。ジェンダーに関わる意識に関しても，例外ではない。通常社会学では，属性が意識を規定し，意識が行動を規定するという因果関係を想定して，調査分析が行われてきた。このような属性があるからこのような意識をもちやすい，このような意識をもっているからこのような行動を行いやすい，というロジックである。

　ここでは意識を，規範意識と価値意識を合わせたものを想定する。規範意識とは，「～しなければならない」，もしくは「～してはいけない」と行動を規制する意識であり，価値意識とは望ましいものに対する判断意識である。ジェンダー意識とは，ジェンダーに関わる規範意識，価値意識を含む概念とする。

　アンソニー・ギデンズやウルリッヒ・ベックの論考以来，「再帰性」に関する議論が深まっている。ギデンズは，伝統的な規範に自動的に従う行動を「反射的」行動と呼んだ。そして，「再帰的行動」とは，自分の行動が社会システムに影響を与え，それが自分の状況に返ってくることを考慮して行う行動を指す。再帰的行動をとるためには，行動に関して「選択肢」が用意されていなけ

ればならない。規範自体の統制力が弱まれば，規範自体が「選択」の対象になる事態が生じる。

つまり，再帰性が強まる社会においては，「規範意識」の意味が変化する。特に質問紙調査においては，「〜すべきだ」という回答があっても，それを当然従うべきと思って無意識に回答したかもしれないし，その規範に従うことが有利だからとあえて選択したかもしれない。また，現実の相互作用の結果，不本意ながら選ばざるをえなかったのかもしれない。

1.3 再帰的社会における規範意識の意味

再帰性が高い社会においては，規範に関して次のような状況が生じる。これは，ギデンズやベック，バウマンの議論を整理したものである。

(1) 規範が多様化する。つまり，多様な行動パターンが提示され，どれを望ましいと意識するか，そしてどの行動を選び取るかが個人によって異なってくる。

(2) 自己実現意識が強まる。つまり，多様な行動パターンの中で自分の選んだ規範を実現することが，自己実現と意識され，それによって満足を得る。

(3) 自己実現の機会は，かえって減少する。規範意識が多様になると，異なる規範をもつ者同士が相互行為を行う機会が増える。自分が信じる規範に相手が従ってくれるとは限らない。すると，規範の実現をめぐって争いが生じ，かえって自己実現しにくくなる状況が生じる。

特に，家族行動に関する領域では，この再帰性の増大（ベックやバウマンが個人化の進展と呼ぶものとほとんど同じ意味である）が大きな影響を及ぼす。なぜなら，家族においては，さまざまな決定を共同で行わなければならないからである。

2 ジェンダー意識とパートナー関係——二つの仮説

2.1 パートナー関係とジェンダー意識

パートナー関係（配偶者や恋人などの異性関係。以下同）とジェンダー意識は，無関係ではない。特に，家族に関わる規範が多様化し，その規範の実現を

第3章　男性のジェンダー意識とパートナー関係

自己実現の一つのかたちとすると，パートナーとの相互作用が重要になってくる。

なぜなら，パートナー関係をもつためには，お互いに相手を選び合わなければならないし，パートナーを選択して結婚生活に入った後は，役割関係を現実に維持しなければならない。この二つの選択・調整プロセスに，ジェンダー意識が関わってくる。

パートナー選択プロセスにおいては，第一番目として，パートナーを選択する基準に「ジェンダー意識」が含まれる。ある人は，自分のジェンダー意識に「適合的」な人を恋人（配偶者候補）として選択しようとする力が働くだろうし，逆に自分が選択される際にも，自分のジェンダー意識が相手にとって選択基準の重要な要素として働く。

たとえば，「女性が入れたお茶はおいしい」という意識をもつ男性は，家事は女性の役割というジェンダー意識をもつ女性を選ぼうとするだろう。伝統的な役割意識をもつ男性に好意をもった女性が，平等なジェンダー意識をもち，それを表明したら，その男性のパートナーに選ばれる確率は低下するだろう。

もちろん，一人の異性を好きになる基準，配偶者として選ぶ基準は1つではないし，現実に選択が行われるプロセスは単純ではない。すべてのジェンダー意識が一致する人はまずいない。現実には，ある程度の意識の齟齬に目をつぶってつきあい始めたり，結婚を決めることは多く見られる，つまり，ジェンダー意識が一致することを期待せずに，パートナー関係に入ることもよくある。

もう1つの留保条件は，規範意識の変化である。男性（女性）が強力な魅力をもっていた場合，彼（彼女）を好きになった女性（男性）は，相手の好みに従うように自分のジェンダー意識を変えるケースもあるだろう。

第二に，配偶者（恋人）として選んだ相手と，現実に結婚（事実婚も含む）して生活を共にし，役割関係を維持する場合，双方の「ジェンダー意識」が問題になる。

ジェンダー意識が一致していれば問題はないが，そうではない場合，調整が必要になる。調整の結果，自分のジェンダー意識に適合的な役割形態を形成することもあれば，適合しない（自分にとって望ましくない）役割形態をとるケースもある。もちろん，役割関係をつくっていく過程では，規範以外のさまざ

まな要因が働く。双方の規範意識が一致していても，現実がそれを許さないというケースもあるだろう。自分が望んだ家族形態を実現していない場合，「認知的不協和」を低減するために，自分の規範意識を現実の役割形態に適合するように変化させる可能性もある。

2.2 ジェンダー意識の多様化に関わる仮説

本稿では，ジェンダー意識とパートナー関係に関わる2つの仮説を検討する。

第一の仮説は，「固定的なジェンダー意識」から解放されている男性（平等なジェンダー意識をもつ男性）は，女性から選ばれやすいというものである。

女性は配偶者選択において，家事を手伝うことを男性に求める傾向が強まっているという調査結果がある。たとえば，女性が結婚相手に求める資質として，「家事能力」は1997年43.6％から2010年62.4％と相当高まっている（国立社会保障・人口問題研究所，2011: 12）。

第二の仮説は，結婚生活に入ると現実の役割形態に引きずられて，ジェンダー意識が変容するというものである。現実の役割形態とジェンダー意識が異なる場合，認知的不協和が生じる。その際，役割形態を変えようとする力も働くが，現実にそれが不可能な場合は，ジェンダー意識を変容させるきっかけにもなる。もちろんその相互作用は，調査によって直接測定できないが，その可能性について予測することはできる。

3　男性のジェンダー意識とパートナー関係の相関関係

3.1　本調査に見るパートナー関係

まず，本調査回答者のパートナー関係を確認しておこう。

Q35とQ36-6パートナー関係は，既婚（事実婚を含む），婚約中，恋人有，異性友人有，異性友人無の5カテゴリーを設けた。Q31年齢別に見ると，図3-1のような分布になっている（離死別者を除く）。

常識通り，既婚率は年齢とともに高まる。しかし，未婚者の内訳は一様ではない。20代前半では，恋人有が未婚者の40.7％を占めていたのに対し，40代後半では12％にまで低下する。年齢が高まるにつれ，未婚者のうち，恋人有

が減少し，一方で異性友人無の男性が増大する。これは，異性の友人→恋人→結婚という個人のプロセスがあり，若年層ではそのプロセスにある者が多く含まれるからだと考えられる。

本調査では，35歳を境に既婚率に大きな差が現れるので，年齢層を若年（25～34歳）と中年（35～49歳）に分けた。次に，クロス集計した結果，「異性友人有」と「異性友人無」の間に，意識において有意な差がある質問項目はないことがわかった。「婚約中」はケースが少ないので，「恋人有」に含めた。この結果，図3-2の6グループに分け，各グループ間の差異を中心に分析を行うことにした。

3.2　パートナー関係と属性

伝統的性役割分業が一般化した社会においては，生涯にわたって安定した高収入を保証された男性は結婚相手として選ばれやすく，低収入の男性は選ばれにくい。雇用流動化が始まる以前は，多くの若年未婚男性は，学生を除いて企業の正社員，あるいは自営業の跡継ぎとして，将来の安定した収入が約束されているように見えた。しかし，雇用流動化が始まると，未婚男性の中に将来的に高収入を期待できない層が増大する。

国立社会保障・人口問題研究所の独身者調査によると，1987年には，18～34歳の学生・その他を除く未婚者の90%以上が，正社員か自営・家族従業者等であったのに対し，2005年では派遣やパート・アルバイトなど非正規雇用者が27.2%に達している（金子・釜野ほか，2006: 79付表5）。

本調査でも，既婚者に比較して未婚者の経済力が低い。各グループのQ5年収分布を見ても，未婚と既婚の間に大きな差があることがわかる。一方，未婚者では，恋人の有無による年収分布の差がほとんどないことがわかる。男性が恋人をもつためには年収は関係ないが，結婚するためには経済力をもつことが前提となるという一般的な傾向が，ここでも観察される（図3-3）。

図3-1　Q35,35-6 結婚，恋人の有無

□既婚(939)　■婚約者有(20)　▨恋人有(138)　□異性友人有(183)　■異性友人無(220)

Q31 年齢	既婚	婚約者有	恋人有	異性友人有	異性友人無
総数(1,500)	62.6	1.3	9.2	12.2	14.7
25〜29歳	26.3	3.8	27.3	23.5	19.0
30〜34歳	55.6	2.0	8.5	15.3	18.6
35〜39歳	71.7	0.0	4.5	8.9	15.0
40〜44歳	79.3	0.7	3.4	6.9	9.7
45〜49歳	83.4	0.0	2.0	5.1	9.5

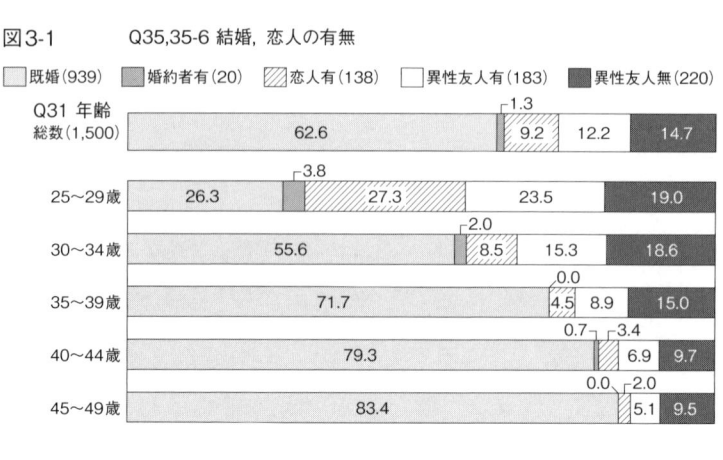

図3-2　Q35,35-6 結婚，恋人の有無

□若年既婚(25〜34歳)　■若年恋人有(25〜34歳)　▨若年恋人無(25〜34歳)　□中年既婚(35〜49歳)
■中年恋人有(35〜49歳)　▤中年恋人無(35〜49歳)

Q31 年齢	若年既婚	若年恋人有	若年恋人無	中年既婚	中年恋人有	中年恋人無
総数(1,500)	18.2 (273)	8.4 (127)	16.2 (243)	44.4 (666)	2.1 (31)	10.7 (160)

図3-3　Q5 年収(1,500)

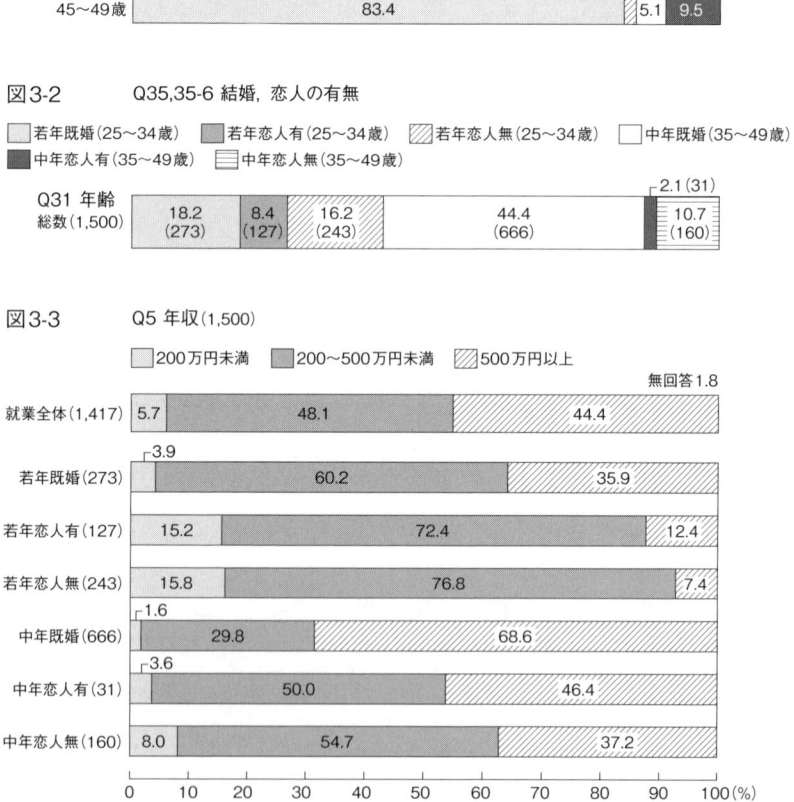

□200万円未満　■200〜500万円未満　▨500万円以上

無回答1.8

	200万円未満	200〜500万円未満	500万円以上
就業全体(1,417)	5.7	48.1	44.4
若年既婚(273)	3.9	60.2	35.9
若年恋人有(127)	15.2	72.4	12.4
若年恋人無(243)	15.8	76.8	7.4
中年既婚(666)	1.6	29.8	68.6
中年恋人有(31)	3.6	50.0	46.4
中年恋人無(160)	8.0	54.7	37.2

第3章 男性のジェンダー意識とパートナー関係

図3-4　　　　　Q13 男性，女性のありかたに関する考え方 (1,523)

□そう思う　■どちらかといえば，そう思う　▨どちらかといえば，そう思わない　□そう思わない　■無回答

項目	そう思う	どちらかといえば，そう思う	どちらかといえば，そう思わない	そう思わない	無回答
(a) 男性は看護や保育などの職業には向いていない	5.3	23.2	26.3	45.0	0.2
(b) 男が最終的に頼りにできるのはやはり男である	7.9	20.8	29.5	41.4	0.5
(c) 女性がいれたお茶はやはりおいしい	20.0	34.6	19.4	25.7	0.3
(d) 男性は女性に比べて自由に生き方を決められる	9.4	27.1	28.4	34.7	0.4
(e) 女性が男性より昇進が遅いのは仕方ない	6.2	23.3	30.3	39.7	0.5
(f) 男らしくないと，女性にもてないと思う	16.3	32.5	24.4	26.2	0.7

(c) 女性がいれたお茶はやはりおいしい (643)

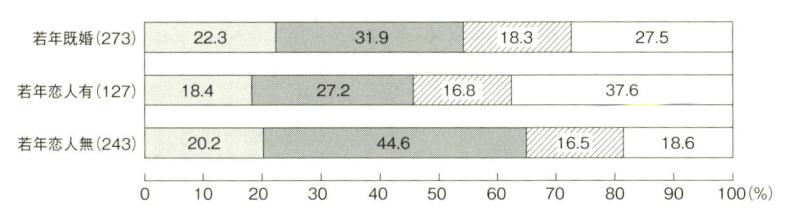

項目	どちらかといえば，そう思う	どちらかといえば，そう思わない	そう思わない
若年既婚 (273)	22.3 / 31.9	18.3	27.5
若年恋人有 (127)	18.4 / 27.2	16.8	37.6
若年恋人無 (243)	20.2 / 44.6	16.5	18.6

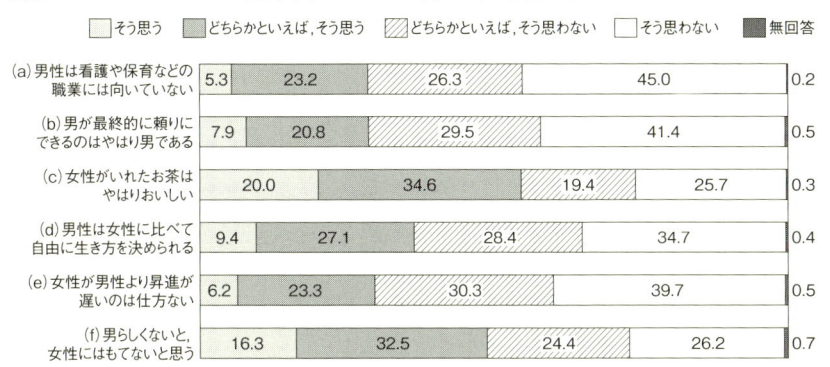

3.3　ジェンダー規範意識とパートナー関係の関連

　まず，一般的なジェンダー意識とパートナー関係について考察しよう。

　本調査では，Q13 男性，女性のありかたに関する考え方について，賛否が分かれやすい (a) ～ (f) の6つを質問している（図3-4）。中年層（35～49歳）においては，パートナー関係による有意差がある質問はなかった。若年層（25～34歳）では，3つの質問（(a)「男性は看護や保育などの職業には向いていない」，(c)「女性がいれたお茶はやはりおいしい」（図3-4下）(d)「男性は女性に比べて自由に生き方を決められる」で有意な差が観察された。この3つの質問では，若年恋人無，若年既婚，若年恋人有の順に固定的なジェンダー意識が強いことがわかる。

　次に，家族に関連したジェンダー意識を見てみる。Q14 夫婦や家族のありかたに関する考え方について (a) ～ (f) の6つの質問をしているが（図3-5），そのうち若年のみ有意な差が見られたのは，2つであった（「そう思う」＋「ど

図3-5 Q14 夫婦や家族のありかたに関する考え方(1,523)

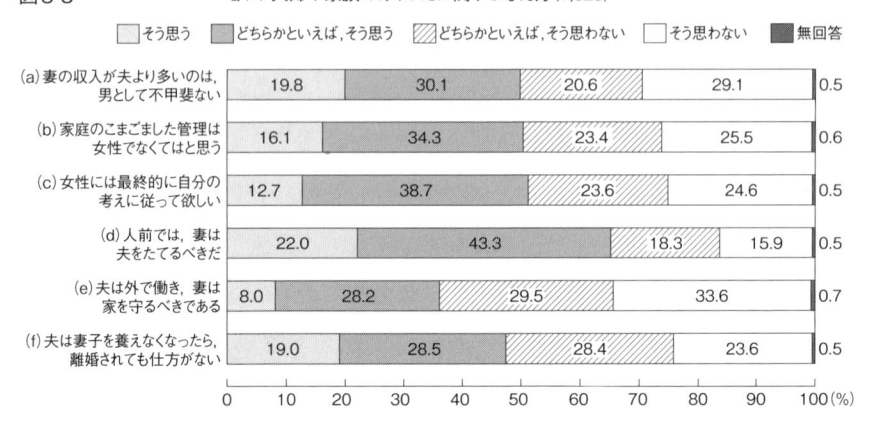

凡例: そう思う／どちらかといえば,そう思う／どちらかといえば,そう思わない／そう思わない／無回答

項目	そう思う	どちらかといえば,そう思う	どちらかといえば,そう思わない	そう思わない	無回答
(a) 妻の収入が夫より多いのは,男として不甲斐ない	19.8	30.1	20.6	29.1	0.5
(b) 家庭のこまごました管理は女性でなくてはと思う	16.1	34.3	23.4	25.5	0.6
(c) 女性には最終的に自分の考えに従って欲しい	12.7	38.7	23.6	24.6	0.5
(d) 人前では,妻は夫をたてるべきだ	22.0	43.3	18.3	15.9	0.5
(e) 夫は外で働き,妻は家を守るべきである	8.0	28.2	29.5	33.6	0.7
(f) 夫は妻子を養えなくなったら,離婚されても仕方がない	19.0	28.5	28.4	23.6	0.5

(e) 夫は外で働き,妻は家を守るべきである (1,500)

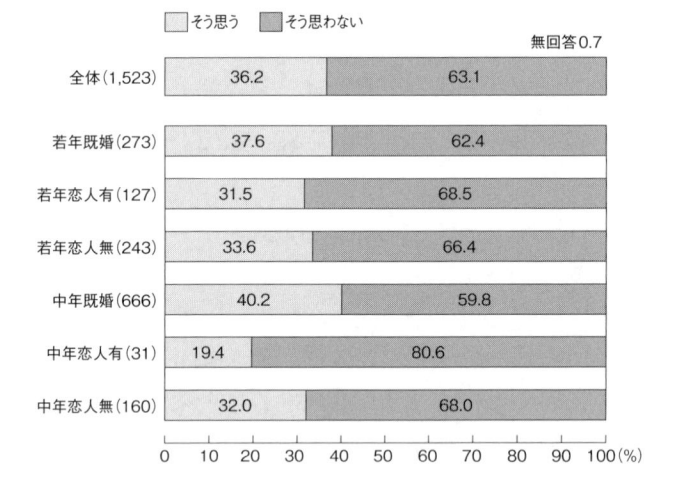

凡例: そう思う／そう思わない　無回答 0.7

区分	そう思う	そう思わない
全体 (1,523)	36.2	63.1
若年既婚 (273)	37.6	62.4
若年恋人有 (127)	31.5	68.5
若年恋人無 (243)	33.6	66.4
中年既婚 (666)	40.2	59.8
中年恋人有 (31)	19.4	80.6
中年恋人無 (160)	32.0	68.0

ちらかといえばそう思う」を賛成率とする。以下同)。Q14 (b)「家庭のこまごました管理は女性でなくてはと思う」(賛成率,若年既婚50.7%,若年恋人有40.8%,若年恋人無46.2%) (d)「人前では,妻は夫をたてるべきだ」(賛成率,若年既婚70.0%,若年恋人有34.9%,若年恋人無63.1%)。いずれも,若年恋人有,若年恋人無,若年既婚の順に「平等なジェンダー意識」が強いことがわかる。

若年，中年ともに有意な差が見られたのが，性役割分業に関する質問のうちQ14（e）「夫は外で働き，妻は家を守るべきである」であり，図3-5下に示しておく。これも，既婚者の賛成率が最も高く，恋人無，恋人有の順で低くなる。

3.4 ワーク・ライフ・バランスの志向性とパートナー関係の関連

次に，ワーク・ライフ・バランスに関するパーソナルな質問に関して，パートナーの有無によって意識に差があるかどうかを見ていく。

まずQ16「仕事と子育て」のバランス意識を見てみよう（図3-6）。大多数の男性は，子育て，職業に同じくらい関わりたいと思っている。なかでも，子育てより職業を選択する人は，年齢層にかかわりなく，恋人有できわだって少なくなっている。

次に，Q17結婚相手（パートナー）に望む「仕事と子育て」のバランス意識を見てみよう（図3-7）。ここでは，未婚者の恋人の有無による差は有意ではなく，結婚の有無による差が大きく現れている。中年恋人有では，職業より子育て優先を配偶者に望む者は3分の1に満たないが，既婚者では半数を越えている。

この傾向は，Q17結婚相手（パートナー）に望む理想の人生でも同様に現れており，恋人の有無にかかわらず，未婚者には子どもが生まれても就労を継続するのが理想という志向性が高く，既婚者には家事・育児に専念するのが理想という志向性が高い。

3.5 年収によるジェンダー意識とパートナー関係の関連

では，これらの結果は，想定した仮説と適合的であろうか。

まず，固定的なジェンダー意識から解放されている男性（平等なジェンダー意識をもつ男性）は，女性から選ばれやすいという仮説を検討してみよう。

パートナー関係については，年収に大きい説明力がある（図3-3）。年収が高いほど既婚が増え，低いほど恋人無が増える。そして，25～34歳の若年層で一般的なジェンダー意識に関しては，Q13（c）「女性がいれたお茶はやはりおいしい」（図3-4下）で見られたように，ジェンダー意識が柔軟であるほどパートナー（配偶者や恋人）がいるが，固定的であるほど恋人がいないという

図3-6　Q16「仕事と子育て」のバランス(1,500)

凡例：職業優先／同じくらい／子育て優先　　無回答 0.4

区分	職業優先	同じくらい	子育て優先
全体(1,523)	18.3	73.4	7.9
若年既婚(273)	19.0	71.1	9.9
若年恋人有(127)	11.8	82.7	5.5
若年恋人無(243)	19.3	72.4	8.2
中年既婚(666)	19.3	72.8	7.9
中年恋人有(31)	9.7	80.6	9.7
中年恋人無(160)	18.2	74.8	6.9

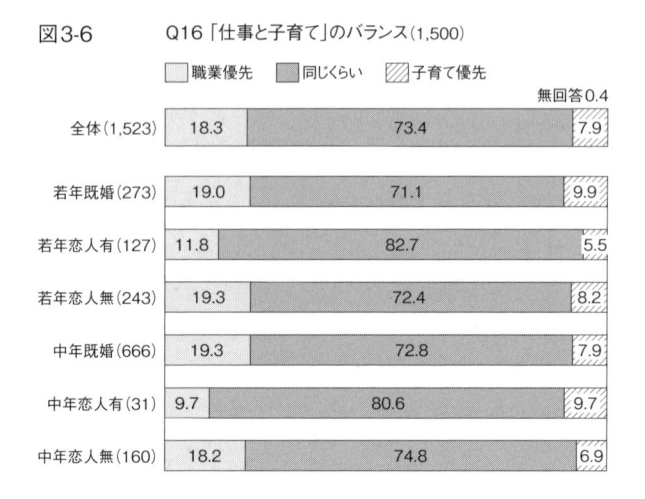

図3-7　Q17 結婚相手（パートナー）に望む「仕事と子育て」のバランス(1,500)

無回答 0.5

区分	職業優先	同じくらい	子育て優先
全体(1,523)	1.4	49.2	48.9
若年既婚(273)	1.1	41.9	57.6
若年恋人有(127)	1.6	56.3	42.1
若年恋人無(243)	2.1	54.3	43.6
中年既婚(666)	1.5	45.4	53.1
中年恋人有(31)	0.0	67.7	32.3
中年恋人無(160)	0.6	60.0	39.4

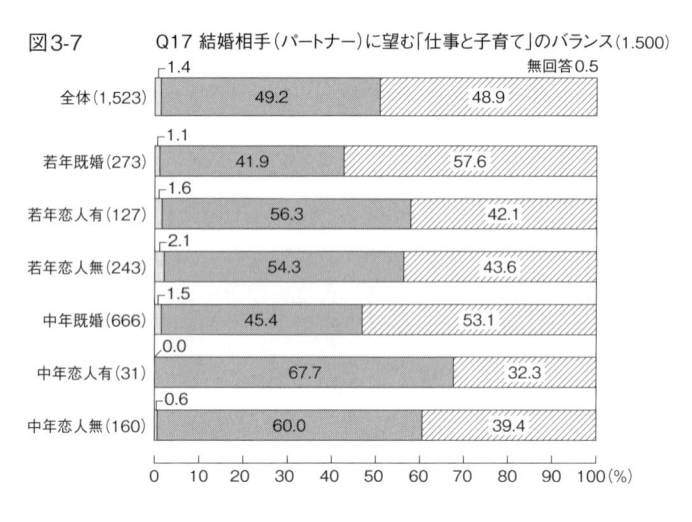

関連が観察された。しかし，家族に関するジェンダー意識やワーク・ライフ・バランスの志向性に関しては，既婚者ほど固定的であるという傾向が見られた。

　そこで，年収をコントロールして，ジェンダー意識とパートナー関係を検討してみた。すると，35～49歳の中年層や年収が高い層では，ジェンダー意識とパートナー関係に関する有意な関連は見られなかった。しかし，年収500万円以下の若年層に限ると，多くの質問でジェンダー意識が柔軟である方がパー

第3章　男性のジェンダー意識とパートナー関係

図3-8　Q13(c) 女性がいれたお茶はやはりおいしい(564)

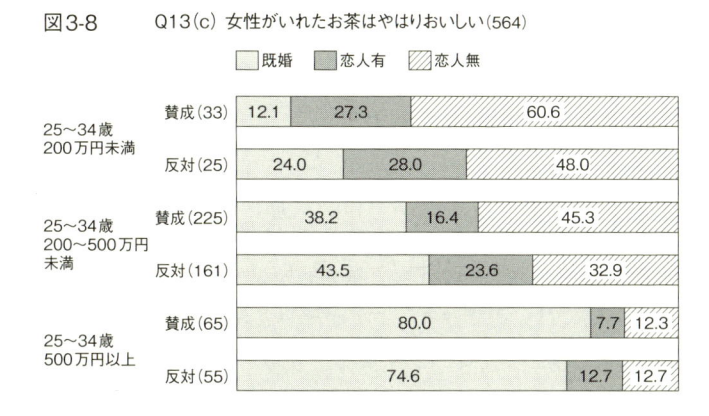

凡例：既婚／恋人有／恋人無

25～34歳 200万円未満
- 賛成(33)：12.1／27.3／60.6
- 反対(25)：24.0／28.0／48.0

25～34歳 200～500万円未満
- 賛成(225)：38.2／16.4／45.3
- 反対(161)：43.5／23.6／32.9

25～34歳 500万円以上
- 賛成(65)：80.0／7.7／12.3
- 反対(55)：74.6／12.7／12.7

図3-9　Q14(e) 夫は外で働き，妻は家を守るべきである(562)

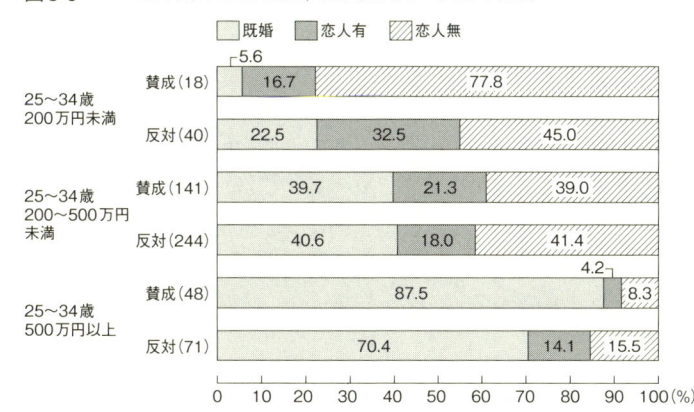

凡例：既婚／恋人有／恋人無

25～34歳 200万円未満
- 賛成(18)：5.6／16.7／77.8
- 反対(40)：22.5／32.5／45.0

25～34歳 200～500万円未満
- 賛成(141)：39.7／21.3／39.0
- 反対(244)：40.6／18.0／41.4

25～34歳 500万円以上
- 賛成(48)：87.5／4.2／8.3
- 反対(71)：70.4／14.1／15.5

トナーがいる確率が高いという結果が出たのである。「女性がいれたお茶はおいしい」に関する賛否別のパートナー関係の一部を示しておく（「そう思う」＋「どちらかといえばそう思う」を賛成，「どちらかといえばそう思わない」＋「そう思わない」を反対とする。以下同）（図3-8）。

特に，Q14（e）「夫は外で働き，妻は家を守るべきである」という質問は，全体で見ると既婚者ほど賛成率が高いが（図3-5），年収200万円未満の若年層でその関係が逆転する。賛成のうちパートナーのいる割合（既婚＋恋人有）は22.3％にすぎないのに，反対は55.0％と半数を越えている。一方，年収200～500万円の若年層ではこの関係は消失し，性役割分業意識の有無はパートナ

一関係にまったく影響していない。500万円以上の若年層ではむしろ，反対のなかに若干パートナー（恋人）無が増える（図3-9）。

　この関連については，さまざまな解釈が可能だろう。2.2で述べた「固定的なジェンダー意識」から解放されている男性（平等なジェンダー意識をもつ男性）は，女性から選ばれやすいという第一の仮説は，一般的には当てはまらない。なぜなら本調査で見る限り，中年層の全体および年収が高い若年層では，ジェンダー意識とパートナーの有無は関連があるとはいえないからだ。しかし，年収が低い若年層では，当てはまることが確認された。

　「男は仕事，女は家庭」という社会では，年収の高い男性は女性に選ばれやすいという前提がある。しかし，たとえ年収が低くても固定的なジェンダー意識から解放されている男性は，配偶者や恋人などとパートナー関係をもつ確率が高まるのである。ただ，この強さは年収の効果には及ばない。ジェンダー意識が固定的であっても年収が高ければ，パートナーを得られる確率は，もっと高くなる。

　年収が相対的に高く，妻子を養うことが可能な既婚男性のジェンダー意識は，固定的な傾向が強い。未婚でも恋人有の男性では平等なジェンダー意識をもつ人が多いのに対し，既婚になると固定的なジェンダー意識をもつ人が多くなる。特に，性役割分業や男女の生き方は第二の仮説で示したように，実態に引きずられてジェンダー意識が固定化した結果ともいえる。

4　考　察

　現在進行している雇用流動化は，男性間の雇用格差の拡大でもある。本調査から見る限り，ジェンダー意識の変化が現実を変化させる側面よりも，現実の変化がジェンダー意識を変化させるという側面の方が強い。

　変化が現れているとすれば，年収が低い若年層ほどパートナーがいるという結果である。これは，確かに，「ジェンダー意識が平等である方が女性に選ばれやすい」という第一の仮説を支持するデータである。

　この調査結果に基づけば，雇用流動化が進み，男性の間に格差が生じ，雇用が不安定で年収の低い男性が大量に出現することになる。彼らがパートナーを

得たいと思えば，平等なジェンダー意識に変わる方が有利となる。ジェンダー意識を平等な方向に変えるように，これらの男性に圧力がかかることになる。少なくとも，雇用流動化は年収の低い男性を生み出すことにより，彼らの固定的なジェンダー意識を変化させる方向に導くといえる。

逆に，従来通り雇用が安定し，年収の高い男性に関しては，少なくともパートナー関係から見る限り，固定的なジェンダー意識から解放されるという方向には向かわないということでもある。年収が高ければ，固定的なジェンダー意識をもっていたとしても，パートナーから選ばれる可能性は，何ら変わりはないからである。

参考文献

Bauman, Zygmunt, 1998, *Work, Consumerism and the New Poor*, Open University Press.（＝2008 伊藤茂訳『新しい貧困』青土社．）

Bauman, Zygmunt, 2000, *Liquid Modernity*, Polity Press.（－2001 森田典正訳『リキッド・モダニティ』大月書店．）

Beck, Ulrich, 1986, *Risikogesellschaft auf dem Weg in eine andere Moderne*, Suhrkamp.（＝1998 東廉・伊藤美登里訳『危険社会』法政大学出版局．）

Beck, Ulrich & Beck-Gernsheim, Elisabeth, 2001, *Individualization*.（＝2002, Camiller, Patrick ed.& tr., Sage Publications.）

Beck, Ulrich, Giddens, Anthony & Lash, Scott, 1994, *Reflexive Modernization*, Polity Press.（＝1997 松尾精文・小幡正敏・叶堂隆三訳『再帰的近代化』而立書房．）

江原由美子・山田昌弘 2008『ジェンダーの社会学入門』岩波書店．

金子隆一・釜野さおりほか 2006「第13回出生動向基本調査　結婚と出産に関する全国調査　独身者調査の結果概要（資料）」『人口問題研究』62-4: 61-80.

国立社会保障・人口問題研究所 2011『第14回出生動向基本調査　結婚と出産に関する全国調査　独身者調査の結果概要』．

山田昌弘 1999『家族のリストラクチュアリング』新曜社．

山田昌弘 2004『希望格差社会』筑摩書房．

山田昌弘 2005『迷走する家族』有斐閣．

山田昌弘 2007「家族のリスク化」今田高俊編『リスク学入門4　社会生活からみたリスク』岩波書店．

山田昌弘 2009『ワーキングプア時代』文藝春秋．

第4章 男性のジェンダー意識と
　　　　リプロダクティブ・ライツ

目黒　依子

1　本論の目的

　国連を中心とする国際社会におけるジェンダー平等促進の積極的な動きは，すでに30数年を経ており，日本もその動きに継続的に関わってきている。1979年に国連総会において採択された「女子差別撤廃条約」を批准するために，日本政府は「雇用機会均等法」の策定や国籍法の改正，学校教育における家庭科共習などに取り組み，その後も国内法の整備やしくみづくりは「男女共同参画社会基本法」の制定とともに漸進している。このような背景のなかでも，ジェンダー役割分業のしくみとジェンダー規範が日本社会において強固に見られることは，これまで蓄積されてきた主として女性の社会的地位・役割や意識などを対象とする研究で明らかにされてきた。しかしながら，近年における社会的・経済的変化は，これまでのジェンダー構造の維持を困難にする要件をともなっており，その実証にあたっては，女性だけでなく男性のジェンダー意識も分析することが不可欠となっている。
　われわれの研究会ではすでに，変化する女性のジェンダー意識について実証研究を行い，ジェンダー意識を構成する諸相の一部は変化してきたものの，ジェンダー役割が根底から変革される状況に至っていないことを確認した（目黒・矢澤編 2000『少子化時代のジェンダーと母親意識』）。男性を対象とする今回の調査研究においては，女性の「主婦役割」の中核である「他者へのサービス」という広い意味でのケア役割が，男性において「稼ぎ手役割」と重層的

第4章　男性のジェンダー意識とリプロダクティブ・ライツ

に並存するのか、あるいは後者から前者へと移行するものなのか、女性とのジェンダー関係における役割分業と女性に対する保護と支配のイメージがどのような意識として存在するのか、などに注目し、男性のジェンダー意識の様相を明らかにしようとした。

　本論では、男女が担う役割の性別分業の実態それ自体ではなく、ジェンダー関係はパワー関係であるという理解に立脚しつつ、女性の自己決定権を男性がどのように認識し、また、許容するか、という視点に立つ分析を試みる。ジェンダー意識の諸相の中でも特にリプロダクティブ・ライツを中心としつつ、その側面と他の側面との関連についても検討したい。

2　リプロダクティブ・ライツ——問題と背景

　1994年にカイロで開催された国連の世界人口・開発会議において、人口問題が性と生殖に関わる女性の人権の問題であるとの認識から、リプロダクティブ・ヘルス／ライツ（reproductive health/rights）という概念が公式文書に導入された（日本語では一般に「性と生殖に関する健康／権利」が用いられている）。その翌年に北京で開催された第4回国連世界女性会議では「北京行動綱領」が採択されたが、リプロダクティブ・ヘルス／ライツ[1]は女性の地位向上・ジェンダー平等促進のための重大領域の一つとして位置づけられ、この採択に参加した日本政府の国内施策にも当然反映されることとなった。

　カイロ会議以前の人口会議においては、人口問題は数量としての人口の問題としてとらえられ、出生率や人口増加率のコントロールによる問題解決がテーマであった。ところがカイロ会議では、女性の地位向上・自己決定権の確立という観点から人口問題にアプローチする認識が合意されたのである。このような戦略の有効性についての疑問としては、たとえば、家族や女性の地位・役割についての価値観が宗教・伝統などに影響される社会では逆に問題解決を遅らせる可能性があることや、個人の決定の結果が社会全体として満足いくものかどうか（たとえば希望子ども数）、などが指摘されている（阿藤、1994: 14-15）。

　しかし、このようなマクロ・アプローチからミクロ・アプローチへという流れは、人口のみならず環境や開発へのアプローチについても共通しており、そ

こには主体は誰かという視点の相違や利害の対立における優先性の問題が存在する。カイロ会議で見られた転換は，人口政策は性と生殖に関する女性の身体および精神の制度的支配であるという認識が確認され，性と生殖に関する女性の自己決定権をグローバル・スタンダードにする方向が示されたことだといえよう。このような発想がすべての政府やさまざまな背景をもつ団体・組織に簡単に受け入れられたわけではなく，反論の根拠となったのが主として結婚や家族の定義であった。

　日本政府は，国連の人口会議や女性会議において，リプロダクティブ・ライツの概念を認めてきた。しかし，国内における過去の経緯を見れば，人口政策と女性の自己決定権の視点が対立するものであることは明らかである。人口政策が国力としての人口への関心から，女性の出生力をコントロールすることにより人口規模や構成を「適正」に維持する方策をとるとき，それは女性の身体を生殖の道具と見なすものである。1989 年のいわゆる 1.57 ショックにともない人口増加策が議論された最中，その政策決定プロセスに参加することができず，ただ振り回されることに対する異議申し立てが，女性は「数」ではなく「人格」だというリプロダクティブ・ライツの主張となったのである。

　この 1.57 ショックに対する女性運動の反応の背景にあるのは，それまでの人口問題と女性問題の接点が人工妊娠中絶というイシューに集中し，それ自体が戦前の「堕胎罪」を引きずったままの優生保護法と，女性の自己決定権を否定する形で何度も浮上した，その改正の動きに女性たちが直面してきたことである（江原，1992）。このショックを契機に，人口問題・人口政策をとらえ直そうとする方向や女性が子どもを産める社会環境にするために何が必要かを議論する方向が出てきた（江原，1992）とはいえるが，政府が考える人口政策に産む主体としての女性という観点が入るには，カイロ会議を待たねばならなかったということである。

　「優生保護法」の優生思想の部分を削除する一部改正法案が議員立法として出され，1996 年に成立した「母体保護法」は，女性を「母体」ととらえる。カイロ会議の国際合意を国内法に反映させるかに見えながら，その内容はリプロダクティブ・ライツの考え方からは距離がある。日本における人口や保健に関わるこれまでの政策は，出産の行為主体である女性を単なる政策ターゲット

として位置づけており，カイロ会議の合意を政策に反映させるには，根底的な発想転換が必要となる。

　性と生殖の一体または分離については，国や団体・組織による結婚・家族や生命権の定義の相違から，国際社会においても極めて政治的な争点となってきた。しかし，すべての人間の安全を脅かす感染症として HIV（エイズ）が注目される度合いが高まるにつれ，男性よりも感染する確率が高く，また，患者の看病をする家族として，女性が男性以上の負担に苦しむ状況が確認されており，政治理念や生命観をこえてリプロダクティブ・ヘルス／ライツの重要性が課題となっている[2]。エイズ感染率が女性に高いことは性的関係における女性の決定権の欠如や性暴力との関連が強いこと，そして女性がケアをするジェンダーであることが女性の労働負担を増大させることなど，リプロダクティブ・ライツと性暴力や労働負担のジェンダー・ギャップの問題が不可分であることが，1995年の第4回世界女性会議以来指摘され続けている。

　女性に対する暴力は家庭や職場，親密な関係や公的空間で，さまざまな形態で見られる。今日では，家庭内暴力（DV）に対する法律が89ヵ国で制定され，配偶者間レイプの告訴が104ヵ国で可能であり，90ヵ国でセクシュアル・ハラスメントに関する何らかの法が整備され，93ヵ国で人身売買に関する法律が制定されている（国連人口基金事務局長，2006）。これらの領域はセクシュアリティに関わる暴力であり，リプロダクティブ・ライツは女性の権利，つまり人権であるという認識の世界的広がりを示している。

3　少産世代男性のジェンダー意識——リプロダクティブ・ライツとの関連

　本節では，本調査のデータから，都市男性のリプロダクティブ・ライツ観とそれに関連するその他のジェンダー観の傾向について見てみよう（有効回答数1,523人。以下同）。

3.1　夫婦関係におけるジェンダー役割観

　まず，夫の「稼ぎ手役割」に関する質問のうち，Q14（a）「妻の収入が夫より多いのは男として不甲斐ない」に賛成（「そう思う」+「どちらかといえばそ

う思う」。以下同）は 49.9%，反対（「どちらかといえばそう思わない」+「そう思わない」。以下同）のは 49.6% と賛否半々で，(f)「夫は妻子を養えなくなったら，離婚されても仕方がない」という考えに賛成 47.5%，反対 52.1% と，これもほぼ賛否半々であった。これに対し (e)「夫は外で働き，妻は家を守るべき」という考えについては，反対が 63.1% で，賛成 36.2% の 2 倍近い。(a) と (f) への賛同は，家族をもつ男性の役割は稼ぎ手役割である，という役割観を表明していることになる。この点についての意識がまさに二分している。

Q14 (e)「夫は外で働く」というシンボリックな表現では，必ずしも稼ぎ手役割それ自体とは受け取られていないことになる。外で働いても一人で家族を充分に養うことが困難な現実に直面して，家庭の外と内という区分の意味がぼやけてきたという解釈も可能である。同時に，報酬の有無を問わず家の外で活動する妻が多いという認識でもあろう。収入は男らしさの証，収入＝男の甲斐性，という男性役割については，誰が賛同し，誰が反対なのか。稼ぎ手役割をもつ義務感と不安感に縛られながら，社会的には家族の中心的支えであるということへのアイデンティティを捨てられない男性たちの様子が見て取れる。

3.2 リプロダクティブ・ライツ

本調査では，1995 年に女性を対象として実施した調査（目黒・矢澤編，2000）において「性と生殖に関する権利＝リプロダクティブ・ライツ」に関する意識をとらえる質問として設定した 4 つの項目のうち，3 つを用いた（図 4-1）。

まず，(a) への賛否については，賛成 17.5%，やや賛成 30.5%，やや反対 31.4%，反対 20.4% とほぼ半々である。サンプル全体では 48.0% が賛成（賛成＋やや賛成）であるが，特に 30～34 歳の年齢層では 53.3% と半数以上が賛成である。(b) は，賛成 59.0%，やや賛成 33.1%，やや反対 6.1%，反対 1.4% と，圧倒的に賛成である。(c) は，賛成 38.5%，やや賛成 37.6%，やや反対 17.7%，反対 5.6% で，これも 4 分の 3 強が賛成である。前回の女性意識調査の結果と比べ，賛成が (a) は 2 割程度，(b) は 6%，(c) は 5% 程度少ない。

本調査の男性たちに見られる，性と生殖に関する女性の自己決定権への理解は，ジェンダー意識に影響を与えうる近年の社会的変化を考慮しても，予想を上回るものであった。女性意識調査（1995）と同様，このような項目に関する

第4章　男性のジェンダー意識とリプロダクティブ・ライツ

図4-1　Q15（a）子どもを産むか産まないかは，産む女性本人が決めるべきだ

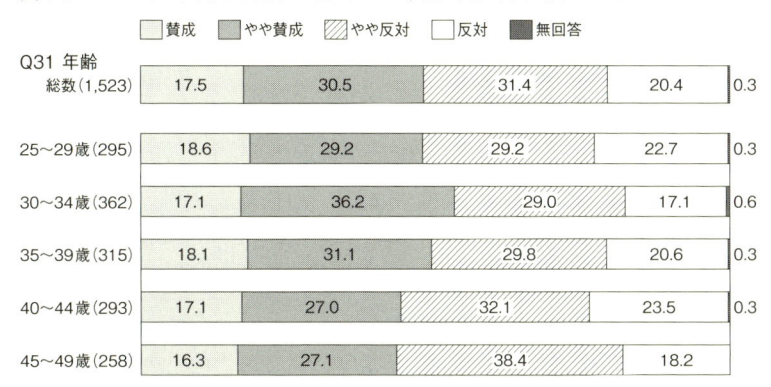

凡例：賛成／やや賛成／やや反対／反対／無回答

Q31 年齢

区分	賛成	やや賛成	やや反対	反対	無回答
総数（1,523）	17.5	30.5	31.4	20.4	0.3
25～29歳（295）	18.6	29.2	29.2	22.7	0.3
30～34歳（362）	17.1	36.2	29.0	17.1	0.6
35～39歳（315）	18.1	31.1	29.8	20.6	0.3
40～44歳（293）	17.1	27.0	32.1	23.5	0.3
45～49歳（258）	16.3	27.1	38.4	18.2	

(b) 女性が妊娠を望んでいない場合は，男性も避妊に協力するべきだ

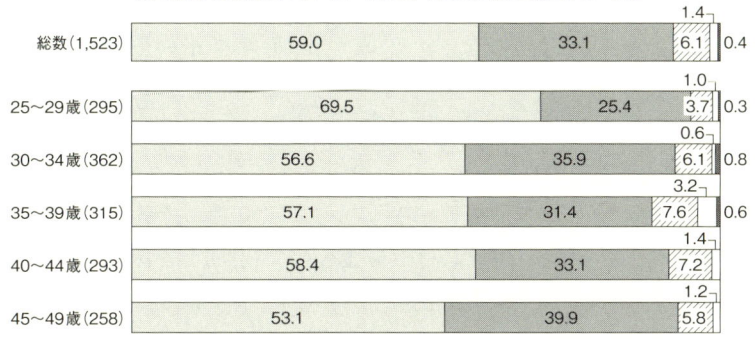

区分	賛成	やや賛成	やや反対	反対	無回答
総数（1,523）	59.0	33.1	6.1	1.4	0.4
25～29歳（295）	69.5	25.4	3.7	1.0	0.3
30～34歳（362）	56.6	35.9	6.1	0.6	0.8
35～39歳（315）	57.1	31.4	7.6	3.2	0.6
40～44歳（293）	58.4	33.1	7.2	1.4	
45～49歳（258）	53.1	39.9	5.8	1.2	

(c) 女性が望まない性行為は，相手が夫であってもレイプ（強姦）である

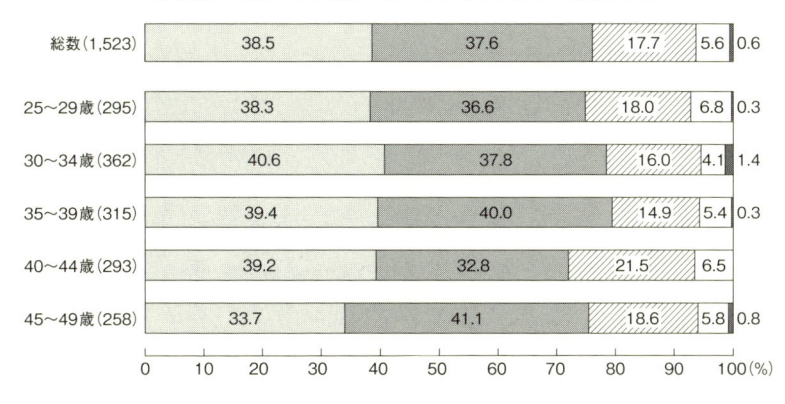

区分	賛成	やや賛成	やや反対	反対	無回答
総数（1,523）	38.5	37.6	17.7	5.6	0.6
25～29歳（295）	38.3	36.6	18.0	6.8	0.3
30～34歳（362）	40.6	37.8	16.0	4.1	1.4
35～39歳（315）	39.4	40.0	14.9	5.4	0.3
40～44歳（293）	39.2	32.8	21.5	6.5	
45～49歳（258）	33.7	41.1	18.6	5.8	0.8

先行調査が不備であるので，時代変化や対象者の特性との関連について議論はできないが，ただわずかではあるが，いずれの項目についても，年齢が高いほど賛成が少ない傾向が見られた。

　上の3項目をそれぞれ変数として他の変数との相関を見てみると，まず(a)「生殖に関する女性の自己決定権」賛成の99.0%は，(b)「生殖の時機に関する女性の自己決定権」に賛成であり，また，(a)に賛成の85.7%が(c)「性に関する女性の自己決定権」に賛成である。さらに，(b)に賛成の2割は(c)には反対である。χ^2検定では(a)(b)2種類の生殖に関する女性の自己決定権と(c)の性に関する女性の自己決定権とは，それぞれ$p < .001$で強い相関があるが，生殖に関しては女性の自己決定権を認めても，性に関して女性の自己決定権を認めることにはやや消極的であることがうかがえる。属性との相関では，学歴は(a)について高校卒のみで反対（58.8%）が賛成（41.3%）を上回っており（他の年齢層では賛否がほぼ半々），収入は高いほど(a)の賛成が減少傾向を見せている。

3.3　仕事と子育てのバランス

　「稼ぎ手役割」と「ケア役割」とのバランスについての意識を，仕事と子育てのバランス感から探ってみた。Q16男性本人の「仕事と子育て」のバランスについては，「子育てより職業優先」が18.3%，「子育てにも職業にも同じくらい関わりたい」が73.4%，「職業より子育て優先」が7.9%となっている。属性を見ると，「職業優先」は40歳代前半（22.5%），常勤・正規雇用者（20.1%）に多い。Q17結婚相手（パートナー）に望む「仕事と子育てのバランス」については，「子育てより職業優先」はわずか1.4%，「同じくらい関わってほしい」は49.2%，「職業より子育て優先」は48.9%となっており，男性についてはある程度職業優先，女性については子育て優先が，意識傾向として見られる。子ども無でもパートナーには「子育て優先」を望む意識が強い（40.3%）こと，「職業優先」である男性の6割がパートナーに「子育て優先」を望むこと，またサンプル数は少ないが「子育て優先」の男性の86.0%がパートナーに「子育て優先」を望むこと，などが特徴である（図4-2）。

　「仕事と子育てのバランス」には，子育て中の労力・時間・重視度などにお

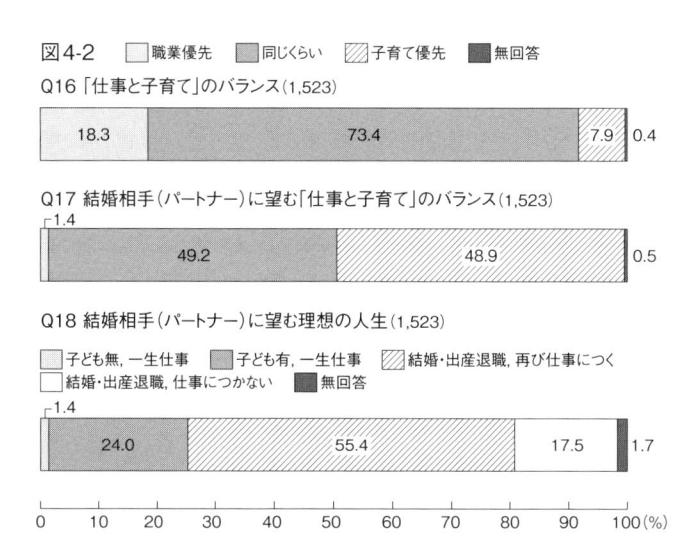

第4章　男性のジェンダー意識とリプロダクティブ・ライツ

図4-2　□職業優先　■同じくらい　▨子育て優先　■無回答

Q16「仕事と子育て」のバランス (1,523)

| 18.3 | 73.4 | 7.9 | 0.4 |

Q17 結婚相手（パートナー）に望む「仕事と子育て」のバランス (1,523)
- 1.4

| | 49.2 | 48.9 | 0.5 |

Q18 結婚相手（パートナー）に望む理想の人生 (1,523)

□子ども無，一生仕事　■子ども有，一生仕事　▨結婚・出産退職，再び仕事につく
□結婚・出産退職，仕事につかない　■無回答
- 1.4

| 24.0 | 55.4 | 17.5 | 1.7 |

0　10　20　30　40　50　60　70　80　90　100(%)

けるバランスと，ライフコース上の役割配分のバランスという，異なる側面がある。Q16, 17は，その違いについて必ずしも明確ではない設問であったが，後者の側面についてはQ18結婚相手（パートナー）に望む理想の人生を訊ねている。

「子どもをもち，一生仕事を続ける」をパートナーに望むのは24.0%，「結婚・出産を機に退職し，子育て後に再び仕事につく」を望むのは55.4%，「結婚・出産を機に退職し，その後は仕事につかない」を望むのは17.5%である。パートナーに一生仕事を続けてほしいという意識は，子ども無（28.6%），未婚者（28.2%）でそれぞれ約3割であるが，子どもが実際にいる生活では，子育ては女性が中心になり，男性本人が仕事と同じくらい子育てに関わりたいと望んでも，その関わり方は女性のそれとは異なるという認識があるように見られる。

男性たちは，Q12人生にとって重要なことについて，(b)「好きな仕事ができる」(92.3%) を，(d)「幸せな家庭をつくる」(93.6%)，(c)「趣味や余暇を楽しむ」(92.6%) に次いで重視している（「とても重要」+「やや重要」。以下同）。自分の人生にとって「好きな仕事ができる」を重視する男性の約7割は，Q30男性の自立にとって重要なことの要件として (e)「育児ができる」

(71.2%)を重視しており，それは(d)「家事ができる」(63.4%)を上回っている。また，Q12 (d)「幸せな家庭をつくる」を重視する男性の79.0%は，Q29女性の自立にとって重要なことの要件として(a)「経済的に自立している」をあげている。しかしそれは一般論であり，彼らのパートナーには育児の主たる担い手であることを期待する傾向が見られるのである。

以上のような調査結果の概観から，生殖と性に関してやや差はあるものの，女性のリプロダクティブ・ライツに関する男性意識にかなり高い許容傾向があることがわかった。また，Q14 (e)「夫は外で働き，妻は家庭を守るべきである」という意識は，調査回答者の6割以上が否定しており，子育てに関する父親役割への関心も高いことがわかった。しかし同時に，女性あるいは妻に対する男性あるいは夫という関係性において，ジェンダー特性へのこだわり（あるいはとらわれ）がアイデンティティとして存在するといえる。

4　リプロダクティブ・ライツへの態度

3節で見た男性のジェンダー意識のなかのリプロダクティブ・ライツには，生殖に関する意識と性に関する意識に微妙な差異があることがわかった。本節では，それぞれの意識の表出パターンを検出し，規定要因を確認したい。

3.2で述べた生殖・生殖の時機・性に関する女性の自己決定権についての男性の意識に対して，有意に関連する属性に，年齢と学歴がある。

まず，(a)「生殖に関する女性の自己決定権」(Q15(a)子どもを産むか産まないかは，産む女性本人が決めるべきだ) への態度を見ると，賛成が最も多い年齢層は30～34歳 (53.3%) であるが，続いて35～39歳も49.2%，25～29歳で47.8%，40～44歳および45～49歳はそれぞれ44.1%と43.4%である。30歳代と40歳代をそれぞれ1グループにまとめたχ^2検定の結果では，$p < .05$のレベルで年齢による意識の差異があることが示された（図4-3）。

(b)「生殖の時機に関する女性の自己決定権」(Q15(b)女性が妊娠を望んでいない場合は，男性も避妊に協力するべきだ) への態度は，賛成の割合が最低の35～39歳でも88.5%で，他は92～95%が賛成であり，有意な年齢差はない。

第4章　男性のジェンダー意識とリプロダクティブ・ライツ

図4-3　Q15(a)子どもを産むか産まないかは，産む女性本人が決めるべきだ

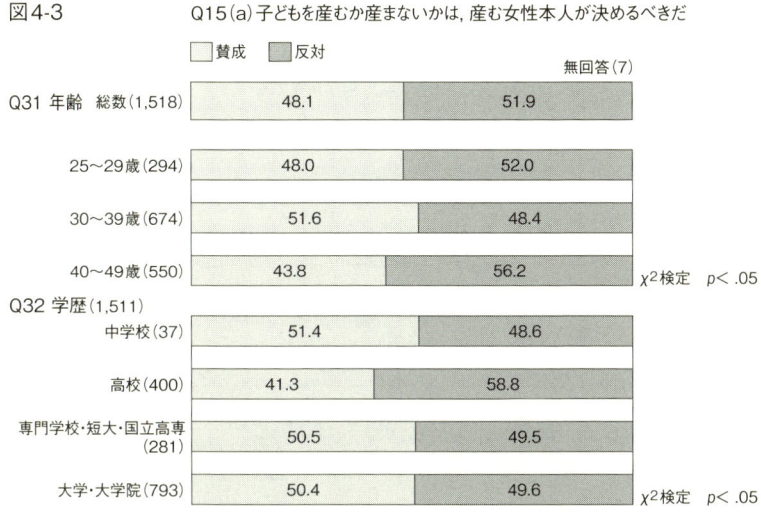

□賛成　■反対
無回答(7)

Q31 年齢　総数(1,518)　48.1 / 51.9
25～29歳(294)　48.0 / 52.0
30～39歳(674)　51.6 / 48.4
40～49歳(550)　43.8 / 56.2　χ²検定　p<.05

Q32 学歴(1,511)
中学校(37)　51.4 / 48.6
高校(400)　41.3 / 58.8
専門学校・短大・国立高専(281)　50.5 / 49.5
大学・大学院(793)　50.4 / 49.6　χ²検定　p<.05

図4-4　Q15(a)子どもを産むか産まないかは，産む女性本人が決めるべきだ(1,513)
　　　(b)女性が妊娠を望んでいない場合は，男性も避妊に協力するべきだ(1,513)
　　　(c)女性が望まない性行為は，相手が夫であってもレイプ（強姦）である

□Q15(c)賛成　■Q15(c)反対

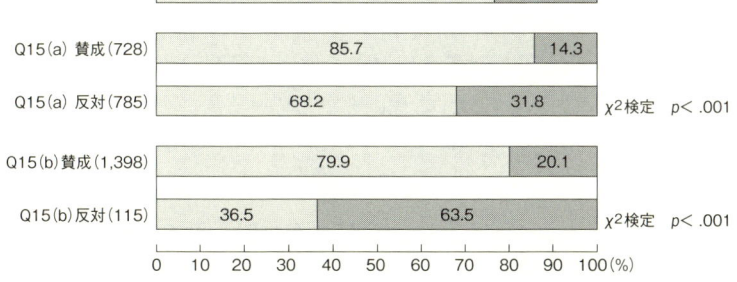

総数(1,514)　76.6 / 23.4
Q15(a)賛成(728)　85.7 / 14.3
Q15(a)反対(785)　68.2 / 31.8　χ²検定　p<.001
Q15(b)賛成(1,398)　79.9 / 20.1
Q15(b)反対(115)　36.5 / 63.5　χ²検定　p<.001

0　10　20　30　40　50　60　70　80　90　100(%)

　(c)「性に関する女性の自己決定権」（Q15(c)女性が望まない性行為は，相手が夫であってもレイプ（強姦）である）への態度は，賛成の割合が高い順に35～39歳（79.4%），30～34歳（78.4%），25～29歳（74.9%），45～49歳（74.8%），40～44歳（72.0%）であるが，χ^2検定では有意な年齢差は認められなかった。また，学歴による差異は$p<.05$レベルで見られた。
　次に，(a)生殖に関する女性の自己決定権への態度と，(c)性に関する女性

63

図4-5　Q14 (e) 夫は外で働き, 妻は家を守るべきである(1,506)
　　　　　 (f) 夫は妻子を養えなくなったら, 離婚されても仕方がない(1,510)
　　　　Q15 (a) 子どもを産むか産まないかは, 産む女性本人が決めるべきだ
　　　　　 (c) 女性が望まない性行為は, 相手が夫であってもレイプ(強姦)である

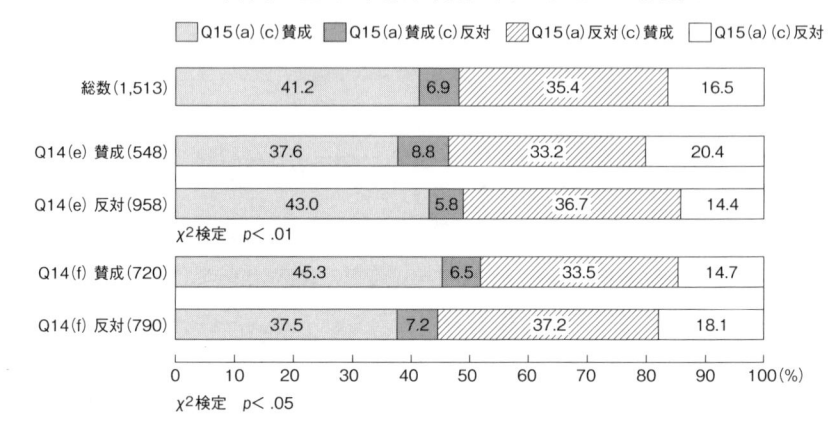

	Q15(a)(c)賛成	Q15(a)賛成(c)反対	Q15(a)反対(c)賛成	Q15(a)(c)反対
総数(1,513)	41.2	6.9	35.4	16.5
Q14(e) 賛成(548)	37.6	8.8	33.2	20.4
Q14(e) 反対(958)	43.0	5.8	36.7	14.4

χ²検定　p＜.01

Q14(f) 賛成(720)	45.3	6.5	33.5	14.7
Q14(f) 反対(790)	37.5	7.2	37.2	18.1

χ²検定　p＜.05

の自己決定権への態度との関連を見ておこう。図4-4の通り，(a)(b)の賛成派は，(c)を認める意識は高いが，(a)(b)の反対派でも(c)への賛同がかなりの高率で見られる。しかし，(a)と(b) の間には顕著な差が見られる。(c)と$p<.001$レベルで関連が見られた他のジェンダー意識項目は，Q13(e)「女性が男性より昇進が遅いのは仕方ない」とQ21父親はどうあるべきか（父親の子育て責任）で，(c)の賛成は昇進における性差を疑問視し，父親も母親と同じように子育てすることを肯定する傾向を示している。

さらに，男性の稼ぎ手役割意識（Q14(e)夫は外で働き，妻は家を守るべき，Q14(f)夫は妻子を養えなくなったら，離婚されても仕方がない）と(a)(c)の関連も，$p<.05$〜.01レベルで有意である（図4-5）。男性役割の中核に位置する稼ぎ手役割意識と女性のリプロダクティブ・ライツに関する意識の関連を見る，一つの手がかりにすることができよう。

では，すでに見た2変数間の相関関係に現れた，(a)生殖に関する女性の自己決定権への態度と，(c)性に関する女性の自己決定権への態度の間の差異を，重回帰分析を用いて追跡してみよう。表4-1は男性本人およびそのパートナーの属性関連変数と，(a)生殖に関する女性の自己決定権への態度に関する分析結果である。本人の職業・雇用形態，本人の年収，本人の転職・離職経験，

第4章　男性のジェンダー意識とリプロダクティブ・ライツ

パートナーの職業・雇用形態，パートナーの年収が有意レベル $p < .05$ である。

まず (a)「生殖に関する女性の自己決定権」に反対する確率は家族従業者・その他の職業で有意に高い。また，収入が高い層で反対する確率が高いが，最大は 700～1,000 万円未満で，40 歳代で最多である（40～44 歳で 25.3%，45～49 歳で 26.9%）。賛成する確率が高いのは，まず本人が転職・離職経験者で，その割合は若年層で高い（25～29 歳で 37.6%，30～34 歳で 29.6%，35～39 歳と 40～44 歳で各 2 割）。また，委託・契約社員や臨時・パートはそれぞれ 61.7%，52.3% と，5 割以上が転職・離職経験者である。また，パートナーが無職やパートナーの収入が 200～300 万円未満および 500 万円以上でも同様である。日本では高収入の妻をもつ男性は概して高収入であると仮定すれば，本調査男性の収入は年齢が高いほど高いので，40 歳以上に賛成派が多いことが予想される。

表 4-2 は属性関連変数と (c) 性に関する女性の自己決定権への態度に関する分析結果である。ここで有意であったのは本人の転職・離職経験とパートナーの収入（500 万円以上）のみであった。

以上の分析結果をまとめると**図 4-6** のようになる。リプロダクティブ・ライツ概念に含まれる 2 つの側面である生殖と性に関する女性の自己決定権を，(a)「子どもを産むか産まないかは，産む女性本人が決めるべきだ」と (c)「女性が望まない性行為は，相手が夫であってもレイプである」で測った結果，前回の女性意識調査（1995）の結果と同様に，2 つの側面が相互に関連しつつも独立した異なる要素であることが明らかとなった。生殖の自己決定権への態度と関連している属性変数は，本人の転職・離職経験，パートナーの収入，本人の就業形態，本人の年収，パートナーの職業の有無であるが，性の自己決定権への態度と関連している変数は最初の 2 つのみである。

女性意識調査（1995）の結果では，「出産（生殖）の自己決定権」に賛成は 66.0%，「性の自己決定権」に賛成は 80.9% で，前者と関連する属性変数は学歴，職業経験，結婚の有無，子ども数であり，後者との関連は学歴のみであった。前者と関連する変数にケアに絡む現実的な要素が多いのに対し，後者の場合は抽象的要素が規定しているといえる。また，近代家族において一体化されたとされる性と生殖が，乖離を見せているという解釈もできる。

表 4-1 属性と生殖の自己決定権への態度の関連

独立変数	従属変数 重回帰分析	生殖の自己決定権への態度		
		非標準化係数 B	標準誤差	標準化係数 β
Q31 年齢 （基準：25～29歳）	30～34歳	-0.038	0.142	-0.016
	35～39歳	-0.123	0.144	-0.054
	40～44歳	-0.235	0.144	-0.104
	45～49歳	-0.221	0.148	-0.094
Q32 学歴 （基準：中学校）	高校	0.051	0.271	0.023
	専門学校	0.147	0.277	0.052
	短大・国立専門	0.105	0.340	0.017
	大学・大学院	0.233	0.270	0.119
Q3, 3-1 職業・雇用形態 （基準：常勤の正社員・正職員）	自営業主	0.037	0.109	0.014
	臨時・パート，委託・契約社員	-0.282	0.166	-0.061
	家族従業者・その他	-0.490	0.241	-0.074 *
Q5 年収 （基準：200万円未満）	200～300万円未満	-0.545	0.279	-0.137
	300～400万円未満	-0.603	0.265	-0.218 *
	400～500万円未満	-0.505	0.263	-0.201
	500～700万円未満	-0.552	0.263	-0.248 *
	700～1000万円未満	-0.621	0.267	-0.270 *
	1000万円以上	-0.554	0.279	-0.165 *
Q8 3年以内の転職・離職経験	ダミー　無=0 有=1	0.188	0.095	0.072 *
Q35-2 パートナーの学歴 （基準：中学校）	高校	0.337	0.290	0.166
	専門学校	0.364	0.297	0.141
	短大・国立専門	0.489	0.297	0.201
	大学・大学院	0.266	0.298	0.119
Q35-3 パートナーの職業 （基準：勤め人）	自営業主	-0.072	0.169	-0.016
	家族従業者・その他	0.055	0.221	0.009
	無職	0.327	0.155	0.167 *
Q35-4 パートナーの年収 （基準：なし）	0～100万円未満	0.165	0.154	0.068
	100～300万円未満	0.395	0.173	0.152 *
	300～500万円未満	0.160	0.191	0.046
	500万円以上	0.403	0.199	0.107 *
	定数	2.299	0.474	***
	(n)	(862)		
	R^2	0.051		
	調整済 R^2	0.018		
	F 値	1.555		
	自由度	29		
	有意確率	$p < .032$		

χ^2 検定　* $p < .05$　** $p < .01$　*** $p < .001$

第4章 男性のジェンダー意識とリプロダクティブ・ライツ

表4-2 属性と性の自己決定権への態度の関連

独立変数	従属変数 重回帰分析	性の自己決定権への態度		
		非標準化係数 B	標準誤差	標準化係数 β
Q31 年齢 (基準：25～29歳)	30～34歳	0.226	0.128	0.104
	35～39歳	0.116	0.130	0.056
	40～44歳	0.030	0.130	0.015
	45～49歳	-0.076	0.134	-0.035
Q32 学歴 (基準：中学校)	高校	0.082	0.245	0.041
	専門学校	0.328	0.251	0.127
	短大・国立専門	0.525	0.310	0.089
	大学・大学院	0.320	0.245	0.179
Q3, 3-1 職業・雇用形態 (基準：常勤の正社員・正職員)	自営業主	0.004	0.098	0.002
	臨時・パート，委託・契約社員	-0.168	0.150	-0.040
	家族従業者・その他	-0.322	0.217	-0.053
Q5 年収 (基準：200万円未満)	200～300万円未満	-0.135	0.252	-0.037
	300～400万円未満	-0.203	0.240	-0.081
	400～500万円未満	-0.167	0.238	-0.073
	500～700万円未満	-0.211	0.237	-0.104
	700～1000万円未満	-0.205	0.241	-0.097
	1000万円以上	-0.031	0.252	-0.010
Q8 3年以内の転職・離職経験	ダミー　無＝0 有＝1	0.184	0.085	0.077 *
Q35-2 パートナーの学歴 (基準：中学校)	高校	-0.014	0.263	-0.008
	専門学校	-0.070	0.269	-0.030
	短大・国立専門	0.022	0.269	0.010
	大学・大学院	0.074	0.270	0.036
Q35-3 パートナーの職業 (基準：勤め人)	自営業主	0.116	0.154	0.028
	家族従業者・その他	-0.189	0.195	-0.036
	無職	0.082	0.140	0.046
Q35-4 パートナーの年収 (基準：なし)	0～100万円未満	0.149	0.139	0.067
	100～300万円未満	0.253	0.156	0.107
	300～500万円未満	0.153	0.173	0.049
	500万円以上	0.374	0.180	0.108 *
	定数	2.747	0.428	***
	(n)	(861)		
	R^2	0.063		
	調整済 R^2	0.030		
	F 値	1.928		
	自由度	29		
	有意確率	$p < .002$		

χ^2 検定　＊ $p. < .05$　＊＊ $p. < .01$　＊＊＊ $p. < .001$

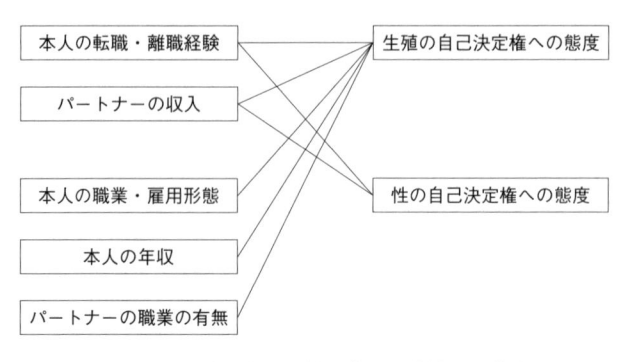

```
本人の転職・離職経験 ─┐    ┌─ 生殖の自己決定権への態度
パートナーの収入 ─────┤    │
                    ├────┤
本人の職業・雇用形態 ─┤    └─ 性の自己決定権への態度
本人の年収 ──────────┤
パートナーの職業の有無┘
```

図 4-6　属性と生殖・性の自己決定権への態度

　今回の男性意識調査の結果では，前者への賛成は 48.0％，後者への賛成は 76.1％で，前者への賛成は女性に比べて 2 割近く少ないが，後者はほぼ同程度に高い支持率である。2 つの自己決定権と関連する属性変数は本人およびパートナーの職業と収入であり，稼ぎ手役割と相対的パワー関係に絡む現実的要素といえよう。男性意識における 2 種類の自己決定権への態度の差については，生殖に関しては家族の稼ぎ手としての本人が関わるべきだという意識が働いているのに対し，性に関しては相手と自分の相対的関係が作用するという解釈も可能だと思われる。

5　まとめ

5.1　T.K. さんのジェンダー意識プロフィール

　本調査の対象となった 25〜49 歳の男性たちは，プロダクションとリプロダクションの担い手年齢層である。しかし現実には，生産（稼ぎ手）役割を果たすことが最優先課題とされる社会的期待としくみのなかで，ジェンダー意識を形成してきた。一般にジェンダー意識を探る方法として「夫は外で働き，妻は家を守るべきである」という質問項目が典型的に用いられてきたが，本調査の結果では，6 割以上がこれに否定的であった。また，パートナーの就業に肯定的で，父親役割への関心も強く見られ，リプロダクティブ・ライツへの支持も強力に見られた。しかし，男性の稼ぎ手役割へのこだわりは厳然と定着してい

第4章　男性のジェンダー意識とリプロダクティブ・ライツ

る傾向もあり，職業役割やケア役割に関する意識には，男女とも関わることを肯定しつつも，その関わり方にジェンダー差があるという，いわば総論と各論の違いも認められた。ここでは，上述の分析を踏まえたうえで，46歳の男性のジェンダー意識プロフィールを介して本論のまとめとしたい。このケース・インタビューは，本調査後に行ったインタビューの1つである。

　T.K. さんは大学卒の元サラリーマン（マス・メディア関係）で現在自営業。結婚19年で子ども2人。妻は子どもを対象とする語学教室を開いて教えている。結婚後間もなく家業に入り，父親の死後，その後継者となった。その後転職も考えたこともあるが，現職の最大のメリットは自分の時間と家族との時間がもてることで，それは金銭に換えられない。一家の大黒柱は父・母（夫・妻）どちらでもよい。景気が悪かった頃は妻の家計支援もあったが，全部頼るのはプライドが邪魔する。つまり50：50ならいいが，60：40だと気になる。

　妻のスケジュールとの関係を見ながら，家族の食事を作る。料理は趣味ではなく，自然体で「ご飯」を作る。子どもの世話も好きで，子どもは父親の世話でも母親の世話でも同じ感覚で受け止めていると思っている。妻が友人と泊りがけで出かける時も，食事の作り置きなどはまったくない。「夫が出張などで旅行に出かける時，妻がカバンをつめる」という話は，かなりよく聞くけれど，まるで江戸時代のような，自分には縁のない話。靴下の場所を電話で妻に聞く夫や，帰宅時に妻が家にいると自分で鍵を開けずピンポンを押す夫，妻が寝ているのに家に友達を連れてくる夫など，よく聞く話。自分にはありえない。自分と妻が逆の立場だと嫌だと思うから，できない。妻との間でお互いの要求やサービスを意識することはない。つねに臨機応変にできることをできる方がする。親や妻の介護は絶対すると思う，コネクトしなければならない。しかし，子どもには期待しない。

　子どもは男の子2人だから女の子が欲しいと思ったが，妻を見ていると大変だと思うので，あえて言えなかった。お互いの意見が一致しないと，一方的に決めることはできない。経済的負担というより，子育てそれ自体が大変のようで。

　夫婦間の女性に対する暴力，ドメスティック・バイオレンスは，身体的なもの以上に言葉やメンタルな暴力が怖い。

男らしさとは，自己管理できる強い意志，ここは我慢して一歩ひく優しさあるいは勇気。1人の女性にモテるより10人の男性にモテることが理想。

地域の子どもたちの父親たち（T.K. さんの同世代かやや下の世代）は，土曜日に妻たちを解放するため，子どもを外に連れ出す。この親たちはカップルでゴルフやテニスの合同コンペやバーベキュー，飲み会などで付き合う。

T.K. さんの住む地域には，自営業に限らずサラリーマンたちが，週末に父親（夫）と子どもの「協遊」時間を創ることにより母親（妻）を子どもから解放する「父子カルチャー」を形成し，それを介して親たちの「共遊」というカップル・カルチャーを創り出している。

5.2 リプロダクティブ・ライツに共鳴する男性たち

T.K. さんのジェンダー意識プロフィールは，ケア意識が豊かで，ジェンダー役割について柔軟であり，彼自身も地域の同世代の典型ではないと認識している。しかし，すでに見た本調査の結果から浮かび上がった傾向の一部は，彼のプロフィールにある程度近いものもある。T.K. さんの生殖と性に関する男性の立場からの意識は，多くの男性たちの意識を濃淡の差はあれ映し出すものと思われる。リプロダクティブ・ライツの重要性が国際的に共有されている時代に，その価値観に共鳴する日本の男性たちの存在が確認されたのではないかといえる。

注

(1) 第4回世界女性会議（1995年）において採択された「北京行動綱領」は，女性の地位向上・ジェンダー平等促進のための12重大領域を取り上げており，その一つである「女性と健康」に関するキー概念が reproductive health/rights である。「北京行動綱領」によれば，リプロダクティブ・ヘルスとは，性と生殖システムおよびその機能・過程に関わるすべての事柄が完全に身体的・精神的・社会的に健康な状況であることで，単に病気でないという状況ではない（パラグラフ94）。この定義に基づいて，リプロダクティブ・ライツとは，すべてのカップルおよび個人が自由に責任をもって子ども数やその出生間隔を決定し，その決定に必要な情報や手段をもち，最高水準のリプロダクティブ・ヘルスを確保する権利であり，また，人権文書に述べられている差別，強制，暴力から自由な性と生殖に関する決定権である

第 4 章　男性のジェンダー意識とリプロダクティブ・ライツ

（パラグラフ 95）（United Nations, 2001: 58-59）。

(2) このような注目は市民社会でも広がりを見せており，たとえば 2006 年 8 月 13～18 日にカナダのトロントで開催された第 16 回世界エイズ会議には各国政府，国連，国際機関，NGO を含む市民社会ら 170 ヵ国から 24,000 人が参加。ビル／メリンダ・ゲイツ夫妻やビル・クリントン前米大統領は財団を設立し，エイズ撲滅のために活動している。ビル・ゲイツは「女性が自らの命を守るために，夫や恋人の許可を必要とする現状を変えねばならない」とスピーチした（石井，2006）。

参考文献

阿藤誠，1994，「国際人口開発会議（カイロ会議）の意義―新行動計画とその有効性―」『人口問題研究』50-3: 1-7.

江原由美子，1992，「女性問題と人口問題」『社会保障研究』28-3: 261-269.

石井澄江，2006，「女性と健康ネットワーク」『News Letter』第 9 巻第 11 号，2006 年 9 月 6 日.

国連人口基金事務局長，2006，「女性に対する暴力撤廃の国際デーに寄せる国連人口基金事務局長から国連人口基金東京事務所へのメッセージ」2006 年 11 月 25 日.

目黒依子，1998，「少子化現象のジェンダー論―性役割分業社会とリプロダクティブ・ライツ」『人口問題研究』（国立社会保障・人口問題研究所）54-2: 1-12.

目黒依子（研究代表者），2005，「男性のケア意識・職業意識がジェンダー秩序の流動化に与える影響に関する実証的研究」平成 15 年度―平成 16 年度科学研究費補助金（基盤研究（B）(1) 研究成果報告書.

目黒依子・矢澤澄子編，2000，『少子化時代のジェンダーと母親意識』新曜社.

United Nations, 2001, *Beijing Declaration and Platform for Action with Beijing +5 Political Declaration and Outcome Document*, UN Department of Public Information.

第5章 変容する男性の子ども観
―― 子どもをもつことの意味

渡辺　秀樹

1　子どもの価値の変化

1.1　機会代替仮説

　本章では，子どもをもつことの意味，つまり人々の子ども観を問う。本書全体のテーマから，雇用流動化時代における男性の子ども観が焦点になるが，本章ではより一般的に，子ども観についての先行研究を踏まえたうえで，本調査結果から都市男性の子ども観を見ていく。ジェンダーという切り口を中心に，先行研究から得た子ども観をとらえる枠組み，仮説に照らしつつ，都市男性の子ども観について新たな仮説の導出を試みたい。

　子どもをもつ意味はさまざまである。たとえば，ホフマンとマニス（Hoffman & Manis, 1979）は，アメリカで40歳以下の既婚男女を対象にした面接調査に基づいて，子どもがもたらす価値＝基本的なニーズを情緒から道徳的価値まで，7つに整理（after code）している。ホフマンとマニスによれば，どの価値を重視するかは社会経済的背景，文化によって異なり，成人が有する基本的ニーズの充足機会や達成要求の強弱に依存するという。たとえば，就業女性と専業主婦の回答に差異があるひとつの理由に，就業がニーズの充足機会を提供していることが考えられるという（Hoffman & Manis, 1979；渡辺，1988参照）。

　永久ひさ子は，30代の母親を対象とした「子どもの価値」についての調査結果から，子育てを通した生きがいは高学歴有職女性では相対的に低くなるが，それは子どもを通して生きがいや自身の成長の機会を得るのではなく，職業の

なかで自己実現を通して得ようとするためであるととらえる（永久，2004: 53）。

ホフマンとマニスや永久の知見は，女性における子ども観の差異を説明するが，これを男女間，あるいは男性における子ども観の差異を説明する仮説として拡大して考えてみたい。これを〈機会代替仮説〉と呼ぶことにしよう。たとえば男性では，職業によるニーズ充足機会の多寡によって子ども観が異なり，職業を通してより少ないニーズ充足機会しかもたない男性は，より多くもつ男性より，子どもに高い価値をおく，という仮説である。

1.2 変容する子ども観

機会代替仮説と対極的な仮説としては，子どもから得る価値は，ほかのなにものによっても充足されない，固有の価値であるという考え方，つまり〈機会代替不能仮説〉になろう。子ども以外のニーズ充足機会を十分にもつ人々であっても，子どもの価値を強く求める＝子どもの価値を高くおくならば，機会代替仮説ではなく，機会代替不能仮説が適合することになる。

子どもに求める価値自体が時代とともに変化している。矢澤・天童（2004: 83）は，日本における子どもの価値の変遷の整理を試みている。同時代でも社会が違えば，子どもに求める価値は異なってくる。子どもをもつことの意味は，多元的である。以下では，いくつかの先行調査研究から，子ども観の変容を見ることにしたい。それらは，調査研究がおこなわれた時代や社会を反映しており，子どもの価値の多様性と変化，多元的な子ども観を見ることができる。その上で，本調査の都市男性の子ども観を位置づけて検討したい。

なお先行研究は，男性のみを対象とした調査に限定せず，継続調査を実施していること，全国規模あるいは国際比較調査であることを基準に取り上げる。

2 多元的な子ども観
―― 〈家の子ども〉から〈機会費用としての子ども〉へ

2.1 家の子ども

まず，統計数理研究所「日本人の国民性調査」の結果から見てみよう（坂元，2000）。同調査は，満20歳以上の日本人＝有権者を母集団として，1953年か

ら5年ごとに継続されている。

　家の継承意識を訊ねる質問項目として「子どもがいなければ，他人の子どもでも養子にもらって家をつがせた方がよい」があり，「つがせる」という回答が1953年には74％であったが，1998年には22％に大幅に減っている。国民性調査の数多い質問項目のなかで，回答の変化がもっとも大きい項目であった。〈家の子ども〉としての価値が変化したといえるだろう。

　統計数理研究所の国民性調査の結果からは，〈家の子ども〉という価値，あるいは直系家族規範に直結する伝統的価値は，急激に衰退したと見てよいだろう。ただし，見方を変えて「他人の子ども」あるいは「養子」と親子関係を結ぶという意識が減退したと見ることもできよう。とすると，義理の親子関係や養子や婚外子など，現代欧米の多様な親子関係の増加という趨勢とは異なる子ども観が存在することになる。実子主義／血縁主義は，戦後日本において強化され，持続していると考えることもできるのである（田間，2005）。

2.2　子どもの多元的な価値　1970年代の国際比較調査

　総理府青少年対策本部が国際児童年を記念して，1979年に実施した国際比較調査がある（総理府青少年対策本部，1981）。調査対象は日本・アメリカ・イギリス・フランス・タイ・韓国の6ヵ国の10〜15歳の子どもとその母親であった。筆者も参加した調査研究であったが，その後父親の日米西独比較調査（総理府青少年対策本部，1987年）や，国際家族年記念家庭教育調査（日本女子教育会，1994年）などを導く契機となった。

　事実，ここで採用された質問項目は，後続調査によく用いられた。あらかじめ子どもの多元的な価値を表す10項目を提示し，そこから3つ選択する複数回答である（pre-code, multiple answer）。挙げられたのは，子どもの情緒的価値・経済的価値・家族的価値・社会的価値・自己（親）にとっての価値・社会的認知などである（表5-1）。

　6ヵ国の結果は，それぞれの社会の特徴を示している。タイは家族的価値が重視され（とくに「家の存続」），社会的価値（「次の世代をつくる」）はあまり重視されていない。イギリスやフランスは，情緒的価値（「子育ては楽しみ」）が非常に強く重視されている。日本は，「次の社会をになう世代をつくる」「家

族の結びつきを強める」の順で回答が高い。伝統的な家族価値（「家の存続」）は弱まる一方，近代的な家族価値（「家族の結びつきを強める」）が強くなっている。

社会的認知（「夫婦は子どもをもってはじめて社会的に認められる」）は，韓国と日本では3割弱から2割弱の回答であり，一定の価値がおかれている。

なお，先に紹介したように総理府青少年対策本部が，この調査の後，『国際比較 青少年と家庭』（1982年），『日本の父親と子ども—アメリカ・西ドイツとの比較』（1987年）を公表した。後者の国際比較調査は1986年に実施され，日本の父親が子どもとの共同行動や子育てへの関与が少ないことが指摘された。

2.3　子どものプラスとマイナスの価値　1990年代の国際比較調査

国際家族年を記念して1994年に日本女子社会教育会（当時）によって『家庭教育に関する国際比較調査』（日本女子教育会，1996）が実施された。調査対象は，日本・韓国・タイ・アメリカ・イギリス・スウェーデンの6ヵ国の0～12歳の子どもをもつ母親と父親であった。子ども観を訊ねる質問項目は2つあり，1つは「子育てで感じること」について子どものプラスの価値とマイナスの価値それぞれ3項目を提示して聞いている。回答は「いつも感じる」「時々感じる」「感じない」の3択である。もう1つは，「子どもとは何か」について家の継承など6項目を提示して同様に聞いている（表5-2）。

質問項目には〈コストとしての子ども〉という観念の存在が明確に示され，回答も高い。90年代なかば，コストとしての子ども，あるいは機会費用（表5-2，問8d）を含めてマイナスの価値としての子どもという観念が調査の枠組みのなかに明確に位置づけられるようになったのである。

2.4　機会費用としての子ども　2000年代の国際比較調査

次に，国立女性教育会館が2005年に実施した6ヵ国比較調査を取り上げる（国立女性教育会館，2006）。この調査は上述の『家庭教育に関する国際比較調査』（日本女子教育会，1996）の継続調査といえる。したがってほぼ10年間の変化を見ることができるが，子ども観についての質問項目は変更されている。

調査対象は日本・韓国・タイ・アメリカ・フランス・スウェーデンの6ヵ国，

表 5-1　子どもの多元的な価値

1. 自分の生命を伝える
2. 自分の志をついでくれる後継者をつくる
3. 家の存続のため
4. 次の社会をになう世代をつくる
5. 家族の結びつきを強める
6. 老後の面倒をみてもらう
7. 出産，育児によって自分が成長する
8. 子供を育てるのは楽しい
9. 夫婦は子供をもってはじめて社会的に認められる
10. 子供は働き手として必要である

（出典）総理府青少年対策本部（1981: 191）

表 5-2　子どものプラスとマイナスの価値

問 8　ふだん次のようなことを感じることが，どの程度ありますか
　a　子どもを育てるのは楽しい
　b　子どもは何人いてもよい
　c　子どもを持って自分自身も成長している
　d　子どもがいるのでやりたいことができない
　e　子どものことでイライラする
　f　どのように育てたらよいか不安を感じる

問 20　子どもとはどのような存在だと思いますか
　a　子どもは家を継ぐものだ
　b　子どもは次の社会をになうものだ
　c　子どもはお金のかかる存在だ
　d　子どもは家族の稼ぎ手として役に立つ存在だ
　e　子どもは老後の経済的な支えになるものだ
　f　子どもは老後の精神的な支えになるものだ

（出典）日本女子教育会（1996）

表 5-3　コストとしての子ども

　a　子どもを育てるのは楽しい
　b　子どもは家族の結びつきを強める
　c　子どもを育てるにはお金がかかる
　d　子どもは老後の精神的な支えになる
　e　子どもは老後の経済的な支えになる

（出典）国立女性教育会館（2006: 133）

0〜12歳までの子どもをもつ母親と父親である。子ども観についての質問項目では，子どもの価値を表す5項目について聞いている（**表**5-3）。a 子どもを育てるのは楽しい，b 子どもは家族の結びつきを強める，e 子どもは老後の経済的支えになる，は，ワーディングは少し異なるが，総理府青少年対策本部が1979年に実施した『日本の子どもと母親』調査と共通のものである。

　表5-3の結果を簡単に見ておこう。回答は，「とてもそう思う」，「ややそう思う」，「あまりそう思わない」，「全くそう思わない」の4択であり，前2者をまとめて〈そう思う〉，後2者をまとめて〈そう思わない〉とした。なお各国とも，母親・父親間に大きな相違はないので，合計で示す。

　「子どもを育てるのは楽しい」は，タイを除いて，各国とも〈そう思う〉が9割を超える。「子どもは家族の結びつきを強める」も〈そう思う〉が非常に多い。フランス以外は95％を越えている。「とてもそう思う」のみの比率で見ると，ほかの5ヵ国との差がより明確になり，フランスは50％台なかばとなる。フランスは子どもは子ども，家族（ここでは夫婦と考える）は家族，という考え方があるように思う。「子どもは老後の精神的な支えになる」も，〈そう思う〉の比率が各国とも高く，日本も8割近い（「とてもそう思う」のみの比率を見ると，日本・韓国・フランスは低く，それぞれ41％，34％，35％となる）。

　各国別で，もっとも差異が表れるのは，「子どもは老後の経済的な支えになる」である。タイは8割強が〈そう思う〉に対し，スウェーデンは2割強，日本は3割弱と少ない。「子どもを育てるにはお金がかかる」は，各国とも〈そう思う〉の比率が高い。そのなかで，スウェーデンが7割を切って低いのが注目される。子育てを社会的に支えている表れであろう。

　タイは，「子どもを育てるにはお金がかかる」が，「子どもは老後の経済的な支えになる」ので，〈子育てと老後の扶養の親子間交換（家族内限定交換：a ⇄ b）〉という意識で辻褄が合う。一方，スウェーデンでは「子どもを育てるにはお金がかかる」ほどではなく，「子どもは老後の経済的支え」にはならない。したがって，〈子どもは社会が育て，老後は社会が支える＝福祉社会（世代間の社会的交換：A ⇄ B）〉という意識で，とりあえず辻褄が合う（大文字のA，Bは，社会的な集合的単位としての親世代や子世代を意味し，小文字の

a, bは,個々の親や子を示す)。

　これに対して,日本は,「子どもを育てるにはお金がかかる」のに,「子どもは老後の経済的な支え」とは考えていない,すなわち辻褄が合わない意識となっている。子どもの経済的コスト観がもっとも強い社会だろうか。いわば,親にかけた負担を子どもに〈返す〉,つまり〈家族内一般交換:a→b→c …〉ということだろうか。

　また,子どもが経済的コスト感を高める一方,他方で「子育ては楽しい」や「結びつきを強める」を含めて,精神的・情緒的なベネフィット=表出的価値をもたらす存在と見なされているといえるだろう。子どもは単純に価値と見なされるのではなく,費用がかかり,子育てによって失われる価値もあるという機会費用の観念を人々,とくに親自身が抱くようになったと考えられる。経済的コスト(子どもを育てるにはお金がかかる=a)に,精神的・情緒的ベネフィット(表出的価値=b)が応えるというかたちの交換関係 (a⇄b) に移行して,家族内限定交換の成立を見ることもできるだろう。

　子どもをもつ経済的コストを引き受けることが可能な人々が,子どもがもたらす表出的価値というニーズの充足を許される。経済的コストと表出的価値との交換関係である。逆にいえば,子どもがもたらすニーズ充足機会を得ることができない人々に焦点をおくと,これを〈機会格差仮説〉と呼ぶことができるだろう。機会代替仮説では,職業から一定のニーズを充足する人々と,充足できない人々では子ども観が異なり,後者がより強く子どもに価値を見いだすと予測された。ところが機会格差仮説においては,後者の職業のニーズ充足機会が少ないとは,職業が不安定と解釈しうるので,子どもに価値を見いだす余裕がない,つまり子どもという価値に接近できないと予測される。

2.5　子どもの必要性と性別選好　2000年GSS日本版調査

　JGSS調査は,アメリカのGSS (General Social Survey) に対応して,日本における総合的社会調査を目指して開始された。調査対象は成人男女20～89歳で,継続実施を目的としている。2000年の結果から,子どもをもつ必要性と子どもの性別選好についての質問項目を見ておこう(岩井・佐藤編,2002,とくに安蔵伸治および小嶋宏の執筆部分:44-55)。

第5章 変容する男性の子ども観

　子どもの必要性についての質問項目では,「結婚しても,必ずしも子どもをもつ必要はない」への賛否を聞いている。回答は「賛成」,「どちらかといえば賛成」,「どちらかといえば反対」,「反対」の4択であった。回答を見ると,未婚者において男女差が存在する。女性の方が肯定する比率が高い(「賛成」と「どちらかといえば賛成」の合計で6～8割弱)。有配偶では30歳代男女で,男性35.7％に対して女性58.7％ととくに顕著な差が認められる。有配偶者も同じく,女性は肯定する比率が大きく,男性は反対の比率が大きい(男性の反対は4～6割弱)。すなわち結婚と子どもとは,女性において相対的に分離し,男性において相対的に結合した結果になっているのである。

　さらに,子どもの性別選好についての質問項目では,「子どもをひとりだけもつとしたら,男の子か,女の子か」を訊ねている。回答は男女で差があり,男性は男児選好がより強く60.5％,女性は女児選好がより強く70.2％。また,子どもの性別選好は子どもをもつ必要性とも関係があり,必要とする方が男女とも男児選好が強い。結婚と子どもをもつことを関連させる人たちに男児選好が強い,という結果が得られたのである。

　一方,すでに見た統計数理研究所の国民性調査では,子どもの性別について「子どもを一人だけもつとしたら,男の子と女の子のどちらがよいか」という質問項目があり,1988～98年の10年間,「女の子」という回答が増えている。本調査でも,子どもの性別選好を聞いている(Q22)が,この結果が父系＝男系の直系家族規範の衰退をさすのか,男女平等意識の浸透(ジェンダー意識の変化)を表すのか,あるいは老後は実の娘に身体介護されたいという期待が増したのか,つまり,たまたま少子化とパラレルなタイミングで性別選好に変化が生じたのか,あるいは意識的な少子化への妥協＝性別選好の少子化対応なのか,さらなる検討が必要であろう。前者は結果としての無意識的な少子化対応であり,後者は意識的／意図的な少子化対応ということになる。

　すなわち,性別選好の少子化対応仮説とは,望ましい性別の子どもが生まれるまで子どもを産み続けるのではなく,子どもがどちらの性であっても1人あるいは2人で産み終えることをさす。つまり,少ない子ども数を望むことと,子どもの性別にこだわることとは,両立が容易ではないということである。

2.6 機会格差仮説

子ども観についての先行研究の知見を検討してきたが，ほかにも毎日新聞人口問題調査会による家族意識の調査（2005），国立社会保障・人口問題研究所による出生動向基本調査（最新は第14回で2010年に実施されている），日本家族社会学会による全国家族調査（第1回NFRJ98，第2回NFRJ03，第3回NFRJ08）などがある。「第14回出生動向基本調査」では，予定の子ども数が理想の子ども数を下回る理由として，お金がかかりすぎるという経済的理由が最も多く，予定子ども数を実現できない可能性の理由として，「収入が不安定」「年齢・健康上の理由」が多いことが報告されている。また，NFRJ03データを用いた分析では，子ども観の性差として，女性が子どもをもつことのコスト，ベネフィット両方の意識が強いのは，子どもに関わる当事者意識と関係がある（永井，2006）という報告もある。

以上のように先行研究の検討から，〈機会代替（不能）仮説〉や〈機会格差仮説〉を導くことができた。また，家継承の期待が弱まり，実子主義，血縁主義が強まったこと，子どものコスト意識の顕在化や情緒的価値の優先，経済的要因が子どもを持つことに大きく関わることなどを，時代的傾向としてとらえることができた。

3　都市男性の子ども観——本調査の結果

ここでは，以上に見た先行研究を可能なかぎり踏まえながら，本調査の結果を見ていきたい。ただし，サンプル数の制約などにより，仮説検証的な分析ではなく，仮説導出的な検討にとどまる。

3.1　人生にとっての子どもの必要性

現代日本においては，晩婚化や非婚化が進んでいる。なおかつ婚外子割合が極端に低い（1～2%程度を推移しており，最近増えたといっても2%をわずかに越える程度である）。このことから，子どもをもつ人々における子ども数が減ると同時に，子どもをもたない人々も増えることが予想される。つまり，結婚のなかにおける少子化と，非婚による少子化である。子どものいる人生があ

第5章　変容する男性の子ども観

図5-1　Q34 子どもの有無

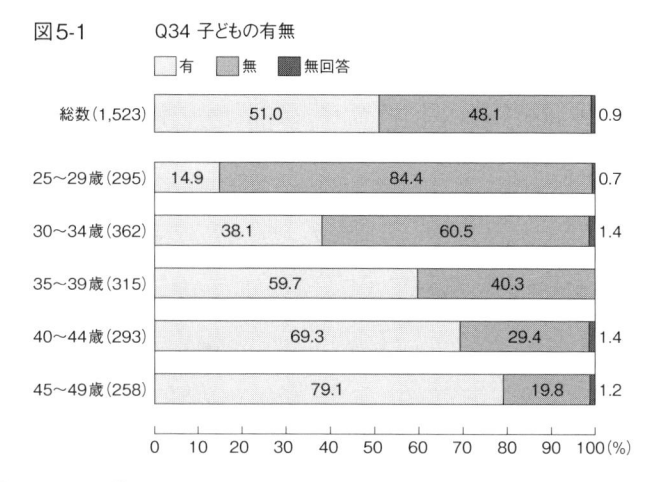

区分	有	無	無回答
総数(1,523)	51.0	48.1	0.9
25～29歳(295)	14.9	84.4	0.7
30～34歳(362)	38.1	60.5	1.4
35～39歳(315)	59.7	40.3	
40～44歳(293)	69.3	29.4	1.4
45～49歳(258)	79.1	19.8	1.2

たりまえではない状況が視野に入ってくる。

　本調査対象は25～49歳の東京都区部在住男性である（有効回答数1,523人）。Q34 子どもの有無を年齢別に見ると，45～49歳で子ども有が8割（79.1%），子ども無は2割近くである（19.8%）。子ども有の割合は，40～44歳で7割（69.3%），35～39歳で6割（60.5%）と，およそ1割ずつ低下し，30歳前半では，子どもが無が6割（60.5%）で多数派になる。全体では，子ども有／子ども無が，ほぼ半々となっている（図5-1）。こうした少子化の状況のなかで，あらためて現代の都市男性に子どもの必要性を問うてみようとしたわけである。

　Q20は，男性の人生にとって，子どもが必要か否かを問うかたちになっている。「あなたの人生にとって，子どもはどのような存在ですか。または，存在になると思いますか。お子さんがいらっしゃらない方も，いる場合を想定してお答えください」と聞いているので，子どもの有無にかかわらず全員から回答を得ている。図5-2に示すように，多くの男性は，人生にとって子どもは必要と答えている。「絶対必要」という選択肢だけに注目すると，子どもの有無によって結果は大きく異なる（子ども有65.9%，子ども無21.9%）。子どもがいない男性では「いてもいなくてもよい」が2割近くと多くなっている。

　子ども無の男性に注目すると（「絶対必要」が21.9%，「いるほうがよい」55.5%），8割近くが彼らの人生にとって子どもは必要と考えているのである。

　次に，子どもの必要性と，「仕事と子育て」のバランスについての考え方と

図5-2　Q20 人生にとって子どもの存在

| | 絶対必要 | いるほうがよい | いてもいなくてもよい | いないほうがよい | まったく必要ない | 無回答 |

Q31 年齢

	絶対必要	いるほうがよい	いてもいなくてもよい	いないほうがよい	まったく必要ない	無回答
全体(1,523)	44.4	43.3	10.3	1.3		0.3
25〜29歳(295)	37.3	47.8	12.9	1.0	0.7	0.3
30〜34歳(362)	39.8	48.3	10.2	0.8	0.3	0.6
35〜39歳(315)	50.8	34.9	11.7	2.2	0.3	
40〜44歳(293)	49.1	39.6	9.6	1.4	0.3	
45〜49歳(258)	45.7	45.7	6.6	1.2	0.0	0.8

Q34 子どもの有無(1,509)

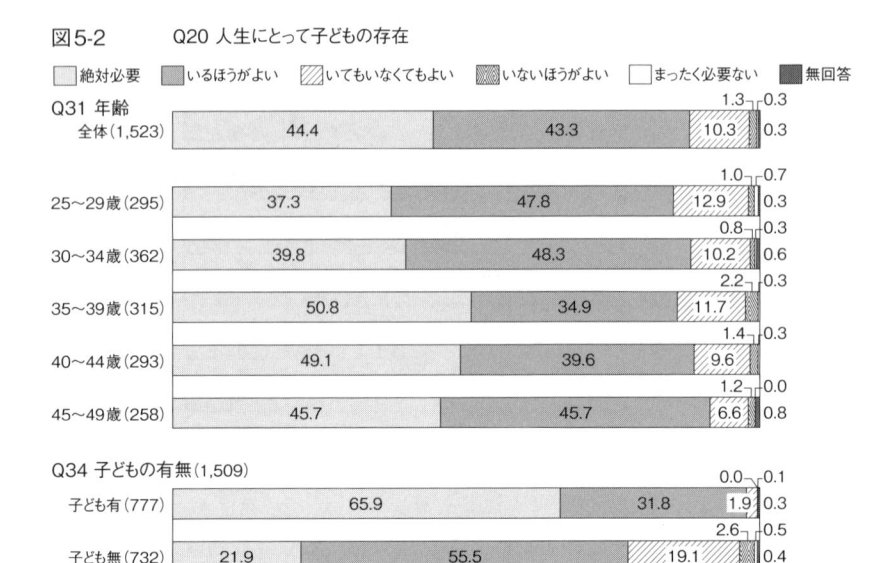

	絶対必要	いるほうがよい	いてもいなくてもよい	いないほうがよい	まったく必要ない	無回答
子ども有(777)	65.9	31.8	1.9	0.0	0.3	0.1
子ども無(732)	21.9	55.5	19.1	2.6	0.5	0.4

の関係を見ておこう。

　図5-3を見るとQ20とQ16「仕事と子育てのバランスについて，あなた自身はどのようにしたいと思いますか」の回答の関係は明らかである。つまり，「職業優先」の男性は，子どもは絶対必要とする比率が低く（33.3%），「子育て優先」の男性は，子どもは絶対必要という比率が高い（64.2%）。男性の人生にとって子どもの必要性がより強いのは，彼が望む「仕事と子育て」のバランスが，性別分業型ではなく，子育て優先型である。

　図5-3中段は，結婚相手（パートナー）に望む「仕事と子育て」のバランスと子どもの必要性との関係である。未婚や子ども無の男性にも，いる場合を想定して答えてもらっている。こちらも子ども観と明確な関係が認められる。つまり，パートナーに「子育て優先」を望む男性の方が，「同じくらい関わってほしい」男性より，子どもは絶対必要とする比率が高い。なお，「職業優先」はサンプル数が少ないので，参考に挙げておくにとどめた。

　男性本人，および女性に望む「仕事と子育て」のバランスの両者において，子育て優先型と，子どもは「絶対必要」という意識が，より強く結びついてい

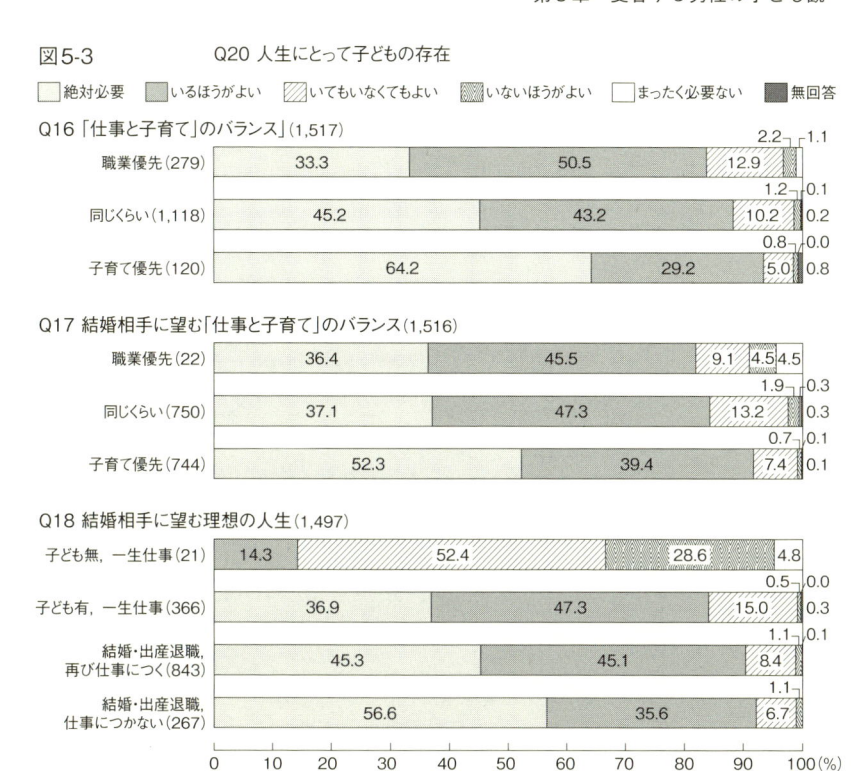

第5章 変容する男性の子ども観

図5-3　Q20 人生にとって子どもの存在

凡例：絶対必要／いるほうがよい／いてもいなくてもよい／いないほうがよい／まったく必要ない／無回答

Q16「仕事と子育て」のバランス (1,517)

区分	絶対必要	いるほうがよい	いてもいなくてもよい	いないほうがよい	まったく必要ない	無回答
職業優先 (279)	33.3	50.5	12.9	2.2	1.1	
同じくらい (1,118)	45.2	43.2	10.2	1.2	0.1	0.2
子育て優先 (120)	64.2	29.2	5.0	0.8	0.0	0.8

Q17 結婚相手に望む「仕事と子育て」のバランス (1,516)

区分	絶対必要	いるほうがよい	いてもいなくてもよい	いないほうがよい	まったく必要ない	無回答
職業優先 (22)	36.4	45.5	9.1	4.5	4.5	
同じくらい (750)	37.1	47.3	13.2	1.9	0.3	
子育て優先 (744)	52.3	39.4	7.4	0.7	0.1	

Q18 結婚相手に望む理想の人生 (1,497)

区分	絶対必要	いるほうがよい	いてもいなくてもよい	いないほうがよい	まったく必要ない	無回答
子ども無、一生仕事 (21)	14.3	52.4	28.6	4.8		
子ども有、一生仕事 (366)	36.9	47.3	15.0	0.5	0.0	0.3
結婚・出産退職、再び仕事につく (843)	45.3	45.1	8.4	1.1	0.1	
結婚・出産退職、仕事につかない (267)	56.6	35.6	6.7	1.1		

る．図5-3下段に見るように，子どもは「絶対必要」とする男性の比率が高いのは，Q18 結婚相手（パートナー）に望む理想の人生が「結婚・出産を機に退職」であり，次いで，「子育て後に再び仕事につく」＝M字型就労である．こうして見ると，性別分業型というよりも，男女とも子育て優先型において，子どもの必要意識が高まることがわかる．単純に，子ども志向と性別分業型が結びついてはいないのである．つまり，「男性（父親）は外で働き，女性（母親）は家を守るべき」という性別分業型価値観は，子どもの必要性と結びつかないのである．後述するように，ここでの聞き方は〈機会代替仮説〉よりも〈機会代替不能仮説〉の方がおさまりがよさそうである．

3.2　子どもの性別選好

本調査では，子どもをもつとしたら男の子を望むか，それとも女の子を望む

図5-4　　　　　　Q22 子どもを1人だけ持つとしたらどちらを望むか

　　　　　　　　　□男の子　■女の子　□どちらでも良い　■無回答

	男の子	女の子	どちらでも良い	無回答
総数(1,523)	31.4	18.1	50.1	0.4

Q20 人生にとって子どもの存在(1,513)

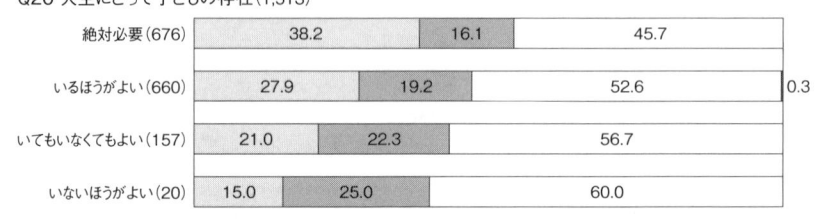

	男の子	女の子	どちらでも良い	無回答
絶対必要(676)	38.2	16.1	45.7	
いるほうがよい(660)	27.9	19.2	52.6	0.3
いてもいなくてもよい(157)	21.0	22.3	56.7	
いないほうがよい(20)	15.0	25.0	60.0	

Q17 結婚相手に望む「仕事と子育て」のバランス(1,516)

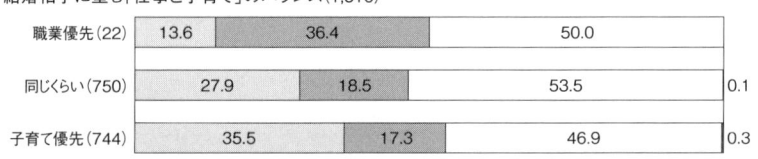

	男の子	女の子	どちらでも良い	無回答
職業優先(22)	13.6	36.4	50.0	
同じくらい(750)	27.9	18.5	53.5	0.1
子育て優先(744)	35.5	17.3	46.9	0.3

Q18 結婚相手に望む理想の人生(1,497)

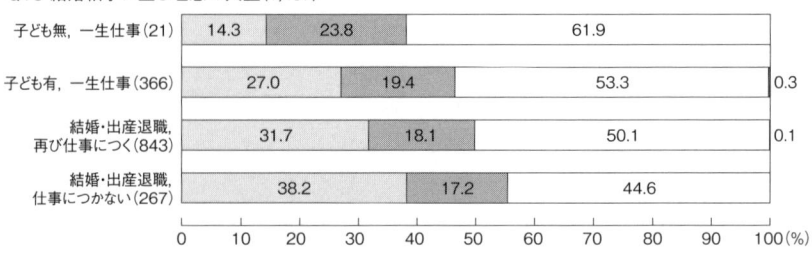

	男の子	女の子	どちらでも良い	無回答
子ども無,一生仕事(21)	14.3	23.8	61.9	
子ども有,一生仕事(366)	27.0	19.4	53.3	0.3
結婚・出産退職,再び仕事につく(843)	31.7	18.1	50.1	0.1
結婚・出産退職,仕事につかない(267)	38.2	17.2	44.6	

か,という子どもの性別選好について訊ねている。Q22「もしあなたが子どもを一人だけもつとしたら,男の子を望みますか,女の子を望みますか。すでにお子さんが2人以上いる方も,1人だった場合のこととしてお答えください」という聞き方である。

　図5-4を見ると,全体として,「どちらでも良い」が5割,「男の子」が3割強,「女の子」が2割弱となっている。性別にこだわらないというのが,もっとも多い。若干,男の子に傾いているという結果である。図5-4上段のQ20人生にとって子どもの存在との関連を見ると,子どもは「絶対必要」において男の子を望む割合が大きい。人生における子どもの必要度が低下すると,男児

選好も低下する。また，図5-4下段に見るように，Q18結婚相手（パートナー）に望む理想の人生について，性別分業観をもつ男性の方がより男児選好が強いといえるだろう。つまり，結婚相手に「子育て優先」を望んだり，「結婚・出産を機に退職」を望む男性は，男児選好が強い。これも興味深い結果であるが，解釈は難しい。なお，性別選好は，男性本人の年齢や子どもの有無によってあまり差は見られない。また，本人の「仕事と子育て」のバランスの考え方によっても，差が認められない。こうしてみると，男性による子どもの性別選好は，自分の生き方に関係せず，結婚相手に望む生き方（子育てを優先した生き方）に関係することになる。

4　男性の職業と子ども観

最後に，本書のテーマに関わる議論をしておこう。男性にとっての子どもの必要性を，彼らの職業との関連でみると，先行研究から導いた〈機会代替仮説〉よりも，〈機会格差仮説〉（機会剥奪仮説あるいは機会回避仮説といってもよい）が成り立ちそうである。

すなわち，全体のなかでQ1失業中の男性は53人であるが，彼らの子ども観を見ると，Q20子どもは「絶対必要」は34.9％で，有職者45.1％よりも低い。Q3-1雇用形態別では，「常勤の正社員，正職員」の「絶対必要」46.8％に対して，委託・契約社員，臨時・パートは「絶対必要」が3割程度になっている。Q20子どもは「いてもいなくてもよい」を見ると，有職者や常勤者は1割前後と少ないのに，失業中や委託・契約社員，臨時・パートは2割前後を示しているのである。ただ，以上についてはサンプル数が少ないので，統計的検定に付すことはできない。

先行研究の検討では，女性は子どもから得られるニーズ充足を職業に代替することがあり，職業の有無による子ども観の違いを，機会代替仮説で説明できる可能性を述べた。本調査の結果は，男性は機会代替仮説よりも機会格差仮説があてはまることを予測させる。つまり安定した職業に就いていない男性が，子ども観を強くもたない，あるいはもてない（子どもの必要性を感じない）状況を示していると考えられる。サンプル数が少ないので，仮説的結論にすぎな

いが，安定した職業は子ども志向の前提となることを示しているのである。

また，職業を優先することが父親を志向することにはならない，という 3.1 の知見は，男性において機会代替仮説の成立ではなく，子どもからもたらされるニーズは固有であり代替不能という機会代替不能仮説の成立を予測させる。つまり，先行研究の検討と本調査の結果は，子どもをもつことの機会格差仮説と子どもがもたらすニーズの機会代替不能仮説を支持しているように見える。これらの仮説についてのさらなる検討が求められる。

付記　本章 1～2 節は渡辺秀樹「社会調査に見る子ども観の変遷」『自省する知——人文・社会科学のアクチュアリティー』慶應義塾大学出版会，2011 年，257-277 の考察を基にしている。子ども観の先行調査の詳細については上記を参照されたい。

参考文献

阿藤誠，1987，「社会変動と子供の価値の転換」，『家族研究年報』，家族問題研究会，No.13: 1-8.

岩井紀子・佐藤博樹，2002，『日本人の姿——JGSS にみる意識と行動』有斐閣.

落合恵美子，1987，「近代家族における子どもの位置」『家族研究年報』家族問題研究会，No.13: 8-15.

国立社会保障・人口問題研究所，2007，『第 13 回出生動向基本調査報告書』.

国立女性教育会館，2006，『平成 16 年度・17 年度　家庭教育に関する国際比較調査報告書』.

坂元慶行，2000，「日本人の考えはどう変わったか—「日本人の国民性調査」の半世紀」統計数理研究所，国民性調査委員会『統計数理——統計的日本人研究の半世紀』第 48 巻第 1 号，統計数理研究所: 3-32.

総理府青少年対策本部，1981，『国際比較　日本の子どもと母親——国際児童年記念調査最終報告書』.

総理府青少年対策本部，1982，『国際比較　青少年と家庭』.

総理府青少年対策本部，1987，『日本の父親と子ども——アメリカ・西ドイツとの比較』.

田間泰子，2005，『近代家族とボディポリティックス』世界思想社.

永井暁子，2006，「夫婦関係と養育態度」澤口恵一・神原文子編『第 2 回　家族についての全国調査（NFRJ03）　第 2 次報告書 No.2　親子，きょうだい，サポートネッ

トワーク』日本家族社会学会, 全国家族調査委員会, 75-87.
永久ひさ子, 2004,「近代家族のなかの育児葛藤」有賀美和子・篠目清美・東京女子大学女性学研究所編『親子関係のゆくえ』勁草書房, 39-67.
日本女子教育会, 1996,『家庭教育に関する国際比較調査』.
毎日新聞人口問題調査会編, 2005,『超少子化時代の家族意識——第1回人口・家族・世代世論調査報告書』毎日新聞社.
目黒依子・矢澤澄子編, 2000,『少子化時代のジェンダーと母親意識』新曜社.
矢澤澄子・天童睦子, 2004,「子どもの社会化と親子関係—子どもの価値とケアラーとしての父親」有賀美和子・篠目清美・東京女子大学女性学研究所編『親子関係のゆくえ』勁草書房, 68-106.
渡辺秀樹, 1988,「子どもの社会化」正岡寛司・望月嵩編『現代家族論——社会学からのアプローチ』有斐閣, 76-101.
Hoffman, L. W. & Manis, J. D., 1979, "The Value of Children in the United States; A New Approach to the Study of Fertility", *Journal of Marriage and the Family*, vol. 41, no. 3-4: 583-596.

第6章 「仕事と育児」バランスをめぐる男性意識
——どのようにパートナーと分かち合おうとしているか

舩橋　惠子

1　はじめに

　「仕事と育児」の両立問題は，すでに女性問題としてのみならず男性問題としても語られるようになっている。それらは，男性に仕事だけの人生でなく「少し立ちどまって」人生・生活を考えてみよう（江原・渡邊・細谷，1997），「居場所を取り戻そう」（庄司・木本・重川，1998），「男らしさ」という神話から自由になろう（伊藤，2003）と呼びかけ，男性の育児休業は社員のニーズでもあり会社にもメリットがある（佐藤・武石，2004）と論じている。
　そして父親に関する心理学や社会学の研究も盛んに行われている。柏木惠子は親子関係の研究が母親に偏っていたことを克服すべく早くから父親研究の重要性を打ち出し（柏木，1993），実証的な父親研究は着実に進められている（Ishii-Kuntz，1994；牧野・中野・柏木，1996；稲葉，1998；加藤・石井・牧野・土谷，1998；中谷，1999；西岡，2004；松田，2005など）。国際的に見て日本の父親は家事・育児時間が短く労働時間が長いことは，つとに指摘されてきた。また，子どもが幼いほど，妻がフルタイムで就業しているほど，父親の労働時間の制約が少ないほど，父親は家事・育児を行う傾向があり，親族との同居や性別分業観などは，父親の家事遂行を妨げる要因であることもわかっている。さらに，家事遂行と育児遂行では，異なる要因が働いている。
　本章では，それらの先行研究をふまえたうえで，現代日本の都市男性の「仕事と育児」に対するバランス意識を，ジェンダーの視点から掘り下げて分析・考察したい。まだまだ稼ぎ手役割から降りられない状況のなかで，男性自身は

仕事と育児のバランスをどのようにとりたいと望んでいるのか。男性が育児を遂行できる社会的条件を整えることはもちろん大切だが，その前に男性の人生・生活にとって育児がどのように位置づけられているのかをとらえる必要があるだろう。そして，男性はパートナーの女性に対して仕事と育児のバランスをどのようにとってほしいと望んでいるのだろうか。つまり，男性は仕事と育児をどのようにパートナーと分かち合おうとしているのか，また近年の雇用不安は男性の仕事と育児のバランス意識にどのような影響を与えているだろうか，ということが本章の課題である。このような問題に接近していくためには，まず男性の意識の多様性に注目する必要がある。男性は決して一枚岩ではなく，多様な志向性をもって生きていると考えられるからである。

そこで，本調査結果に基づき，第1節では，男性にとっての育児の位置について分析し，第2節で仕事と育児のバランスに関する男性意識の5類型を抽出する。さらに第3節で5類型の特徴をデータから描き出し，第4節で5類型の社会的背景を分析する。最後の第5節では，国際比較データとの対比から日本の都市男性の意識を位置づけたい。

2　男性にとっての育児

2.1　仕事と育児の多様な選好

仕事と育児に対する女性の選好の多様性について，積極的に議論を展開しているのは，キャサリン・ハキムである。ハキムは，イギリスとアメリカの研究にもとづいて，女性だけでなく男性にも多様な選好が見られることを指摘した。ハキムによれば，多くの男性は仕事中心の人生を送るけれども，少数だが家族中心の人生を望む男性や，仕事と家庭のバランスをとっていこうとする男性がいる (Hakim, 2000: 254-272)。

「家族中心」(Family-centred) の選好を示す男性は約10%（5〜15%の範囲）である。彼らにとって家族と子どもはおもな関心事であり，公的な領域で競争的な活動に従事することをあまり好まない。

「適応的」(Adaptive) な男性は約30%（20〜40%の範囲）である。彼らは仕事はしたいが，あまり全面的に職業キャリアにコミットしないで，仕事と家

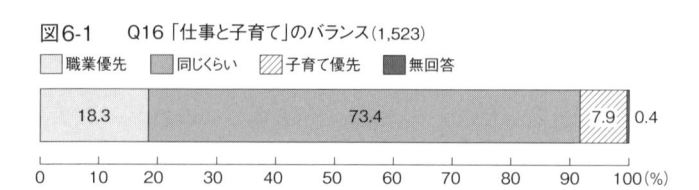

図6-1　Q16「仕事と子育て」のバランス (1,523)

　職業優先　　同じくらい　　子育て優先　　無回答

| 18.3 | 73.4 | 7.9 | 0.4 |

0　10　20　30　40　50　60　70　80　90　100(%)

庭のバランスをとったり，新しい活動を開拓したりしようとする。

「仕事中心」(Work-centred) の男性は約60%（45～75%の範囲）である。彼らは，職業や政治，スポーツなどを優先し，キャリアを積んでいくための教育を受け続ける。

本調査のなかに，ハキムが問題にしている仕事と育児の選好に関わる質問がある。Q16「「仕事と子育て」のバランスについて，あなた自身はどのようにしたいと思いますか。お子さんがいらっしゃらない方も，いる場合を想定してお答えください」と訊ねた。その結果を見ると，「職業より子育てを優先したい」（＝ハキムの「家族中心」）が7.9%，「子育てにも職業にも同じくらい関わりたい」（＝「適応的」）が73.4%，「子育てより職業を優先したい」（＝「仕事中心」）が18.3%であり，上記のハキムの分布割合と比べて「仕事中心」が意外に少なく，「適応的」男性が非常に多い結果になっている（図6-1）。調査対象である都市の若い世代の新しい意識が強く出たのではないかと考えられるが，日本の男性の長時間労働と仕事優先意識の強さが語られているなかで，このデータは予想外に高い男性の育児への関心を示すものである。

全体に本調査では，予想以上に高い男性の育児遂行意識が見いだされたが，詳しく見ていくと，必ずしも女性と対等に育児に関心をもっているわけでもなさそうだ。

たとえば，Q23「あなたは出産・育児に関する次の (a)～(e) について，自分はどのようなタイプだと思いますか。未婚の方，お子さんのいない方も，ご自分が父親になった場合を想定してお答えください」という質問に対して，(a)～(e) いずれの項目でも「すすんでする」と「どちらかといえばする」という回答の合計は，「できればさけたい」と「どうしてもできない」という回答の合計を上回っていた。項目別に見ると，(a) 6割近い男性が自分は出産に立ち会うタイプだと言い，(b) 8割以上が乳幼児の身の回りの世話をするタイ

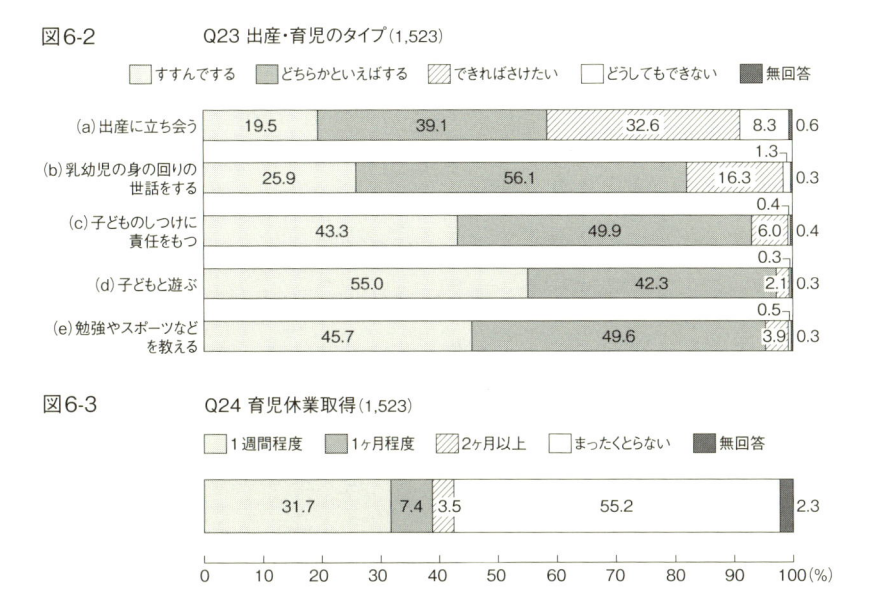

第6章 「仕事と育児」バランスをめぐる男性意識

図6-2　Q23 出産・育児のタイプ (1,523)

凡例: すすんでする／どちらかといえばする／できればさけたい／どうしてもできない／無回答

- (a) 出産に立ち会う：19.5／39.1／32.6／8.3／0.6
- (b) 乳幼児の身の回りの世話をする：25.9／56.1／16.3／1.3／0.3
- (c) 子どものしつけに責任をもつ：43.3／49.9／6.0／0.4／0.4
- (d) 子どもと遊ぶ：55.0／42.3／2.1／0.3／0.3
- (e) 勉強やスポーツなどを教える：45.7／49.6／3.9／0.5／0.3

図6-3　Q24 育児休業取得 (1,523)

凡例: 1週間程度／1ヶ月程度／2ヶ月以上／まったくとらない／無回答

31.7／7.4／3.5／55.2／2.3

プ，(c) 9割以上が子どものしつけに責任をもち，(d) ほとんどの男性が子どもと遊んだり (e) 勉強やスポーツなどを教えるタイプであると答えている。

ただし，「すすんでする」と答えた積極的な意識の男性だけに絞ると，(a) 出産に立ち会う2割，(b) 乳幼児の身の回りの世話をする2〜3割，(c) 子どものしつけに責任をもつ4割，(d) 子どもと遊ぶおよび (e) 勉強やスポーツなどを教えるは約半分に下がる。このことから，ほとんどの男性はたんに子どもと遊びたいと思っており，勉強やスポーツ，しつけへの関心も高いが，まだ出産・育児の中心部分に対しては，消極的参加意識にとどまっていることがわかる（図6-2）。

さらにQ24「もし近い将来，子どもが生まれることになったら，父親として育児休業を取りますか」にいう質問に対しては，「1週間程度とる」男性が3割，「1ヵ月」および「2ヵ月以上」まとまった期間をとる男性が，1割程度いる。しかし「まったくとらない」男性が過半数（55.2％）であり，育児のために仕事を休むことへの抵抗感は強い。年齢別に見ると，やはり若いほど育児休業をとりたい割合が増し，20代後半層では過半数（51.8％）に達している（図6-3）。

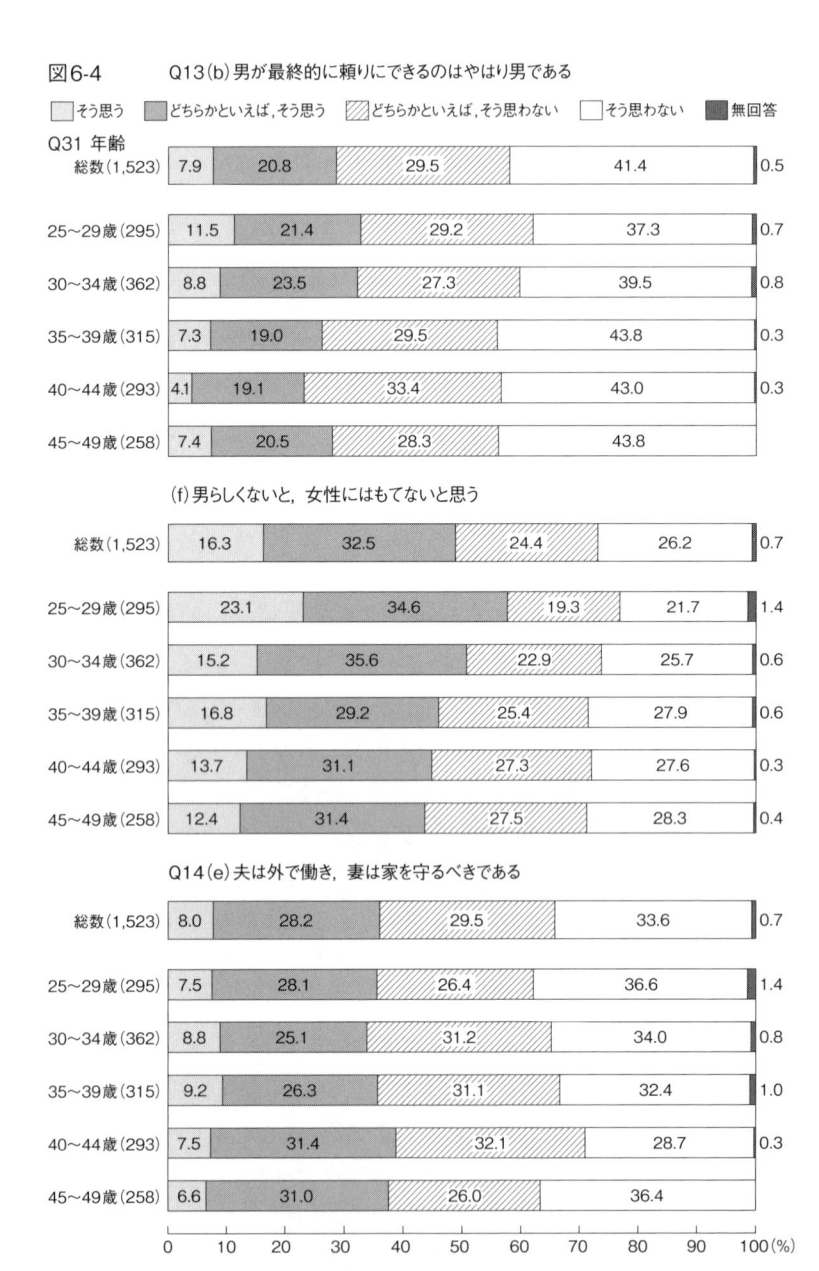

図6-4　Q13(b) 男が最終的に頼りにできるのはやはり男である

□ そう思う　■ どちらかといえば,そう思う　▨ どちらかといえば,そう思わない　□ そう思わない　■ 無回答

Q31 年齢

	そう思う	どちらかといえば,そう思う	どちらかといえば,そう思わない	そう思わない	無回答
総数(1,523)	7.9	20.8	29.5	41.4	0.5
25～29歳(295)	11.5	21.4	29.2	37.3	0.7
30～34歳(362)	8.8	23.5	27.3	39.5	0.8
35～39歳(315)	7.3	19.0	29.5	43.8	0.3
40～44歳(293)	4.1	19.1	33.4	43.0	0.3
45～49歳(258)	7.4	20.5	28.3	43.8	

(f) 男らしくないと,女性にはもてないと思う

	そう思う	どちらかといえば,そう思う	どちらかといえば,そう思わない	そう思わない	無回答
総数(1,523)	16.3	32.5	24.4	26.2	0.7
25～29歳(295)	23.1	34.6	19.3	21.7	1.4
30～34歳(362)	15.2	35.6	22.9	25.7	0.6
35～39歳(315)	16.8	29.2	25.4	27.9	0.6
40～44歳(293)	13.7	31.1	27.3	27.6	0.3
45～49歳(258)	12.4	31.4	27.5	28.3	0.4

Q14(e) 夫は外で働き,妻は家を守るべきである

	そう思う	どちらかといえば,そう思う	どちらかといえば,そう思わない	そう思わない	無回答
総数(1,523)	8.0	28.2	29.5	33.6	0.7
25～29歳(295)	7.5	28.1	26.4	36.6	1.4
30～34歳(362)	8.8	25.1	31.2	34.0	0.8
35～39歳(315)	9.2	26.3	31.1	32.4	1.0
40～44歳(293)	7.5	31.4	32.1	28.7	0.3
45～49歳(258)	6.6	31.0	26.0	36.4	

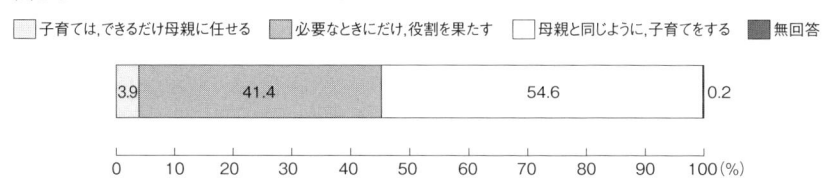

図6-5　Q21 父親とはどうあるべきか (1,523)

□ 子育ては,できるだけ母親に任せる　▨ 必要なときにだけ,役割を果たす　□ 母親と同じように,子育てをする　■ 無回答

| 3.9 | 41.4 | 54.6 | 0.2 |

2.2　どのように育児を分かち合うか

このように若い男性を中心に父親の育児遂行意識が少しずつ高まってきていることは,はたしてジェンダー秩序の流動化を意味するであろうか。

ジェンダー意識を多角的に訊ねた質問では,年齢別に見てもかならずしも若い世代ほどジェンダーにとらわれない,ということが明確に表れているわけではない。

たとえばQ13男性もしくは女性のありかたに関する考え方のうち,(b)「男が最終的に頼りにできるのはやはり男である」(f)「男らしくないと,女性にもてないと思う」などの考え方は,逆に若い世代で強まっている。典型的なジェンダー観を示すQ14夫婦や家族のありかたに関する考え方のうち,(e)「夫は外で働き,妻は家を守るべきである」という考え方への賛成は,若い世代でわずかに減ってきてはいるものの,育児遂行意識ほど明確な変化があるとはいえず,ジェンダー観の複雑さと根強さをうかがわせる（図6-4)。

近年,政府もマスメディアも男性の育児参加を強調しており,男性も育児に関心を示しているが,男性にとっての育児の位置づけについては,注意深い分析が必要である。たとえばQ21「あなたは,父親とはどうあるべきだと思いますか」という質問に対して,「父親も母親と同じように,子育てをするのがよい」と考える平等主義の男性と「父親が必要であると思われるときにだけ,きちんと役割を果たすのがよい」と考える性別特性論に立つ育児参加の男性は二分されている（図6-5)。

先に述べたように男性の意識は多様であり,また男性本人が仕事と育児のどちらを優先したいかという問題とともに,パートナーと育児をどのように分かち合うかという問題にも密接に関わっている。

3 「仕事と育児」の夫婦間バランスに関する男性意識の5類型

　本調査に先行して1995年に行った女性の意識調査（目黒・矢澤編, 2000）では，職業と育児のどちらを優先するか，また自分のパートナーにはどちらを優先してほしいかを問い，その組み合わせから，一定数が集中し内容的にも興味深い夫婦間職業／育児バランス類型が浮かび上がった。それらは，以下の3つである（舩橋, 2000）。
　(1)「両性平等」志向（両親とも職業と育児に同じくらい関わることを望む）
　(2)「幸福な家庭」志向（父親は職業と育児に同じくらい関わり，母親は育児を優先することを望む。この女性意識調査で発見され，その特徴から仮に「幸福な家庭」志向と名付けた）
　(3)「性別分業」志向（父親は職業を優先し，母親は育児を優先することを望む）
　2004年に行った本調査では，男性にとってバランス問題はどのように意識されているか，女性の意識調査と同じ類型が見いだせるかどうか，またその分布はどのように違うかを知るために，同じ質問をした。
　まずQ16「仕事と子育て」のバランスとQ17結婚相手（パートナー）に望む「仕事と子育て」のバランスを組み合わせて，次の**表6-1**を得た。
　論理的には9類型が考えられるが，現実に一定程度の回答が集中している類型を拾い上げてみると，以下の5つを取り出すことができる。
　①平等志向：父親（男性本人）も母親（パートナー）も，職業と育児に同じように関わりたい。
　②男性の二重役割志向：父親は職業と育児に同じくらい関わり，母親には育児優先を望む。
　③性別分業志向：父親は職業優先で，母親には育児を優先してほしい。
　④育児中心志向：父親も母親も，ともに育児を優先したい。
　⑤女性の二重役割志向：父親は職業優先だが，母親は職業と育児に同じくらい関わってほしい。
　これらの志向の命名については，価値中立的で論理的にすっきりした名称に

第6章 「仕事と育児」バランスをめぐる男性意識

表6-1 仕事と育児の夫婦間バランス

Q16「仕事と子育て」のバランス (1,514)	Q17 結婚相手に望む「仕事と子育て」のバランス (1,514)		
	育児より職業優先 (22)	同じくらい関わりたい (748)	職業より育児優先 (744)
育児より職業優先 (277)	14 0.9%	⑤ 92 6.1%	③ 171 11.3%
同じくらい関わりたい (1,117)	7 0.5%	① 640 42.3%	② 470 31.0%
職業より育児優先 (120)	1 0.1%	16 1.1%	④ 103 6.8%

(注) 無回答 (9) を除く

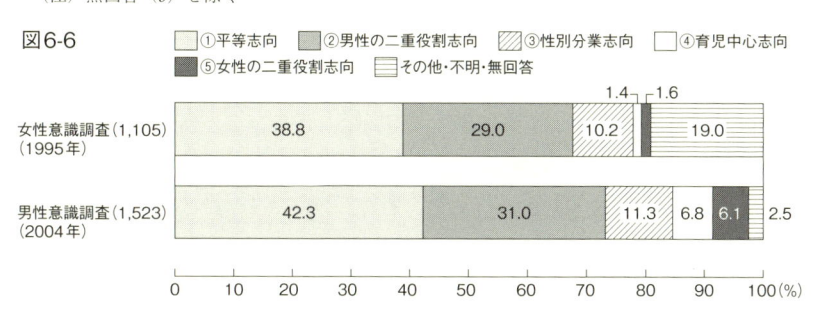

図6-6　①平等志向　②男性の二重役割志向　③性別分業志向　④育児中心志向　⑤女性の二重役割志向　その他・不明・無回答

	①	②	③	④	⑤	
女性意識調査(1,105)(1995年)	38.8	29.0	10.2	19.0	1.4	1.6
男性意識調査(1,523)(2004年)	42.3	31.0	11.3	6.8	6.1	2.5

なるよう，前回の女性意識調査時の名称から改善・修正した。具体的には②について，「幸福な家庭」志向という名称では価値関与的で誤解を招きやすく，また新しく育児優先度の高い類型④が検出されて紛らわしくなったため，男性が二重の役割を要請されることに注目して「男性の二重役割」志向とした。その対極に位置するのが従来「新・性別分業」と呼ばれたタイプで，女性が二重役割を要請されることから「女性の二重役割」志向とした。これらを1995年の女性意識調査と比較してみよう。

女性意識調査（1995）と男性意識調査（2004）では，似た数値が検出された。

①平等志向は男女ともに4割程度で最も多い。②男性の二重役割志向は今回の男性意識調査でも3割近くあり，男女ともに無視できない大きな意識類型であることがわかる。③典型的な性別分業志向は，男女ともに1割程度である。以上の基本3類型に加えて，女性意識調査ではきわめて少数であったため類型を構成するには至らなかった2つのタイプが，今回の男性意識調査では，多数

とはいえないが無視できない類型として新たに検出された。

それらは，④育児中心志向と，⑤女性の二重役割志向である。⑤の女性の二重役割志向（従来の新・性別分業）は男性にとっていわば虫の良い考え方なので，女性意識調査では僅少でも男性意識調査に現れることが予想できた。しかし，④の男女ともに職業より育児を優先したいとする「育児中心」志向は，全く予想外の結果であった（図6-6）。

4　5類型の基本的特徴

男性意識5類型の基本的特徴を明らかにするために，育児遂行意識，人生観，ジェンダー意識，女性のライフコースへの希望などとの相関関係を見ていこう。

4.1　育児遂行意識との相関

育児遂行意識（Q23「あなたは出産・育児に関する次の(a)～(e)について，自分はどのようなタイプだと思いますか」の(a)(b)(c)(d)(e)のうち，(c)しつけ，(d)遊ぶこと，(e)教えることについては，ほとんどの男性が「するタイプ」（「すすんでする」＋「どちらかといえばする」）と答えており，類型差が出にくいが，(b)乳幼児の身の回りの世話や(a)出産立ち会いになると，「しないタイプ」（「できればさけたい」＋「どうしてもできない」）と答える割合が増え，類型差が目立つようになる（図6-7）。出産に立ち会い，かつ乳幼児の世話をするタイプであるのは，明らかに「育児中心」志向であり，次いで「平等」志向である。反対に性別分業志向は，出産立ち会いと乳幼児の世話から遠いタイプであり，女性の二重役割志向が続く。

次に，Q21父親とはどうあるべきかと5類型とのクロス集計結果（図6-8）を見ると，「子育ては，できるだけ母親に任せるのがよい」は，性別分業志向に多い。また「父親が必要であると思われるときにだけ，きちんと役割を果たすのがよい」は，性別分業志向と女性の二重役割志向に多い。「父親も母親と同じように，子育てをするのがよい」は，育児中心志向と平等志向に多い。

ではQ24育児休業の取得についてはどうだろうか。いずれの期間においても取得希望は，平等志向と育児中心志向で多い。性別分業志向と女性の二重役

第6章 「仕事と育児」バランスをめぐる男性意識

図6-7　Q23 出産・育児のタイプ　□する　■しない
(a)出産に立ち会う

	する	しない
総数(1,471)	58.9	41.1
性別分業(171)	35.7	64.3
女性の二重役割(92)	46.7	53.3
平等(635)	65.5	34.5
男性の二重役割(470)	58.1	41.9
育児中心(103)	71.8	28.2

p=.00　□特徴的

(b)乳幼児の世話

	する	しない
(1,475)	82.4	17.6
(171)	52.0	48.0
(92)	66.3	33.7
(639)	89.5	10.5
(470)	84.3	15.7
(103)	95.1	4.9

p=.00　□特徴的

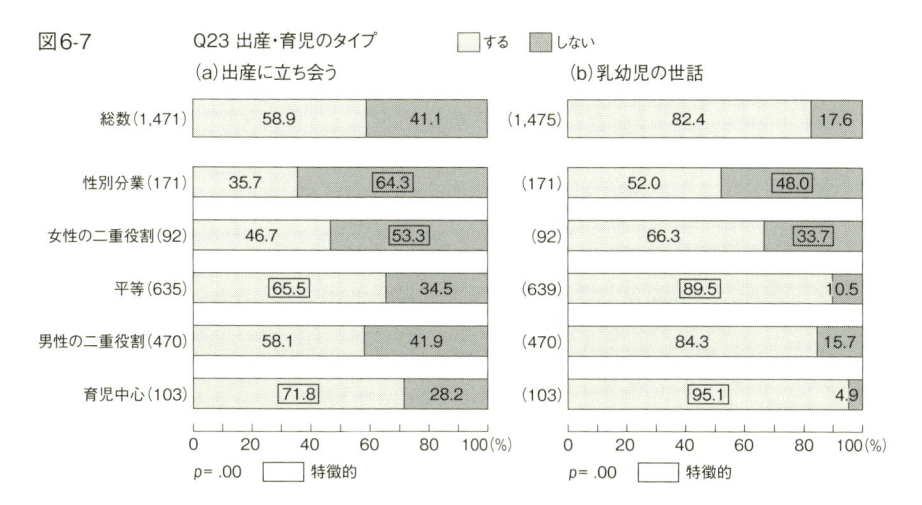

図6-8　Q21 父親とはどうあるべきか

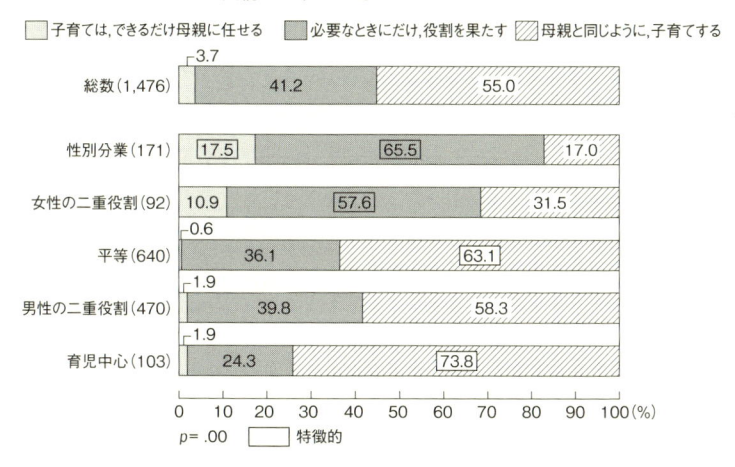

□子育ては、できるだけ母親に任せる　■必要なときにだけ、役割を果たす　▨母親と同じように、子育てする

	任せる	必要なとき	同じように
総数(1,476)	3.7	41.2	55.0
性別分業(171)	17.5	65.5	17.0
女性の二重役割(92)	10.9	57.6	31.5
平等(640)	0.6	36.1	63.1
男性の二重役割(470)	1.9	39.8	58.3
育児中心(103)	1.9	24.3	73.8

p=.00　□特徴的

割志向は，取得希望が有意に低い。男性の二重役割志向もそれに準じている（図6-9）。

　以上から，5類型は一貫した育児遂行意識で構成されていることがわかる。性別分業志向および女性の二重役割志向は，育児は基本的に母親に任せ，父親の出番だけ関われればよいと考えており，子どもと遊んだり勉強やスポーツを教えたり，時にはしつけに関わったりしようとは思うが，乳幼児の身の回りの世

図6-9　　　Q24 育児休業取得

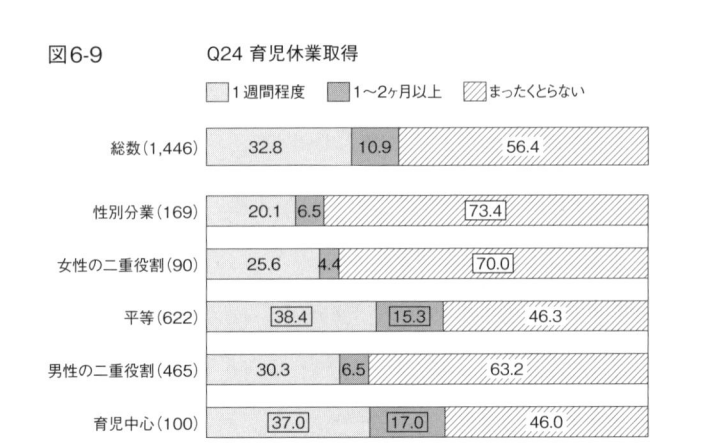

　　　　　　□ 1週間程度　　■ 1〜2ヶ月以上　　▨ まったくとらない

区分	1週間程度	1〜2ヶ月以上	まったくとらない
総数(1,446)	32.8	10.9	56.4
性別分業(169)	20.1	6.5	73.4
女性の二重役割(90)	25.6	4.4	70.0
平等(622)	38.4	15.3	46.3
男性の二重役割(465)	30.3	6.5	63.2
育児中心(100)	37.0	17.0	46.0

p=.00　　□ 特徴的

話はあまりしたくないし，出産にもあまり立ち会いたくない，育児休業もとらないと考えている。育児中心志向および平等志向は，基本的に父親も母親と同じように育児に関わるべきだと考えており，乳幼児の身の回りの世話や出産立ち会いに高い関心を示し，育児休業にも取得意欲をもっている。男性の二重役割志向は，その中間に位置している。

4.2　人生観との相関

Q12「あなたの人生にとって，次の（a）〜（e）にあげる項目はどのくらい重要ですか」という質問に対する回答と5類型とのクロス集計結果のうち，明らかな特徴が出た2項目を見てみよう（図6-10）。(a)「社会的に成功する」を最も重視するのは性別分業志向であるが，育児中心志向では重視しない割合が増える。(e)「人のためになることをする」を重視するのは男性の二重役割志向と平等志向であり，性別分業志向と女性の二重役割志向は重視しないが増える（重視する:「とても重要」+「やや重要」，重視しない:「あまり重要でない」+「重要でない」。以下同）。

さらにQ20「あなたの人生にとって，子どもはどのような存在ですか。または，存在になると思いますか。お子さんがいらっしゃらない方も，いる場合を想定してお答えください。」という質問に対する回答と5類型とのクロス集計

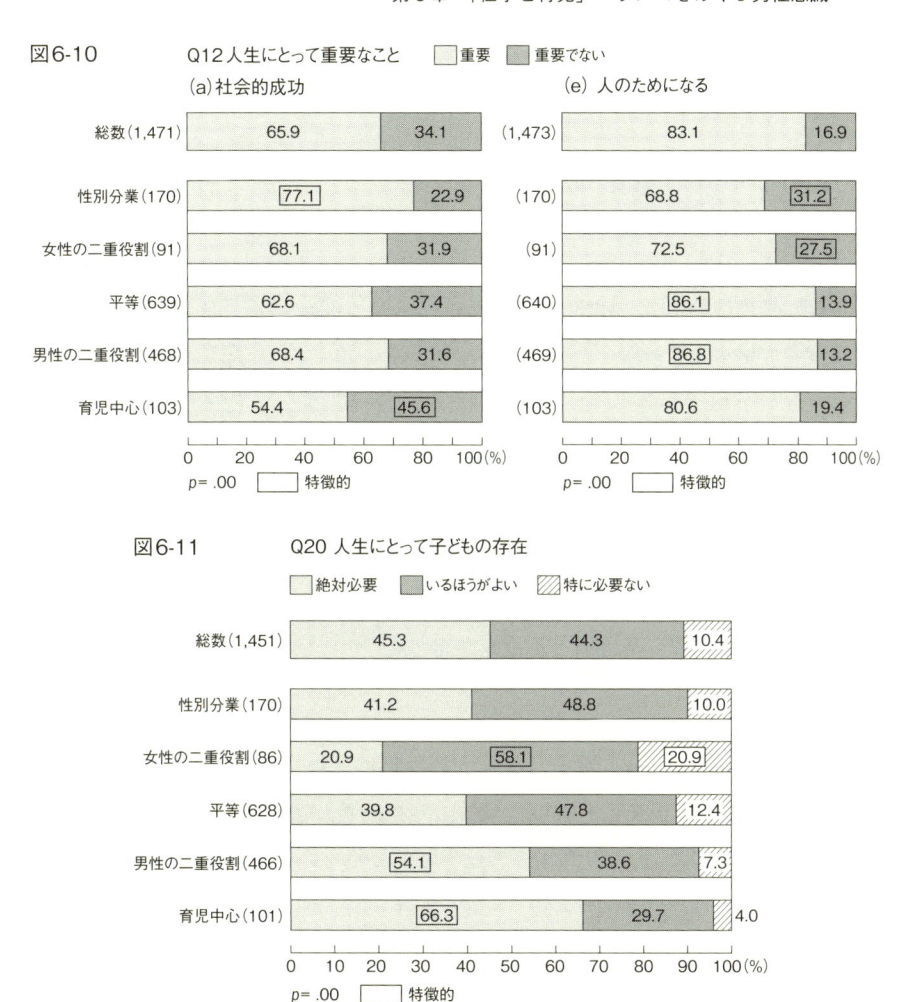

図6-10　Q12 人生にとって重要なこと　□重要　■重要でない

(a) 社会的成功

	重要	重要でない
総数 (1,471)	65.9	34.1
性別分業 (170)	77.1	22.9
女性の二重役割 (91)	68.1	31.9
平等 (639)	62.6	37.4
男性の二重役割 (468)	68.4	31.6
育児中心 (103)	54.4	45.6

p=.00　□特徴的

(e) 人のためになる

	重要	重要でない
(1,473)	83.1	16.9
(170)	68.8	31.2
(91)	72.5	27.5
(640)	86.1	13.9
(469)	86.8	13.2
(103)	80.6	19.4

p=.00　□特徴的

図6-11　Q20 人生にとって子どもの存在

□絶対必要　■いるほうがよい　▨特に必要ない

	絶対必要	いるほうがよい	特に必要ない
総数 (1,451)	45.3	44.3	10.4
性別分業 (170)	41.2	48.8	10.0
女性の二重役割 (86)	20.9	58.1	20.9
平等 (628)	39.8	47.8	12.4
男性の二重役割 (466)	54.1	38.6	7.3
育児中心 (101)	66.3	29.7	4.0

p=.00　□特徴的

結果によると，育児中心志向と男性の二重役割志向に「絶対必要」という回答が多い（図6-11）。特に育児中心志向の男性のアイデンティティの核に「子ども」が位置していることがわかる。他方，性別分業志向，女性の二重役割志向および平等志向には，「いるほうがよい」という回答が多い。そのなかで特に女性の二重役割志向では，「特に必要ない」（「いてもいなくてもよい」＋「いないほうがよい」＋「まったく必要ない」）という回答が相対的に多い。

育児中心志向の男性は，社会的な成功に距離をとりつつ，子どもをもち育てることに強い情熱をもっていることが浮かび上がってきた。

4.3 ジェンダー意識との相関

ジェンダー意識には，さまざまな次元がある。ここでは，性別特性意識，男性優越意識，性支配意識，性別分業意識という4つの次元を取り上げる。

性別特性意識とは，観察される行動パターンの男女差を，社会的につくられたものではなく宿命的に不変であるととらえるジェンダー知である。Q13男性もしくは女性のありかたに関する考え方とQ14夫婦や家族のありかたに関する考え方の賛否を質問する諸項目のうち，Q13（a）「男性は看護や保育などの職業には向いていない」（c）「女性がいれたお茶はやはりおいしい」Q14（b）「家庭のこまごました管理は女性でなくてはと思う」が，性別特性意識を訊ねている。この3項目と5類型とのクロス集計結果を見ると，性別分業志向は性別特性意識を強くもっており，平等志向と育児中心志向は性別特性意識から相対的に自由である。男性の二重役割志向と女性の二重役割志向はその中間にある（図6-12）。

男性優越意識とは，男性の方が女性よりさまざまな点で優越し有利であると感じ，男性同士の連帯や既存の男らしさを求める意識で，Q13の諸項目のうち（d）「男性は女性に比べて自由に生き方を決められる」（b）「男が最終的に頼りにできるのはやはり男である」（f）「男らしくないと，女性にはもてないと思う」が，男性優越意識を訊ねている。この3項目と5類型とのクロス集計結果から，やはり性別分業志向は男性優越意識が強く，育児中心志向と平等志向はあまり男性優位意識をもたないことがわかる（図6-13）。

性支配意識とは，女性に対して男性優位を保ち，女性をみずからのコントロール下におきたい微妙なジェンダー秩序の感覚で，Q14の諸項目のうち（a）「妻の収入が夫より多いのは，男として不甲斐ない」（c）「女性には最終的に自分の考えに従って欲しい」（d）「人前では，妻は夫をたてるべきだ」が，性支配意識を訊ねている。この意識はドメスティック・バイオレンスにつながりうる性支配の温床である。この3項目と5類型とのクロス集計結果を見ると，性別分業志向と男性の二重役割志向にこの意識が強く，平等志向と育児中心志向

第6章 「仕事と育児」バランスをめぐる男性意識

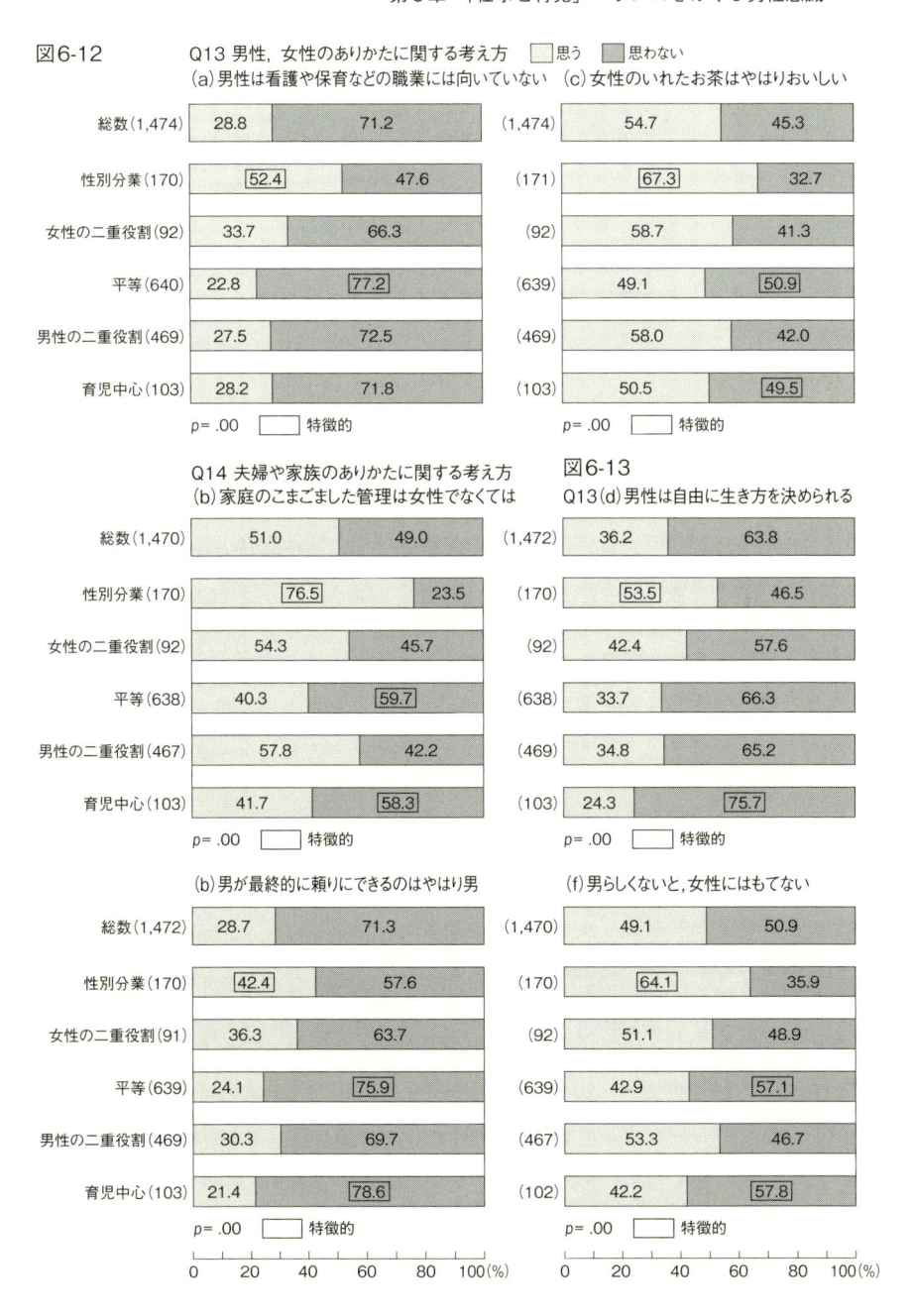

図6-12　Q13 男性，女性のありかたに関する考え方　□思う　■思わない
(a) 男性は看護や保育などの職業には向いていない　(c) 女性のいれたお茶はやはりおいしい

	思う	思わない		思う	思わない
総数(1,474)	28.8	71.2	(1,474)	54.7	45.3
性別分業(170)	[52.4]	47.6	(171)	[67.3]	32.7
女性の二重役割(92)	33.7	66.3	(92)	58.7	41.3
平等(640)	22.8	[77.2]	(639)	49.1	[50.9]
男性の二重役割(469)	27.5	72.5	(469)	58.0	42.0
育児中心(103)	28.2	71.8	(103)	50.5	[49.5]

p=.00　□特徴的　　　　　　　　　　p=.00　□特徴的

Q14 夫婦や家族のありかたに関する考え方　　図6-13
(b) 家庭のこまごました管理は女性でなくては　　Q13(d) 男性は自由に生き方を決められる

	思う	思わない		思う	思わない
総数(1,470)	51.0	49.0	(1,472)	36.2	63.8
性別分業(170)	[76.5]	23.5	(170)	[53.5]	46.5
女性の二重役割(92)	54.3	45.7	(92)	42.4	57.6
平等(638)	40.3	[59.7]	(638)	33.7	66.3
男性の二重役割(467)	57.8	42.2	(469)	34.8	65.2
育児中心(103)	41.7	[58.3]	(103)	24.3	[75.7]

p=.00　□特徴的　　　　　　　　　　p=.00　□特徴的

(b) 男が最終的に頼りにできるのはやはり男　　(f) 男らしくないと，女性にはもてない

	思う	思わない		思う	思わない
総数(1,472)	28.7	71.3	(1,470)	49.1	50.9
性別分業(170)	[42.4]	57.6	(170)	[64.1]	35.9
女性の二重役割(91)	36.3	63.7	(92)	51.1	48.9
平等(639)	24.1	[75.9]	(639)	42.9	[57.1]
男性の二重役割(469)	30.3	69.7	(467)	53.3	46.7
育児中心(103)	21.4	[78.6]	(102)	42.2	[57.8]

p=.00　□特徴的　　　　　　　　　　p=.00　□特徴的

0　20　40　60　80　100(%)　　　　0　20　40　60　80　100(%)

図6-14

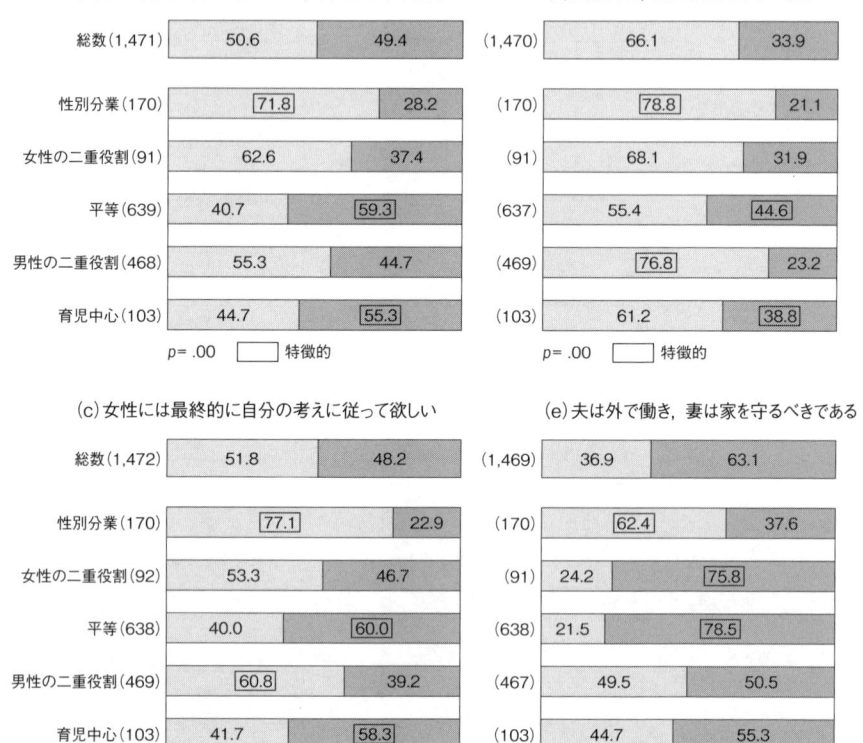

凡例: □ 思う ■ 思わない

Q14 (a) 妻の収入が夫より多いのは，男として不甲斐ない

	思う	思わない
総数(1,471)	50.6	49.4
性別分業(170)	71.8	28.2
女性の二重役割(91)	62.6	37.4
平等(639)	40.7	59.3
男性の二重役割(468)	55.3	44.7
育児中心(103)	44.7	55.3

p=.00　□ 特徴的

(d) 人前では，妻は夫をたてるべきだ

	思う	思わない
(1,470)	66.1	33.9
(170)	78.8	21.1
(91)	68.1	31.9
(637)	55.4	44.6
(469)	76.8	23.2
(103)	61.2	38.8

p=.00　□ 特徴的

(c) 女性には最終的に自分の考えに従って欲しい

	思う	思わない
総数(1,472)	51.8	48.2
性別分業(170)	77.1	22.9
女性の二重役割(92)	53.3	46.7
平等(638)	40.0	60.0
男性の二重役割(469)	60.8	39.2
育児中心(103)	41.7	58.3

p=.00　□ 特徴的

(e) 夫は外で働き，妻は家を守るべきである

	思う	思わない
(1,469)	36.9	63.1
(170)	62.4	37.6
(91)	24.2	75.8
(638)	21.5	78.5
(467)	49.5	50.5
(103)	44.7	55.3

p=.00　□ 特徴的

にはあまり強くない（図6-14）。

　性別分業意識とは，いわゆる男は仕事／女は家庭という社会的分業を善しとする典型的なジェンダー意識で，Q14（e）「男は外で働き，女は家を守るべきである」という考え方への賛否として訊ねている。5類型とのクロス集計結果は，今までのジェンダー意識による分析と少し違っている（図6-14右下）。

　性別分業に対しては，当然ながら性別分業志向の賛同率が高いが，強く反対しているのは平等志向と女性の二重役割志向であり，育児中心志向や男性の二重役割志向はその中間に位置していた。この質問は，じつは女性の就労や経済

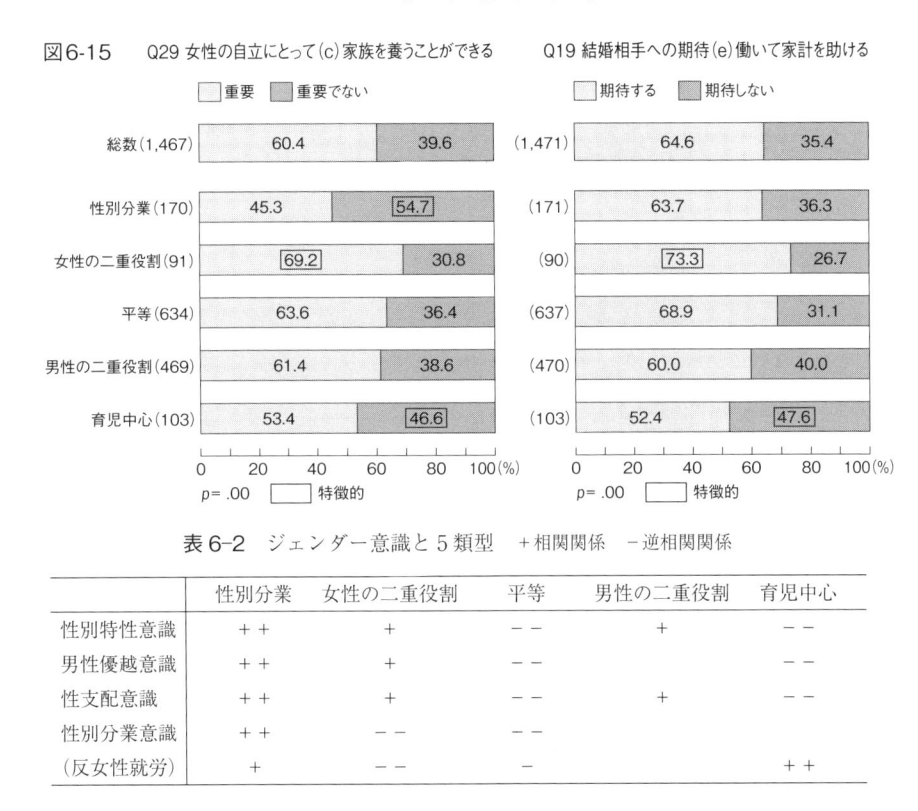

第6章 「仕事と育児」バランスをめぐる男性意識

図6-15　Q29 女性の自立にとって(c)家族を養うことができる　　Q19 結婚相手への期待(e)働いて家計を助ける

　　　　　□重要　■重要でない　　　　　　　　　　　　□期待する　■期待しない

	Q29 重要	Q29 重要でない		Q19 期待する	Q19 期待しない
総数(1,467)	60.4	39.6	(1,471)	64.6	35.4
性別分業(170)	45.3	54.7	(171)	63.7	36.3
女性の二重役割(91)	69.2	30.8	(90)	73.3	26.7
平等(634)	63.6	36.4	(637)	68.9	31.1
男性の二重役割(469)	61.4	38.6	(470)	60.0	40.0
育児中心(103)	53.4	46.6	(103)	52.4	47.6

p= .00　　□特徴的　　　　　　　　　　　　p= .00　　□特徴的

表6-2　ジェンダー意識と5類型　＋相関関係　－逆相関関係

	性別分業	女性の二重役割	平等	男性の二重役割	育児中心
性別特性意識	＋＋	＋	－－	＋	－－
男性優越意識	＋＋	＋	－－		－－
性支配意識	＋＋	＋	－－	＋	－－
性別分業意識	＋＋	－－	－－		
（反女性就労）	＋	－－			＋＋

的自立の次元に焦点を当てており，同様の回答パターンは，Q29 女性の自立にとって重要な諸項目のうち（c）「家族を養うことができる」，Q19 結婚相手（パートナー）への期待の諸項目のうち（e）「収入が十分でないとき，働いて家計を助ける」にも共通していた（図6-15）。

　つまり，女性が経済的に自立し，家計補助収入を得たり家族を養えることへの賛成は，女性の二重役割志向において最も強く，育児中心志向においては低いのである。男性の育児参加という視角からは最も積極的な育児優先志向は，女性の経済的自立という視角から分析すると最も消極的であった。

　以上のジェンダー意識との相関を一覧表にまとめてみた（表6-2）。性別分業志向の男性は一貫してジェンダー意識が強く，平等志向の男性はジェンダー意識から解放されている。女性の二重役割志向の男性は，女性の経済的自立に

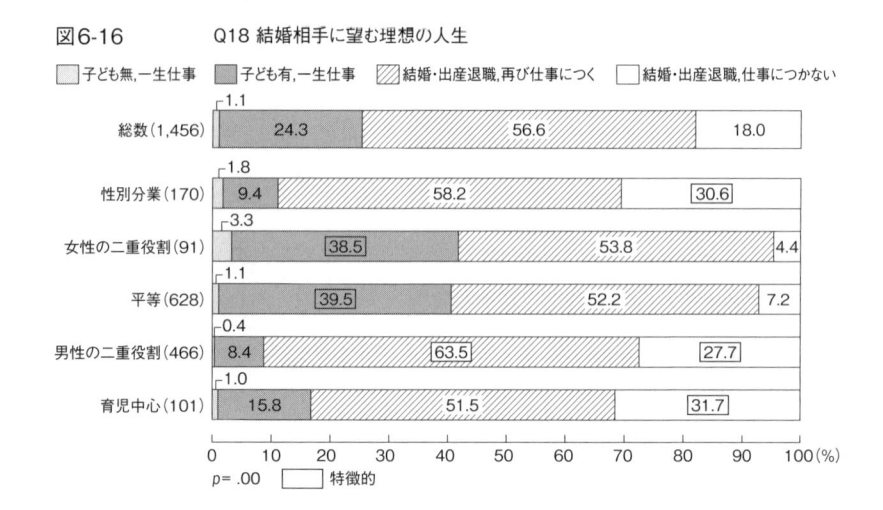

図6-16　Q18 結婚相手に望む理想の人生

凡例: 子ども無,一生仕事／子ども有,一生仕事／結婚・出産退職,再び仕事につく／結婚・出産退職,仕事につかない

- 総数(1,456)：1.1 ／ 24.3 ／ 56.6 ／ 18.0
- 性別分業(170)：1.8 ／ 9.4 ／ 58.2 ／ 30.6
- 女性の二重役割(91)：3.3 ／ 38.5 ／ 53.8 ／ 4.4
- 平等(628)：1.1 ／ 39.5 ／ 52.2 ／ 7.2
- 男性の二重役割(466)：0.4 ／ 8.4 ／ 63.5 ／ 27.7
- 育児中心(101)：1.0 ／ 15.8 ／ 51.5 ／ 31.7

p=.00　□ 特徴的

関しては賛同するが，他のジェンダー意識の次元をある程度保持している。男性の二重役割志向の男性は，ジェンダー意識の諸次元のうち，性別特性意識と性支配意識を保持している。育児中心志向の男性は，ジェンダー意識から自由であるが，女性の就労については否定的である。

4.4　女性に望む理想の人生（ライフコース）の相関

続いてQ18結婚相手（パートナー）に望む理想の人生について，5類型とのクロス集計結果を見てみよう（図6-16）。

最も人気が高いのは「結婚・出産を機にいったん退職し，子育て後に再び仕事につく」中断再就職型であるが，男性の二重役割志向において最も高い。次が「子どもをもち，一生仕事を続ける」であり，平等志向と女性の二重役割志向に相対的に高い。3番目が「結婚・出産を機に退職し，その後は仕事につかない」であり，育児中心志向，性別分業志向，男性の二重役割志向に相対的に高い。女性の職業継続に関しては，やはり育児中心志向は抵抗感をもっていることがわかる。

図6-16から，子どもが生まれた時に妻には仕事を辞めて育児に専念してほしい，あるいは仕事を続けるにしても育児を優先してほしいと願う男性が多いことが明らかである。およそ性別分業志向と男性の二重役割志向では9割，育

児中心志向で8割，平等志向と女性の二重役割志向でも6割が，女性の育児退職を望んでいる。これを「男性の妻に対する育児専念願望」と呼ぶことにしよう。

　以上，育児遂行意識，人生観，ジェンダー意識，女性に望む理想の人生（ライフコース）との相関関係から見えてきた5類型の基本的特徴をまとめておこう。
　③性別分業志向は，男は仕事／女は家庭という分業意識を強くもち，男性社会のなかで成功を追い求め，育児にはあまり参加しようとしない。育児休業もとろうとしない。
　その対極が①平等志向で，性別分業を否定し，女性と対等に育児にも参加しようとする。育児休業もとりたいと考えている。
　新しく発見された④育児中心志向は，ユニークである。子ども願望と育児遂行意識が最も高く，ジェンダー意識から相当に自由であるが，女性の職業活動継続には強い抵抗感をもつ。社会的価値に関心をもたず，私生活に向かう。男性の育児休業取得には積極的である。
　②男性の二重役割志向は，育児遂行意識は相対的に高いが，男性の育児休業取得には積極的でなく，微妙な性支配意識や性別特性意識をもっている。
　⑤女性の二重役割志向は，子どもへの関心が低く育児遂行意識も相対的に低いが，女性の職業活動継続には肯定的で性別分業意識が低い。男性の育児休業取得には関心がない。

5　5類型の背景要因

　次に，これらの5類型の背景にはどのような要因があるかを，男性の職業経験，学歴階層，家族関係から分析してみよう。

5.1　雇用不安

　Q1就業状態やQ3職業，Q6仕事の満足度などについては統計的に有意な相関関係を見いだすことはできなかったが，Q8「過去3年以内に，退職・転

職・開業・廃業などで，仕事を変えたり，辞めたりしたことがありますか」と Q7「現在，あなたの雇用や事業は，安定していますか，それとも不安定ですか」および Q3-1（勤め人の場合）「あなたの雇用形態は，次のどれにあたりますか（正社員・正職員，委託・契約社員，臨時・パート，その他）」については類型差が見られた（図6-17）。

過去3年以内に転職・離職の経験がなく，仕事の安定度も高い男性には，性別分業志向の傾向が高い。また過去3年以内に転職・離職経験がある男性には平等志向が高く，仕事が不安定な男性には女性の二重役割志向が高い。さらに雇用形態が「常勤の正社員，正職員」は，性別分業志向が高い。

雇用の流動的な男性は，結婚相手に職業と育児との両立を望む傾向があると解釈できる。このことは，もしも構造的に従来型の日本的雇用慣行が崩れて稼ぎ手である男性の雇用が本格的に流動化していけば，女性に職業継続を求める男性の声が高まっていくことを示唆している。それは，多くの欧米諸国で過去四半世紀の間に起こった変化である。しかし，木本喜美子が指摘するように，2000年代前半の日本では部分的・周辺的に雇用の流動化が生じていても，まだ男性正社員の中核的労働者層には波及していない（木本，2008: 44）。

5.2 階層

Q32 学歴については，男性本人も，既婚者の場合はその妻も，統計的に有意な相関関係を見いだすことはできなかったが，Q5 年収については類型差があった（図6-17右下）。

性別分業志向と男性の二重役割志向の年収は相対的に高く，平等志向の年収は相対的に低い。Q31 年齢による年収差も考慮して年齢・年収・5類型の三重クロス集計もとってみたが，年齢変数をコントロールしてもなお年収と5類型の間には同じ相関関係が見られた。それゆえ，性別分業志向と男性の二重役割志向は，経済階層が相対的に高いということができる。

5.3 結婚と子ども

家族関係のなかでは Q35 結婚の有無（事実婚を含む）と Q34 子どもの有無に，5類型と相関する同型のパターンが見いだされた（図6-18）。実際に既婚

第6章 「仕事と育児」バランスをめぐる男性意識

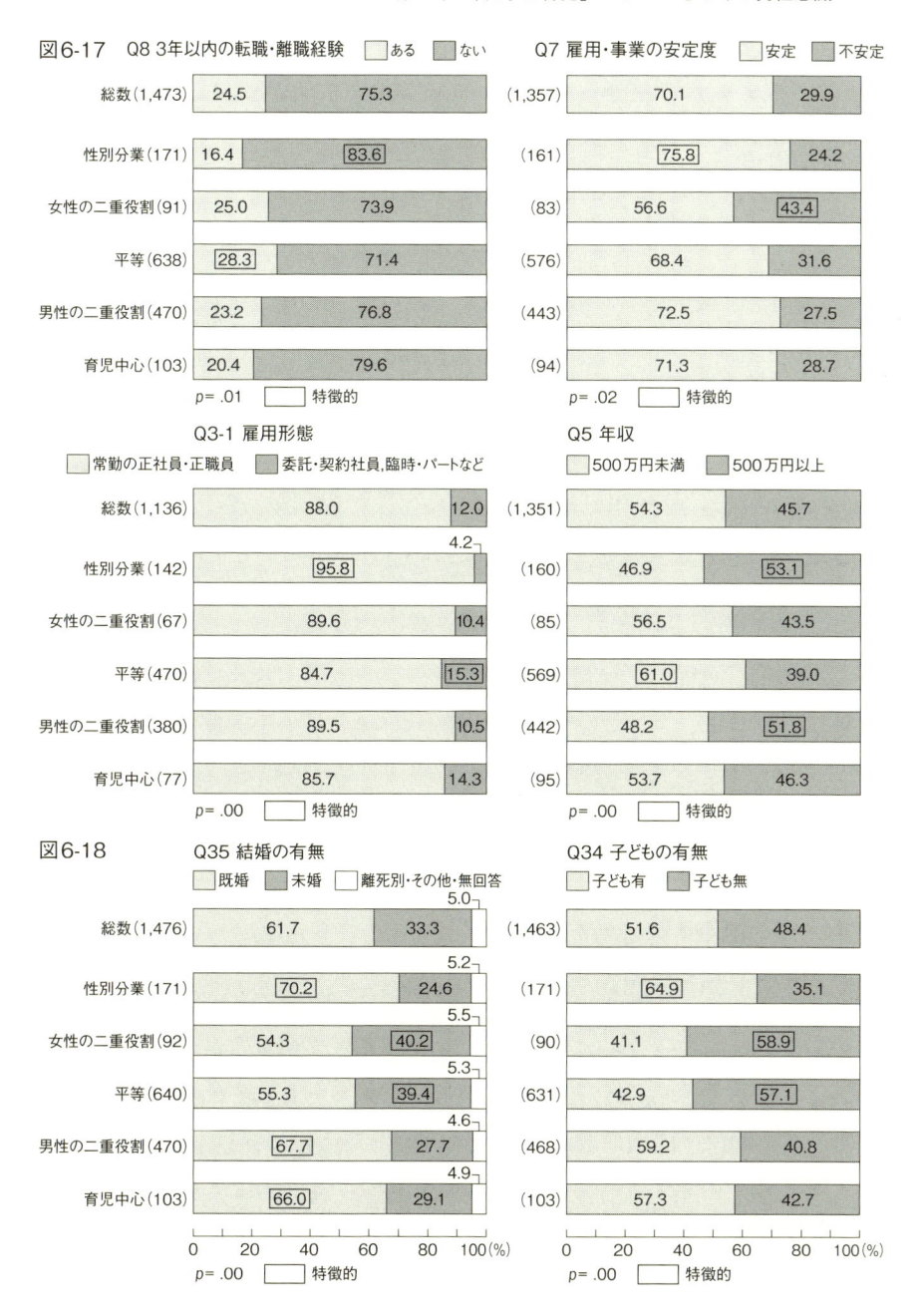

図6-17 Q8 3年以内の転職・離職経験　□ある ■ない

	ある	ない
総数(1,473)	24.5	75.3
性別分業(171)	16.4	83.6
女性の二重役割(91)	25.0	73.9
平等(638)	28.3	71.4
男性の二重役割(470)	23.2	76.8
育児中心(103)	20.4	79.6

p=.01　□特徴的

Q7 雇用・事業の安定度　□安定 ■不安定

	安定	不安定
(1,357)	70.1	29.9
(161)	75.8	24.2
(83)	56.6	43.4
(576)	68.4	31.6
(443)	72.5	27.5
(94)	71.3	28.7

p=.02　□特徴的

Q3-1 雇用形態
□常勤の正社員・正職員　■委託・契約社員,臨時・パートなど

	常勤の正社員・正職員	委託・契約社員,臨時・パートなど
総数(1,136)	88.0	12.0
性別分業(142)	95.8	4.2
女性の二重役割(67)	89.6	10.4
平等(470)	84.7	15.3
男性の二重役割(380)	89.5	10.5
育児中心(77)	85.7	14.3

p=.00　□特徴的

Q5 年収　□500万円未満 ■500万円以上

	500万円未満	500万円以上
(1,351)	54.3	45.7
(160)	46.9	53.1
(85)	56.5	43.5
(569)	61.0	39.0
(442)	48.2	51.8
(95)	53.7	46.3

p=.00　□特徴的

図6-18　Q35 結婚の有無
□既婚 ■未婚 □離死別・その他・無回答

	既婚	未婚	離死別・その他・無回答
総数(1,476)	61.7	33.3	5.0
性別分業(171)	70.2	24.6	5.2
女性の二重役割(92)	54.3	40.2	5.5
平等(640)	55.3	39.4	5.3
男性の二重役割(470)	67.7	27.7	4.6
育児中心(103)	66.0	29.1	4.9

p=.00　□特徴的

Q34 子どもの有無　□子ども有 ■子ども無

	子ども有	子ども無
(1,463)	51.6	48.4
(171)	64.9	35.1
(90)	41.1	58.9
(631)	42.9	57.1
(468)	59.2	40.8
(103)	57.3	42.7

p=.00　□特徴的

で子ども有の場合，性別分業志向，男性の二重役割志向，育児中心志向が高くなる。つまり，結婚相手（パートナー）に職業より育児を優先してほしいと望む傾向がある。逆に未婚や子ども無は，女性の二重役割志向，平等志向が強い。実際に育児に直面していない時は，パートナーの女性に仕事と育児との両立を望みやすくなるのだろうか。

当然ながら，既婚の男性も子ども有の男性も年齢とともに割合が上昇するので，Q31年齢変数をコントロールして三重クロス集計をとってみたが，年齢にかかわりなく，結婚と子どもは5類型と相関する。先にQ18結婚相手に望む理想の人生の分析から見いだした「男性の妻に対する育児専念願望」と一致する結果である。

以上の背景要因をまとめると，性別分業志向は，安定した職業に就き年収の高い既婚・子ども有に比較的多いタイプである。男性の二重役割志向と育児中心志向は，それに準じている。反対に平等志向は，不安定な雇用状況にあり，年収が低く未婚で子ども無にやや多く見られるタイプである。女性の二重役割志向もそれに準ずる。

5類型は，男性本人の「仕事と育児」のバランスと，パートナーに望む「仕事と育児」のバランスとの組み合わせから成っていた。本調査では，図6-6で述べたように平等志向が最も多く，次いで男性の二重役割志向，性別分業志向，育児中心志向，女性の二重役割志向の順であった。今後，どの志向性が多数になっていくのか，変動を追跡する必要がある。

6 国際比較に見る5類型

最後に，国際比較のなかで日本の男性の意識状況を位置づけよう。国立女性教育会館が2005年に実施した『家庭教育に関する国際比較調査』（NWEC 2005と略す。国立女性教育会館編，2006）においても，職業と育児の両立に関して本調査と同じ質問項目が使用されており，日本，韓国，タイ，アメリカ，フランス，スウェーデンの6ヵ国の男性意識データと照合できる（図6-19）。

まず本調査の都市男性（2004）のデータでは，NWEC（2005）の日本データより平等志向がかなり高く，性別分業志向が低く出ている。これはサンプル

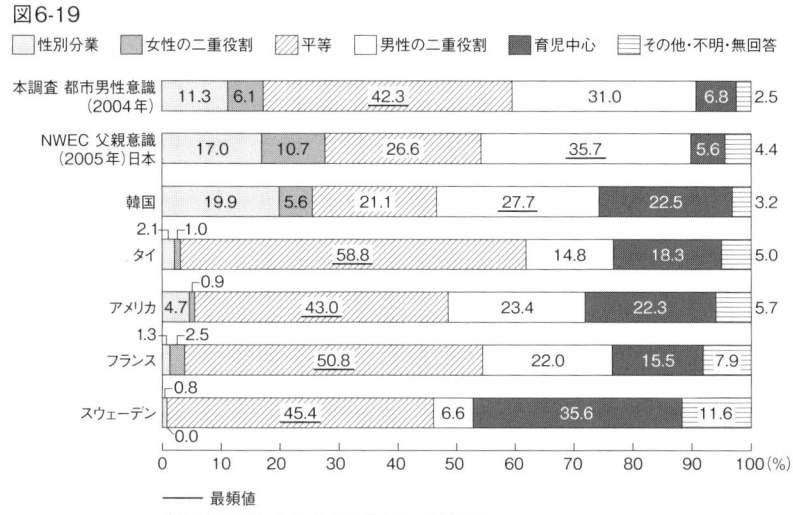

第6章 「仕事と育児」バランスをめぐる男性意識

図6-19

凡例：□性別分業　■女性の二重役割　▨平等　□男性の二重役割　■育児中心　≡その他・不明・無回答

調査	性別分業	女性の二重役割	平等	男性の二重役割	育児中心	その他・不明・無回答
本調査 都市男性意識（2004年）	11.3	6.1	42.3	31.0	6.8	2.5
NWEC 父親意識（2005年）日本	17.0	10.7	26.6	35.7	5.6	4.4
韓国	19.9	5.6	21.1	27.7	22.5	3.2
タイ	2.1	1.0	58.8	14.8	18.3	5.0
アメリカ	4.7	0.9	43.0	23.4	22.3	5.7
フランス	1.3	2.5	50.8	22.0	15.5	7.9
スウェーデン	0.0	0.8	45.4	6.6	35.6	11.6

―― 最頻値

(出典)国立女性教育会館(2006：181-183)

の性質の違いから説明できる。NWEC（2005）データは，12歳以下の子どもをもつ親を対象に，日本全国で無作為抽出（ただし日本以外の国では割り当て法を使用）しているのに対して，本調査データは，東京都区部在住25～49歳の未婚者を含む男性一般からの無作為抽出である。本調査のデータには，子どものいない都市生活者の新しい意識が色濃く出ていると考えられる。

　社会変動は都市部から先に起こってくると考えるならば，この違いは将来を予想するヒントを与えてくれる。つまり，性別分業志向は次第に減っていき，平等志向が増えていく可能性がある。しかし，子どものいない未婚男性に多い平等志向が，結婚し子どもをもった後も変容せずに維持されるかどうかはわからない。もしかすると，現実に育児に直面すると「男性の妻に対する育児専念願望」が前面に出てくるかもしれない。その場合，平等志向は性別分業志向に変容するよりも，男性の二重役割志向や育児中心志向へと変容していく可能性がある。このような変動可能性については，さらなる分析が必要であり，今後の課題である。

　NWEC（2005）の6ヵ国比較データを見ると，タイ，アメリカ，フランス，スウェーデンの父親は平等志向が最も高く，日本と韓国の父親は男性の二重役

割志向が最も高い。6ヵ国全体では，平等志向が最も多い。これは，共働きが当たり前の社会（タイ，アメリカ，フランス，スウェーデン）では男女ともに仕事と育児を両立させていくことがバランスの良い生き方として志向されることを意味している。育児期の専業主婦割合が高い社会（日本と韓国）では，男性の方に両立を求めることになる。

注目すべきは，スウェーデンの父親における育児中心志向の高さである。日本以外の5ヵ国における育児中心志向も見逃せない高さにある。一方，日本と韓国以外の4ヵ国では，性別分業志向も女性の二重役割志向もまったく人気がない。

以上，男性意識の国際的な全体動向は，父親が育児に関わろうとしない性別分業志向や女性の二重役割志向から，育児する父親をめざす平等志向，男性の二重役割志向，育児中心志向へとシフトしつつあるように見える。つまり父親の育児遂行の必要性が男性自身によって受容されつつあるのだ。このように男性の育児遂行意識は不可逆的に高まっているが，パートナー女性に対する期待と男性自身の職業意識は多様である。夫婦ともに両立をめざすと「平等志向」になり，妻に育児優先を望み，男性自身は両立をめざすと「男性の二重役割志向」になり，夫婦ともに社会的達成より個人生活を優先すると「育児中心志向」になる。

したがって，父親の育児遂行が進んでも，平等志向が高まらなければジェンダー秩序は大きく流動化しない。すでに4.3で分析したように，男性の二重役割志向には，性別特性意識と性支配意識が見られ，育児中心志向には女性の職業継続への抵抗感があった。これら2つの志向性が主流化するならば，たしかに父親の育児参加は進んでもジェンダー秩序は揺るがないという結果になるであろう。日本と韓国において根強い女性の育児退職・再就職型ライフコースが変わるか否か，すなわち「男性の妻に対する育児専念願望」のゆくえが，その鍵を握っているように思われる。

本章では，仕事と育児のバランスに関する男性意識の5類型を多角的に分析し，父親の育児遂行意識高揚のなかに潜むジェンダー秩序流動化の兆しと困難を論じてきた。また国際比較調査との照合を通じて，育児期に女性の就労が中

断される日本と韓国の位置を見定め，男性意識の国際的な全体動向として性別分業志向と女性の二重役割志向よりも，平等志向，男性の二重役割志向，育児中心志向が主流化していくであろうこと，そして「男性の妻に対する育児専念願望」のゆくえが重要であることを指摘した。

しかし，ここで分析したのは志向性の意識であり，実態ではない。いくら意識において平等志向が多くても，育児期の夫婦の実態は日本のみならず他の国々でも平等からは遠く，性別分業や女性の二重役割が多数を占める。いかなる要因が現実に関わっているのか，どのような社会政策がそうした諸要因の変革につながるのかについては，別に論じなければならない。その際に，本章で論じた志向性の5類型は，国際的にも共通に分析できる有効な視点であると思う。

付記　分析方法について

この5類型は，男性本人の仕事と育児の優先度と，パートナーに対する優先願望との組み合わせからなっているため，大変複雑な類型である。質的に異なる5類型を被説明変数として，その特徴や要因を一度に分析する計量的な手法はない。もしあるとすれば，5類型を構成している諸要素——仕事への優先度，育児への優先度，男性役割意識，女性役割意識，家族意識——をばらばらにして，それを一つひとつ分析していくしかない。しかし，各要素の分析結果をいかに類型に再構成していくか，ふたたび難問にぶつかる。

この5類型は男性の多様な意識を描き出すうえで有効な類型であると興味深く思われたので，多量のクロス集計を取り，一応統計的有意差に注意を払いながら，相関関係の解釈を積み重ねていった。その結果，リアリティのある5類型が描き出せたのではないかと思う。通常の計量分析ではないが，このように統計データを丹念に読み解いていくやり方は，統計モノグラフとでも呼べるのではないだろうか。

参考文献

江原由美子・渡邊秀樹・細谷実，1997，『少し立ちどまって，男たち』東京女性財団.
舩橋惠子，2000，「幸福な家庭志向の陥穽—変容する父親像と母親規範」目黒依子・矢澤澄子編『少子化時代のジェンダーと母親意識』新曜社.
舩橋惠子，2006，「家庭と職業のバランス」国立女性教育会館『平成16年度・17年度

家庭教育に関する国際比較調査報告書』.

舩橋惠子, 2006, 『育児のジェンダー・ポリティクス』勁草書房.

舩橋惠子, 2007, 「男女の働き方と子育て―6ヵ国の比較調査から」『国立女性教育会館研究ジャーナル』Vol. 11: 23-32.

Hakim, Catherine, 2000, *Work-Lifestyle Choices in the 21st Century: Preference Theory*, Oxford.

稲葉昭英 1998「どんな男性が家事・育児をするのか？―社会階層と男性の家事・育児参加」渡邊秀樹・志田基与師編『社会階層と結婚・家族』(1995年SSM調査シリーズ15).

Ishii-Kuntz, Masako, 1994, "Parental involvement and perseption toward fathers' roles: A comparison between Japan and the United States," *Journal of Family Issues* 15 (1): 30-48.

伊藤公雄, 2003, 『NHK人間講座「男らしさ」という神話――現代男性の危機を読み解く』日本放送出版協会.

柏木惠子, 1993, 『父親の発達心理学』川島書店.

加藤邦子・石井クンツ昌子・牧野カツコ・土谷みち子, 1998, 「父親の育児参加を規定する要因」『家庭教育研究所紀要』No. 20: 38-47.

木本喜美子, 2008, 「家族・ジェンダー・階層」舩橋惠子・宮本みち子編著『雇用流動化のなかの家族』ミネルヴァ書房.

国立女性教育会館, 2006, 『平成16年度・17年度　家庭教育に関する国際比較調査報告書』2006年3月.

牧野カツコ・中野由美子・柏木惠子編, 1996, 『子どもの発達と父親の役割』ミネルヴァ書房.

松田茂樹, 2005, 「男性の家事・育児参加と女性の就業促進」橘木俊詔編『現代女性の労働・結婚・子育て』ミネルヴァ書房.

松田茂樹, 2007, 「夫婦の働き方戦略―戦略の自由度, 性別役割分業戦略, 共働戦略」永井暁子・松田茂樹編『対等な夫婦は幸せか』勁草書房.

目黒依子・矢澤澄子編, 2000, 『少子化時代のジェンダーと母親意識』新曜社.

中谷文美, 1999, 「『子育てする男』としての父親？」西川祐子・荻野美穂編著『男性論』人文書院.

西岡八郎, 2004, 「男性の家庭役割とジェンダー・システム」目黒依子・西岡八郎編『少子化のジェンダー分析』勁草書房.

佐藤博樹・武石恵美子, 2004, 『男性の育児休業』中公新書.

庄司洋子・木本喜美子・重川治樹，1998,『居場所を取り戻そう，男たち』東京女性財団.

第7章 男性のジェンダー意識と介護意識

直井　道子

1　問題と分析枠組み

　高齢者の介護という行為は主として女性に期待されてきたこと，特に日本の場合には家意識によって長い間長男の配偶者である「嫁」に期待されてきたことは，周知の事実であろう。最近では，主たる介護者のうち「嫁」の比率は減少し，配偶者や娘の割合が増え，また男性介護者も増えたといわれる。それでも同居のおもな介護者のうち男性の比率はまだ30%程度にとどまっており（厚生労働省，2011），それも高齢の夫のケースがおよそ半数である。若い男性が介護に関して一般にどのような意識をもっているかということは，これまであまりにも問題にされなかったといえよう。
　しかし，社会全体で高齢者問題を考える機運が高まり，学校教育でも取り上げられるようになり，若い世代も自分や親の将来として老後のことも少しは考えざるを得なくなってきている。そこで本章では，高齢期に介護が必要になったとき，男性たちはどのようにしたいと思うか，親の介護，妻の介護，自分が介護される場合について本調査で質問した3つの項目（以下では介護意識と総称する）について，違いと共通性の双方に着目して分析する。
　本書全体の主題と関連してここで問われているのは，「雇用流動化の影響でジェンダー意識はどのように変化し，その結果として介護意識はどう変化するのか」という問題である。この問題に関して2つの相反する仮説を考えることができる。雇用流動化によって夫の経済的地位が揺らぎ，妻の就労が促進され

第7章　男性のジェンダー意識と介護意識

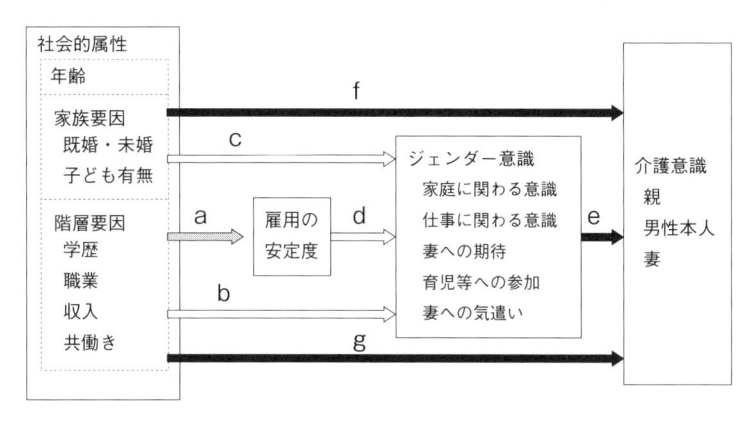

図7-1　雇用流動化の中のジェンダー意識と介護意識分析の枠組み

るところまでは2つの仮説とも同じように想定するが，その結果としてジェンダー意識が揺らぐかどうかについては，(1) 夫の経済的地位が揺らぐことによって，夫も性別分業を否定していくという仮説と，(2) 夫のジェンダー意識が強固な場合には，経済的地位の揺らぎを自分の権威低下と受けとめ，これを認めたくないためにかえってそれに固執するという仮説を考えることができる。

　この問題を分析するための枠組みを図7-1に示した。この図の意味するところは，a：雇用流動化のなかで調査回答者の雇用の安定度は本人の階層的属性，特に学歴や職業によって異なる，b：学歴や職業はジェンダー意識とも関連する，c：家族要因もジェンダー意識と関連する，d：雇用の安定度はジェンダー意識と関連する，ということである。そして介護意識はe：ジェンダー意識とf：現実の家族要因，g：収入などの階層要因と関連する，と考えられる。この図はあくまでも1つの概念図で，ジェンダー意識が家族要因を規定するなど，逆方向の矢印を想定することもできるが，分析するのはあくまでも相互関連であるので，このことには深入りしない。また，年齢はこの図の多くの変数と関連する可能性があるが，煩雑になるので矢印は省略してある。いずれにせよ，現実にはこれらの関連をすべてこの章で分析することはできない。

　この章で分析するのは介護意識を中心にして，介護意識がどの要因と関連しているか，特にe, f, g（黒い矢印）にとどまる。それらの分析結果を基にして，またa（グレーの矢印）とほかの章の分析結果を考え合わせて，雇用の安

115

定度とジェンダー意識や介護意識がどのように関連するのかを考察することにする。

2　3つの介護意識はどう違うか

まずこの節では高齢期の介護という点で3つの介護意識の回答がどのように違うかを明らかにする。それは3節でジェンダー意識との関連性を検討するための前提でもある。

まず3つの介護意識の単純集計を比較するため，3つの質問項目の答えを1つの図にまとめた（図7-2）。質問項目は，Q26自分の親が高齢期に介護が必要になったとき，どのようにしたいか，Q27自分自身が高齢になったとき，介護をどのように望むか，Q28結婚相手（パートナーを含む）が高齢になったとき，介護をどのようにしたいか，である。Q26の回答の「主に自分のきょうだいが介護する」と，Q28の回答の「主に結婚相手（パートナーを含む）のきょうだいなどが介護する」の「きょうだい」は異なる人々であるが，1つの図とするため「きょうだい」としてまとめてある。

この図から読み取れることの第一は，介護される対象によって介護意識は非常に異なる，ということである。多く選択されたのは，親の介護は「主に男性本人が介護する」と「主に福祉サービスなどを利用する」，男性本人が介護されるのは「主に結婚相手に介護してもらう」と「主に福祉サービスなどを利用する」でそれぞれ3～4割台であったのに，結婚相手（パートナー，妻）の介護は，4分の3が「主に男性本人が介護する」に集中している。「妻の介護」は親や男性本人の介護とは非常に違った側面をもつらしい。この違いはどこからきているのかはよくわからないが，「夫婦のケア規範」は強くても「成人親子のケア規範」は弱いというような，一種の核家族的意識があるのではないか，とも思われる。

第二に，これらの回答から見る限り，「介護は女性の仕事」というジェンダー固定的な考えをもつ人はかなり少数派である，といえる。その根拠として妻の介護については4分の3が「男性本人」としていて，3つの質問項目のなかで最も「福祉サービス利用」という回答が低率である。親の介護も，妻に任せ

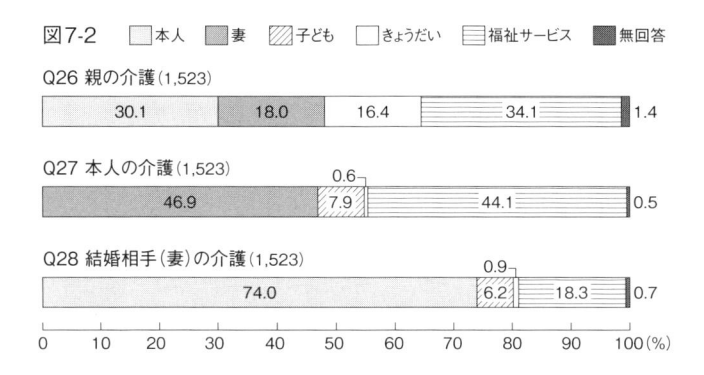

第7章　男性のジェンダー意識と介護意識

図7-2　☐本人　■妻　▨子ども　☐きょうだい　≡福祉サービス　■無回答

Q26 親の介護(1,523)
| 30.1 | 18.0 | 16.4 | 34.1 | 1.4 |

Q27 本人の介護(1,523)
46.9 ／ 7.9 ／ 0.6 ／ 44.1 ／ 0.5

Q28 結婚相手(妻)の介護(1,523)
74.0 ／ 6.2 ／ 0.9 ／ 18.3 ／ 0.7

るなどとは考えず，「男性本人」と回答した人が「福祉サービス」と同じくらいいる。それなのに，自分が介護される側になったときには「妻に介護してほしい」と，「福祉サービス利用」が同じ程度になっている。ここからは，親の場合も自分の場合も，妻には介護の苦労を味わわせたくない，でも自分は進んで介護を引き受けるといった意識の男性が，少なからずいるようにみえる。

第三に，自分たち夫婦が子どもに介護されるという考え方は，回答者の1割以下にとどまった点も注目したい。子どもは何かをしてやる対象であっても「してもらう」対象ではなくなっているのではないか。これらの解釈が正しいかどうかを見るために，次にいろいろなジェンダー意識と上述の3つの介護意識の関連を見ていく。

3　5つのジェンダー意識

さて，以下では5種類のジェンダー意識と3つの介護意識がどのように関連するのか（図7-1e）を見ていく。本調査では以下のように微妙に異なる5種類のジェンダー意識について，それぞれ5～6の考え・意見を挙げて訊ねた。

3.1　仕事に関わるジェンダー意識

Q13 男性，女性のありかたに関する考え方では，(a)「男性は看護や保育などの職業には向いていない」(e)「女性が男性より昇進が遅いのは仕方ない」など，おもに仕事や家庭外を想定した男女の違いに関する6つの考え方につい

117

て「そう思う」「どちらかといえばそう思う」「どちらかといえばそう思わない」「そう思わない」の4択で聞いた。

3.2　家庭に関わるジェンダー意識
Q14 夫婦や家族のありかたに関する考え方では，(e)「夫は外で働き，妻は家を守るべき」という役割，それに関連する6つの考え方〔(c) 妻は夫の考えに従う，(a) 夫は妻子を養う，など〕について聞いた。選択肢は3.1と同じである。

3.3　妻への期待
Q19 結婚相手（パートナーを含む）に期待することでは，妻が自分をケアしてくれることへの期待として，(a) 家事 (b) 病気の世話，(d) 悩みを聞く，(e) 家計補助など，5つについて，「非常に期待する」「ある程度期待する」「あまり期待しない」「まったく期待しない」の4択で聞いた。

3.4　育児等への参加
Q23 出産・育児に関して，自分はどのようなタイプか（子どもがいなくてもいると想定して回答）では，(b) 乳幼児の世話，(d) 子どもと遊ぶ，などにどの程度すすんで参加するかの4つについて，「すすんでする」「どちらかといえばする」「できればさけたい」「どうしてもできない」の4択で聞いた。この尺度は上述した3つの尺度とは反対の意識を測っている。

3.5　妻への気遣い
Q25 結婚相手（パートナーを含む）との関係のなかで，自分はどのようなタイプかでは，(a)「相手の体の具合が悪いときに家事をする」(e)「相手の心配ごとや悩みごとを聞く」など，おもに「妻への気遣い」をするかどうかの5つについて，聞いた。選択肢は3.4と同じで，この尺度もQ23と同様，Q13，14，19の尺度とは反対の意識を測ると考えられる。

これらすべてを因子分析にかけたところ，因子分析の結果はほぼ上の想定どおりにきれいに分かれたが，Q23 (a)「出産に立ち会う」は因子帰属が明確で

第 7 章　男性のジェンダー意識と介護意識

表 7-1　5つのジェンダー尺度カテゴリー

		Q13 仕事に関わるジェンダー意識	Q14 家庭に関わるジェンダー意識	Q19 妻への期待	Q23 育児等への参加	Q25 妻への気遣い
	項目数	6	6	5	4	5
	平均値	17.22	15.57	10.28	13.37	21.70
	標準偏差	3.85	4.35	2.34	2.62	2.57
	信頼性	0.72	0.80	0.69	0.82	0.86
相関係数	Q14 家庭に関わるジェンダー意識	.706**				
	Q19 妻への期待	.227**	.266**			
	Q23 育児等への参加	.249**	.213**	0.000		
	Q25 妻への気遣い	.228**	.231**	-0.036	.586**	1.000

なかったので，尺度として利用しないことにした。

3.6　性別分業志向の高低

上の5種類のジェンダー意識の (a)〜(e) または (a)〜(f), (a)〜(d) の点数をそれぞれ加算して尺度として利用することにしたが，Q23 と Q25 の尺度もほかの尺度と方向をそろえて点数が低い方が「性別分業志向が高」くなるように，各選択肢の点数を逆転して加算した。5つの尺度の平均点，信頼性（α 係数），相互の相関係数を表 7-1 に示した。なお，信頼性（α 係数）はいずれも 0.7 前後で，尺度として利用しても問題はないと思われる。

表 7-1 の5つの尺度の相関係数を見てみよう。Q13 仕事に関わるジェンダー意識と Q14 家庭に関わるジェンダー意識との相関は 0.7 を越えてかなり高い。また Q23 育児等への参加と Q25 妻への気遣いとの関連も 0.5 を越えている。この2つの尺度は，異なる質問項目ではあるが，男性に家事・育児をすすんでするタイプかどうか，いわば「腰の軽さ」を聞いているような面もあることから，相関が高いのかもしれない。そして，家庭や仕事に関わるジェンダー意識と育児等への参加や妻への気遣いの相関係数は，0.2台と有意な関連はあるものの，必ずしも高くない。育児参加や妻への気遣いは必ずしも規範意識からくるものではなく，腰の軽さや技術の有無，性格などとの関連も深いと解釈できるかもしれない。

表 7-2 ジェンダー尺度カテゴリーと介護希望との関連

χ^2 検定結果	Q13 仕事に関わるジェンダー意識	Q14 家庭に関わるジェンダー意識	Q19 妻への期待	Q23 育児等への参加	Q25 妻への気遣い
Q26 親の介護	$p=.000$	$p=.000$	×	$p=.000$	$p=.000$
Q27 本人の介護	$p=.004$	$p=.000$	$p=.000$	×	$p=.022$
Q28 妻の介護	$p=.000$	$p=.001$	$p=.034$	$p=.000$	$p=.000$

なお，Q19 妻への期待は，家庭や仕事に関わるジェンダー意識とは有意な 0.2 台のプラスの相関を示したものの，育児参加や妻への気遣いとは有意な関連はなかった。この意識はある意味で「妻への甘え」を測っているような面もあり，ほかの4つとは異なる意識なのかもしれない。

このように見てくると，5つの尺度は大きく3つに分けられ，あえて命名するならば，(1) ジェンダー規範意識（家庭と仕事に関わるジェンダー意識），(2) ジェンダー行動（育児と妻への心遣いからすすんで行動するか），(3) 妻への甘え期待，となるであろう。

4 ジェンダー意識と介護

このような尺度をつくった後，各尺度を尺度値の低い方から性別分業志向高，中，低に3分した。3分にあたっては，中位の型がやや多くなるように工夫した。そして介護意識とのクロス集計をとった。クロス集計表の χ^2 検定結果を示したのが**表 7-2** である。5つのジェンダー尺度を3分した合計 15 のクロス表のうち，「妻への期待と親の介護」，「育児参加と男性本人の介護」の2つのクロス表以外の 13 の表において，有意な関連が見られた。また尺度から見ると，仕事と家庭に関わるジェンダー意識と妻への気遣いは，3つの介護意識ともすべて有意な関連があった。

ジェンダー意識と介護意識の関連は，表 7-2 からだけでは具体的イメージがわきにくいので，いくつかの代表的グラフを掲げながら説明したい。

4つのジェンダー意識（Q13, 14, 23, 25）と3つの介護意識（Q26, 27, 28）との関連を**図 7-3** のグラフで示したい。

第 7 章　男性のジェンダー意識と介護意識

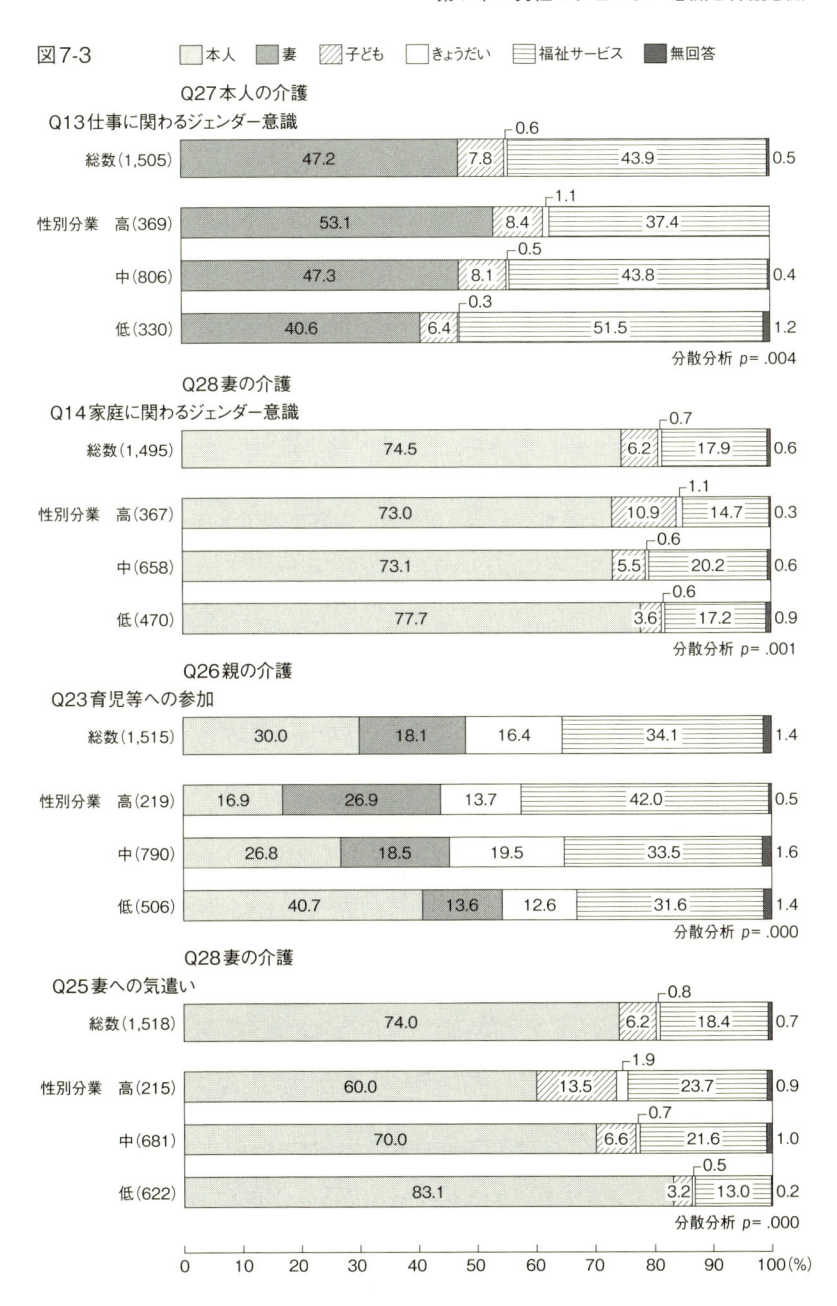

図7-3　■本人　■妻　▨子ども　□きょうだい　☰福祉サービス　■無回答

Q27 本人の介護
Q13 仕事に関わるジェンダー意識

	本人	子ども	福祉サービス	無回答
総数(1,505)	47.2	7.8	0.6 / 43.9	0.5
性別分業　高(369)	53.1	8.4	1.1 / 37.4	—
中(806)	47.3	8.1	0.5 / 43.8	0.4
低(330)	40.6	6.4	0.3 / 51.5	1.2

分散分析 p=.004

Q28 妻の介護
Q14 家庭に関わるジェンダー意識

	本人	子ども	福祉サービス	無回答
総数(1,495)	74.5	6.2	0.7 / 17.9	0.6
性別分業　高(367)	73.0	10.9	1.1 / 14.7	0.3
中(658)	73.1	5.5	0.6 / 20.2	0.6
低(470)	77.7	3.6	0.6 / 17.2	0.9

分散分析 p=.001

Q26 親の介護
Q23 育児等への参加

	本人	妻	子ども	福祉サービス	無回答
総数(1,515)	30.0	18.1	16.4	34.1	1.4
性別分業　高(219)	16.9	26.9	13.7	42.0	0.5
中(790)	26.8	18.5	19.5	33.5	1.6
低(506)	40.7	13.6	12.6	31.6	1.4

分散分析 p=.000

Q28 妻の介護
Q25 妻への気遣い

	本人	子ども	福祉サービス	無回答
総数(1,518)	74.0	6.2	0.8 / 18.4	0.7
性別分業　高(215)	60.0	13.5	1.9 / 23.7	0.9
中(681)	70.0	6.6	0.7 / 21.6	1.0
低(622)	83.1	3.2	0.5 / 13.0	0.2

分散分析 p=.000

図7-3の1段目は，Q13仕事に関わるジェンダー意識とQ27男性本人の介護の関連を示したグラフであるが，性別分業志向が高いほど「結婚相手（＝妻）に介護してもらう」が高率で，「福祉サービス利用」が少ない傾向が見られる。また，「子どもに介護してもらう」は，性別分業志向が高くても少ないことにも注目したい。
　2段目は，Q14家庭に関わるジェンダー意識とQ28妻の介護の関連を示したグラフで，χ^2検定で有意差は認められるものの，性別分業志向が高くても7割以上が男性本人が介護すると回答している。妻の介護については，性別分業を越えて行うつもりがあることが示されている。
　3段目のQ23育児等への参加とQ26親の介護のグラフで関連を見ると，育児参加などを「すすんでしない」性別分業志向の方が，親を「男性本人が介護する」が低く，「妻が介護する」や「福祉サービス利用」が高い。
　また4段目のQ25妻への気遣いとQ28妻の介護のグラフは，気遣いが少ない性別分業志向でも半数以上が「男性本人が介護する」と望むものの，気遣いが多い方との差は20％もある。ふだんから妻が疲れているとか忙しいからと，なにくれとなく家事に手を出している男性の多くが，妻を介護するつもりである比率が高いが，そうでない男性では自分のほかに，福祉サービス利用や子どもの比率がだいぶ高くなっている。
　以上の結果をまとめると，次のようになるだろう。介護とさまざまなジェンダー意識との間には深い関連があるが，どのような種類のジェンダー意識であるかによって微妙な差異が見られる。「家庭や仕事に関わるジェンダー意識」において性別分業志向の高い方が，自分の親や自分を妻が介護することを高率に望み，自分が妻を介護することを低率にしか望んでいない。また生活の中で自分はどのようなタイプかを聞いた「育児等への参加」や「妻への気遣い」において，家事や育児に気軽に参加する男性は，親や妻の介護も気軽に行えそうである。
　以上のように，ジェンダー意識と介護意識との関連性は「ジェンダー意識のタイプ」と「誰の介護か」によって微妙に異なるといえる。

5　社会的属性と介護意識

それでは，社会的属性と介護意識の関連はどのようになっているのか，見てみたい（図7-1，fとg）。

Q26，27，28の3つの介護意識と，

Q31 男性本人，Q35-1 結婚相手（＝妻）の年齢（本人は5分類，妻は4分類），

Q32 男性本人，Q35-2 結婚相手の学歴（中学・高校，専門学校・短大・国立高専，大学・大学院の3分類），

Q3 男性本人，Q35-3 結婚相手の職業（自営，ホワイトカラー，ブルーカラー，無職の4分類），

Q5 年収（5分類），Q7 雇用・事業の安定度，Q35 結婚の有無，Q34 子どもの有無

とのクロス表を検討した。その結果3つの介護意識とも，本人の学歴，職業はχ^2検定で有意な関連が見つからなかった。そのほかの属性との関連をいくつか見ていこう。

まず，Q35 結婚の有無と介護意識の関連は，Q26，27，28の介護に関する質問項目を全員に聞いており，現に結婚相手がいなくてもそれを選択してかまわない。ただし，現実には未婚者，離死別者は結婚相手やそのきょうだいを選択しないという想定通りの結果であった。

これに対して，Q34 子どもの有無と介護意識の関連はもう少し複雑であったので，図7-4に示した。

図7-4の分析対象は既婚男性939人のうち，子どもの有無不明の6人を除いた933人である。上段でQ34 子どもの有無とQ27 男性本人の介護のグラフを見ると，χ^2検定で有意な関連が見られない。子ども有の夫が「子どもに介護してもらう」をより高率に選択する傾向はほとんどない。ところが，下段でQ26 親の介護とのグラフを見ると有意な関連が見られ，子ども有の夫は「妻が介護する」が高く，「福祉サービス利用」が低いという結果であった。この2つをどのように解釈するのかは難しいが，「子を持って知る親の恩」という解

図7-4　　　　　□本人　■妻　▨子ども　□きょうだい　⊟福祉サービス　■無回答

Q27 本人の介護

Q34 子どもの有無

総数(933)　　52.2　｜8.2｜　0.2　39.1　　0.3

子ども有(755)　53.0　｜8.7｜　0.1　37.9　　0.3

子ども無(178)　50.0　｜5.6｜　0.6　43.3　　0.6

分散分析 p= .447

Q26 親の介護

Q34 子どもの有無

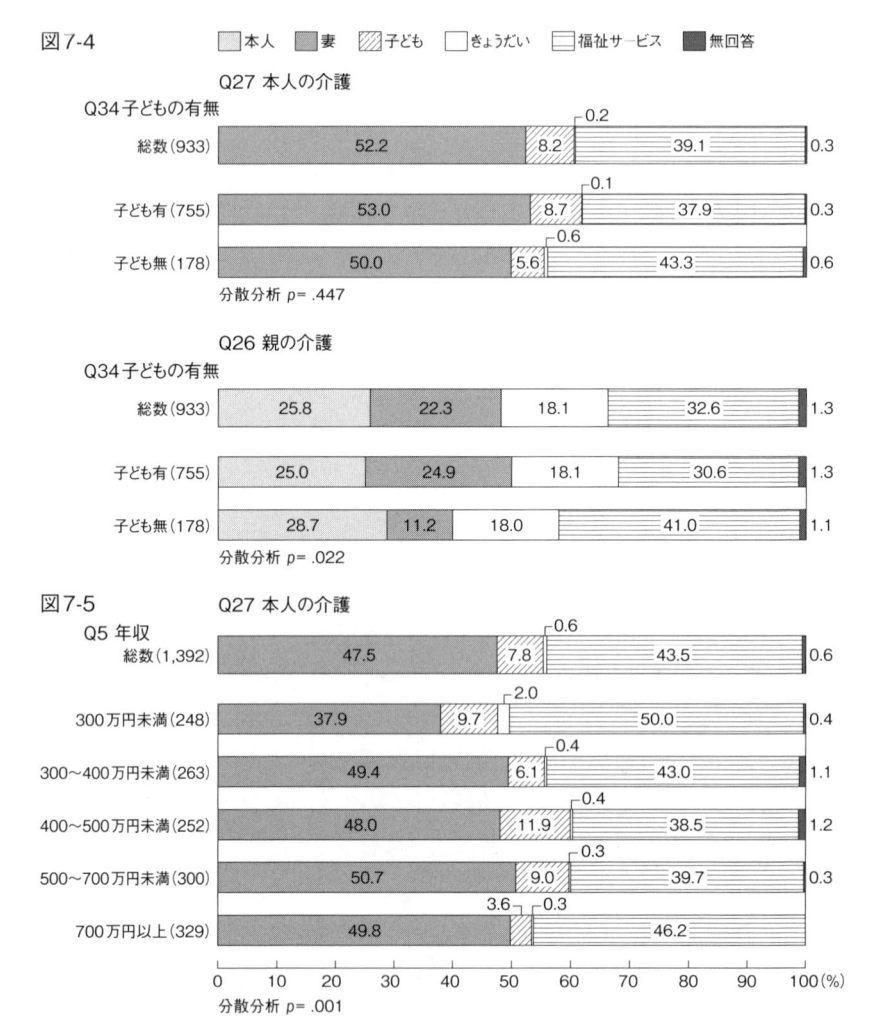

総数(933)　25.8　｜22.3｜　18.1　｜32.6｜　1.3

子ども有(755)　25.0　｜24.9｜　18.1　｜30.6｜　1.3

子ども無(178)　28.7　｜11.2｜　18.0　｜41.0｜　1.1

分散分析 p= .022

図7-5　Q27 本人の介護

Q5 年収

総数(1,392)　47.5　｜7.8｜　0.6　43.5　　0.6

300万円未満(248)　37.9　｜9.7｜　2.0　50.0　　0.4

300〜400万円未満(263)　49.4　｜6.1｜　0.4　43.0　　1.1

400〜500万円未満(252)　48.0　｜11.9｜　0.4　38.5　　1.2

500〜700万円未満(300)　50.7　｜9.0｜　0.3　39.7　　0.3

700万円以上(329)　49.8　3.6　0.3　46.2

0　10　20　30　40　50　60　70　80　90　100(%)

分散分析 p= .001

釈もできる。また子ども有はある種の「家族主義」のような意識を醸成し，自分は子どもに介護してもらうつもりはないものの，子どもとして（妻と一体としての）自分たちが親を介護しなくてはと考えるのであろうか？

次に無職と年収無回答を除く男性1,392人についてQ5年収と介護意識の関連を，図7-5で見た。Q5年収は，Q27男性本人の介護についてのみ有意な関連が見られたが，特に300万円未満で「妻に介護してもらう」が低く「福祉サ

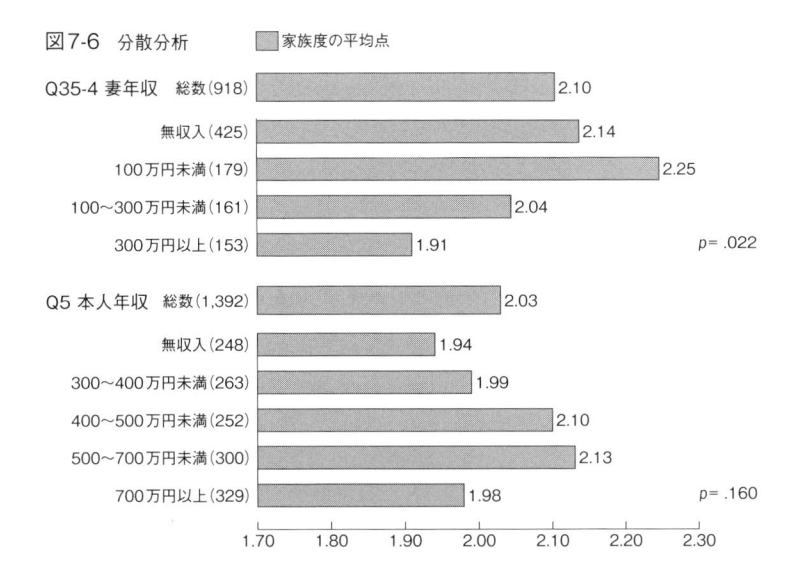

第7章 男性のジェンダー意識と介護意識

図7-6 分散分析　　■家族度の平均点

Q35-4 妻年収　総数(918)　2.10
　　　　無収入(425)　2.14
　　　　100万円未満(179)　2.25
　　　　100～300万円未満(161)　2.04
　　　　300万円以上(153)　1.91　　p=.022

Q5 本人年収　総数(1,392)　2.03
　　　　無収入(248)　1.94
　　　　300～400万円未満(263)　1.99
　　　　400～500万円未満(252)　2.10
　　　　500～700万円未満(300)　2.13
　　　　700万円以上(329)　1.98　　p=.160

（横軸：1.70　1.80　1.90　2.00　2.10　2.20　2.30）

ービス利用」が高いことが目立つ。

　実は似たような関連が，Q7雇用・事業の安定度との間にも見られた（p=.003）。就業男性のうち雇用・事業が「かなり不安定」（38.3%）は，「どちらかといえば安定している」（53.0%）より目立って「妻に介護してもらう」が低く「福祉サービス利用」が高い。福祉サービスには一定程度のコストがかかるから，所得が多く雇用が安定している方が選択すると予測していたが，必ずしもそうではない。以上の分析から，むしろ所得が低く雇用が不安定な方が，妻には介護してもらえないとか，親の介護を頼みにくいと考えて，回答としては「福祉サービス」に流れるものと思われる。家族介護は安定した所得と職業を前提とするかのようにも見える。

　しかし，このようなグラフの分析だけでは，3つの介護意識の間の関連がまったくわからない。そこで，夫，妻，子ども，夫あるいは妻のきょうだいを「家族」としてまとめ，3つの介護意識のうちいくつ「家族」を選択したかを「家族度」として，またいくつ「福祉サービス」を選択したかを「サービス度」として，どのような基本属性と関連するのかを一元配置の分散分析で検討した（図7-6）。その結果，家族度もサービス度も0～3点まで分布し，平均点は家

族度 2.01，サービス度は 0.96 であった。家族度について見ると，夫と妻の年齢，夫と妻の学歴 3 分類，夫と妻の職業 4 分類とは有意な関連が見られなかった。妻の収入 4 分類とは有意な関連が見られ，無収入を除くと，収入が多い方が家族度が低かった（無収入から高い方に 2.14, 2.25, 2.04, 1.91, $p=.022$）。夫の収入は分散分析では有意差は見られなかったものの（$p=.160$），年収 700 万円以上を除くと，むしろ収入が高くなるにつれて家族度が上がっていた。すなわち夫と妻では，収入の多さは介護について反対方向の効果をもっている可能性が示唆された。

6 共働きと介護意識

以上のように，夫の収入と妻の収入が「家族による介護」か「福祉サービス利用」かに異なった影響を与えていること，また，福祉サービスの利用には多かれ少なかれ費用がかかるのに，夫の収入が低い方がサービス利用を高率に望んでいること，などにヒントを得て，ここでは共働きと介護意識の関連を深く掘り下げてみたい。そのために Q35-5「お宅の家計を主に支えているのは，夫婦のうちどちらですか」という夫婦の家計分担の質問を利用した。

分析対象は既婚就業男性 939 人のうち，家計分担不明の 5 人を除いた 934 人である。選択肢は，「ほとんどあなた（夫）」「あなた（夫）の方が多い」「ほぼ半々」「妻の方が多い」「ほとんど妻」の 5 択である。結果は「ほとんど夫」が 7 割を越え，「夫の方が多い」が 14.0%，「ほぼ半々」が 8.4% で，あとはごくわずかであった。

そこで，妻の分担がほぼ半々かそれ以上を 1 つにまとめ，「ほとんど夫」「夫の方が多い」「ほぼ半々か，妻の方が多い」の 3 分類を家計分担度とした。まず，ほかの社会的属性との関連では，Q5 夫の収入（5 分類）が高い方が「ほとんど夫」の比率が高く（51〜82% まで順に高い），また Q35-3「妻が無職」の比率が高くなる（27〜54% まで順に高い）。さらに家計分担度と 4 つのジェンダー尺度の関連を見ると，「妻への期待」以外はすべて分散分析で有意な差異が見られ，夫の分担度が高いほど家庭でも仕事でも性別分業を肯定し，育児や家事参加が少ない傾向だった（図 7-7）。

第7章 男性のジェンダー意識と介護意識

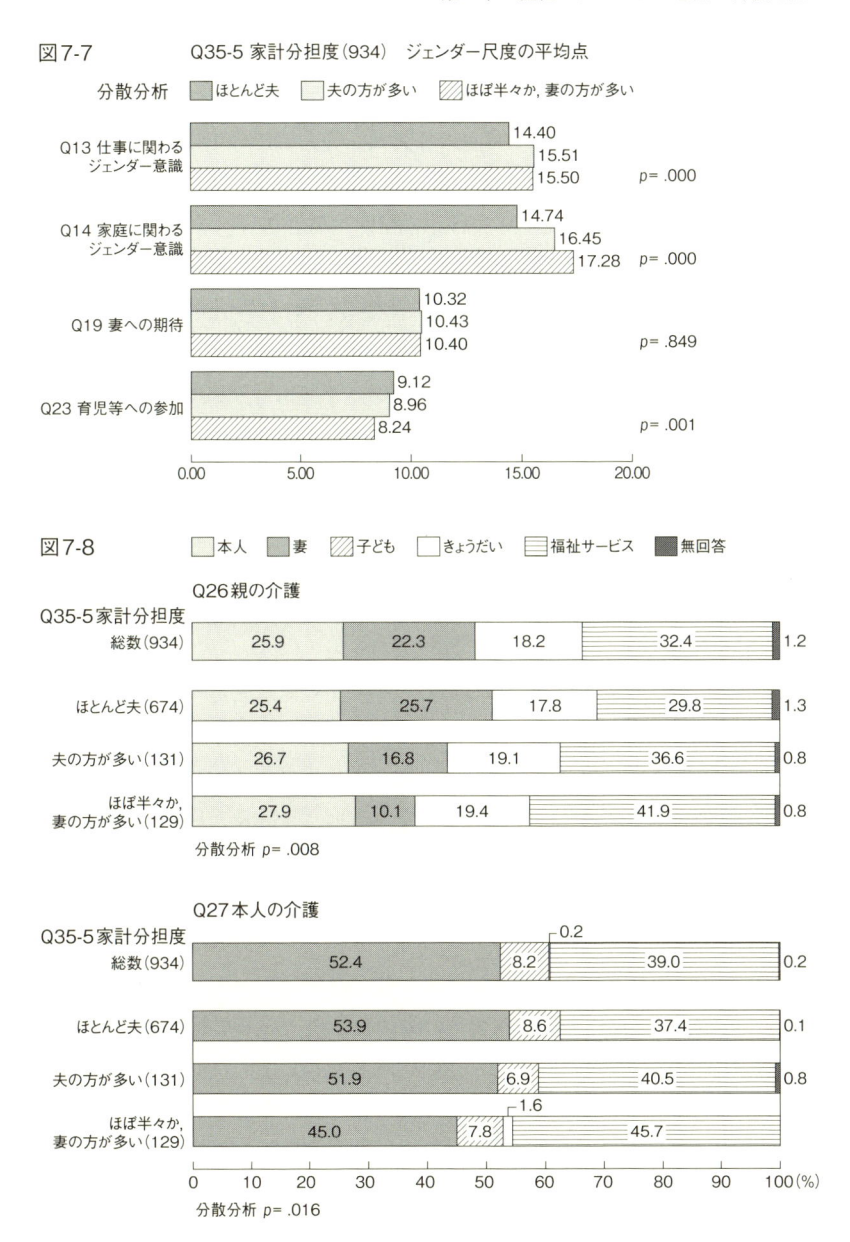

図7-7　Q35-5 家計分担度（934）　ジェンダー尺度の平均点

分散分析　■ほとんど夫　□夫の方が多い　▨ほぼ半々か, 妻の方が多い

Q13 仕事に関わるジェンダー意識
- 14.40
- 15.51
- 15.50
$p=.000$

Q14 家庭に関わるジェンダー意識
- 14.74
- 16.45
- 17.28
$p=.000$

Q19 妻への期待
- 10.32
- 10.43
- 10.40
$p=.849$

Q23 育児等への参加
- 9.12
- 8.96
- 8.24
$p=.001$

図7-8　□本人　■妻　▨子ども　□きょうだい　≡福祉サービス　■無回答

Q26 親の介護

Q35-5 家計分担度

	本人	妻	子ども	福祉サービス	無回答
総数（934）	25.9	22.3	18.2	32.4	1.2
ほとんど夫（674）	25.4	25.7	17.8	29.8	1.3
夫の方が多い（131）	26.7	16.8	19.1	36.6	0.8
ほぼ半々か,妻の方が多い（129）	27.9	10.1	19.4	41.9	0.8

分散分析 $p=.008$

Q27 本人の介護

Q35-5 家計分担度

	本人	妻	子ども	福祉サービス	無回答
総数（934）	52.4	8.2	0.2	39.0	0.2
ほとんど夫（674）	53.9	8.6		37.4	0.1
夫の方が多い（131）	51.9	6.9		40.5	0.8
ほぼ半々か,妻の方が多い（129）	45.0	7.8	1.6	45.7	

分散分析 $p=.016$

これらをふまえた上で家計分担度と3つの介護意識の関連を見てみよう。図7-8は既婚男性（夫）のQ26親の介護とQ27夫本人の介護の2つを家計分担度ごとに見たものである。上段の親の介護は、夫の家計分担度が低く、妻の家計分担度が高いほど「妻に介護してもらう」が低く、「福祉サービス利用」が高い。下段の本人の介護は、夫の家計分担度が低い方が「妻に介護してもらう」が低く、「福祉サービス利用」が高い。なお、妻の介護は家計分担度と有意な関連はなく、どのような分担でも7〜8割が「本人が介護する」とした。

これらのことから、

　　夫の収入が低い→夫の家計分担度が低い→妻の家計分担度が高い→家庭でも仕事でも性別分業志向が低い→妻に親や自分の介護を期待しない

という関連が読み取れる。

7　結論と考察

7.1　分析結果

　これらの分析結果を3点に要約したのち、本章の課題である「雇用流動化と介護意識」についての考察を試みたい。

　第一は、介護意識の多様性である。一口に老後の介護というが、親の介護か、本人の介護か、妻の介護か、で考え方はかなり異なっている。そして親の介護と本人の介護はジェンダー意識との関連があり、性別分業志向が低いほど「妻に介護してもらう」が減り、「福祉サービス利用」が増えるという関連である。妻の介護もジェンダー意識との関連はあるが、最も性別分業志向の高い夫でも7割が本人が妻を介護するつもりであり、この点ではジェンダー意識との関連は薄く、「夫婦の情愛（または規範？）はジェンダー役割を越える」という傾向が見られる。

　第二は、ジェンダー意識の多様性である。仕事に関わるジェンダー意識と、家庭に関わるジェンダー意識は深く関連し、介護意識とも関連している。しかし、実際に夫が進んで育児をするか、妻を気遣い家事をするかは、関連はあるもののそれほど大きくはない。簡単に要約すれば、意識と行動は違う、ということだろう。そして、何かと妻に世話してもらうことを期待するのも妻への甘

えのようなもので，これもまた次元が異なるようである。

　第三に，データで明確に実証されたとまではいえないが，介護には「家族志向」のような独特の意識構造が関連していることを指摘しておきたい。たとえば，子ども有の男性は自分の子に自分たち夫婦の介護を期待する傾向は見られないが，親は「自分たちで介護する」志向が高いという関連が見られる。また，所得に恵まれた方が介護サービスを利用しやすいと思われるのに，実際には家族で介護するという「家族度」が高く，所得の低い方がむしろ「福祉サービス利用」を選択していた。すなわち，結婚し，子どもをもつという一連の「家族志向」が，親を自分で介護する志向と関連すると推測される。そして家計の経済的安定が，少なくとも男性の家族志向と関連しているのではないだろうか。この点は，男性の性別分業志向を見ていくうえで非常に重要な点だと思われる。今後さらに追究していく必要がある。

　この「新しい家族志向」とでも呼べるものについて，考察してみたい。この意識はそもそも，家族を「権力の体系」や「役割の体系」とは見ないで，情愛から見るのではないか。もう少し具体的にいえば，権力の体系とは「家族で大切なことは夫が決める」とか「両親の言うことに子どもは従うべき」という見方であり，この見方を否定すると「家族一人一人が幸せになるように物事を決める」というような見方になるだろう。また，役割の体系とは「性別役割分業」や「嫁のつとめ」などの見方であり，これを否定すると「困っている家族を助ける」「そのときできる方が家事をしたり，お金を稼いでくればよい」というような見方になる。この後者の見方が「新しい家族志向」の土台にあるのではないだろうか。この意識は，これまで再三述べてきたように7割の男性の「妻は自分が介護する」意識とも関連するのではないだろうか。

7.2　雇用流動化・ジェンダー意識・介護意識

　そして最後に，本書の主題である，「雇用流動化によってジェンダー意識はどのように変化し，その結果として介護意識はどのように変化するか」について考察しておこう。この主題については2つの異なった仮説がありうることを本章の冒頭で述べたが，家計分担度が平等に近いほど性別分業志向が低いことを考えると，「雇用流動化はジェンダー意識の揺らぎを招く」という仮説の方

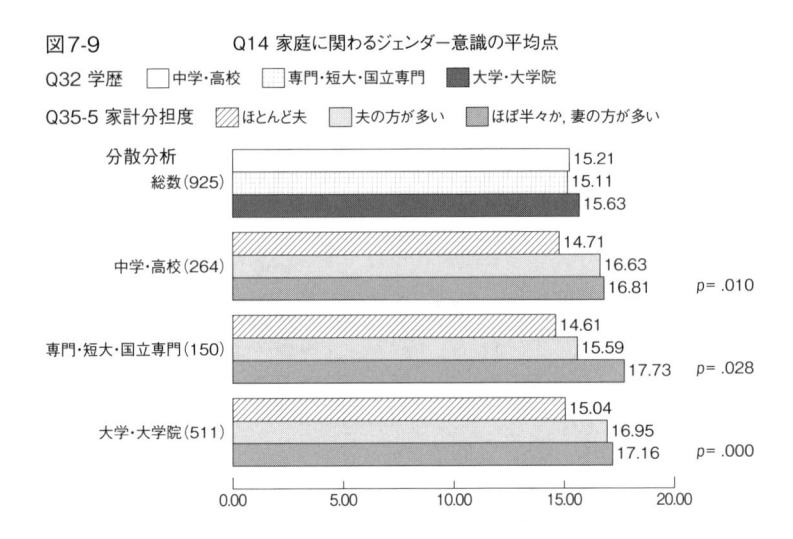

図7-9　　　　　　　Q14 家庭に関わるジェンダー意識の平均点
Q32 学歴　　□中学・高校　　□専門・短大・国立専門　　■大学・大学院
Q35-5 家計分担度　　▨ほとんど夫　　□夫の方が多い　　▨ほぼ半々か、妻の方が多い

分散分析
総数(925)　　15.21 / 15.11 / 15.63

中学・高校(264)　　14.71 / 16.63 / 16.81　　p= .010

専門・短大・国立専門(150)　　14.61 / 15.59 / 17.73　　p= .028

大学・大学院(511)　　15.04 / 16.95 / 17.16　　p= .000

が当たっていると結論できるだろう。ただし，その関連はじつに複雑で，図7-1のモデルを検証すべく，変数をいろいろ工夫しつつ家族度を被説明変数とする重回帰分析を数回行ってみたが，その説明力はきわめて低かった。その理由は次のことにあると思われる。

まず，社会的属性要因のうち，夫の学歴の効果は，雇用・事業の安定度にはプラス，性別分業志向にはマイナスと，方向性の違う効果をもっている。すなわち，夫の学歴が高いほど雇用は安定し，現実には性別分業がなされて妻の専業主婦比率が高いが，ジェンダー意識としては性別分業には否定的である。一方，夫の学歴が低いほど雇用は安定せず，妻の有職率は高まり，現実には性別分業ではやってゆけないのに，意識としては性別分業に肯定的だ。したがって夫の学歴の効果は相殺され，見えにくくなっている。

では学歴と家計分担度のどちらがより既婚男性（夫）のジェンダー意識に効果をもつのか，一元配置の分散分析を行った。その結果，最も明確に有意差が見られたのは，家庭に関わるジェンダー意識であったので，その平均点を図7-9に示した。どの学歴でも，同じ学歴内では夫の家計分担度が低いほど平均点が高く，性別分業志向が低かった。同じ家計分担内では学歴ごとに有意な差異は見られなかった。すなわち，学歴より家計分担度の影響の方が大きいとい

えよう。結論としては雇用流動化，雇用・事業の安定度は性別分業志向を弱める効果があり，その結果ケア意識の一つである介護意識についても，妻が介護するという比率を減らす方向に作用することになる。

ただし，これは特に親の介護，次に男性本人の介護の傾向で，妻の介護は性別分業志向との関連は薄いと判断できるだろう。

親の介護はまだしも，自分や妻の介護はまだだいぶ先のことである若い男性が将来介護が現実になる頃に，このような結論がどれほどの信頼性をもつのかは，議論があるだろう。しかし逆に，遠い将来であるだけに自分の身体の老化度，介護技術の習得度などの現実に拘束されない，ジェンダー意識の一端を示していると見ることもできるだろう。

参考文献

春日キスヨ，2010，『変わる家族と介護』講談社.
厚生労働省，2011，『平成22年国民生活基礎調査の概要』: 31.
中西泰子，2009，『若者の介護意識――親子関係とジェンダー不均衡』勁草書房.
直井道子，2001，『幸福に老いるために――家族と福祉のサポート』勁草書房.
高橋龍太郎・須田木綿子・日米LTC研究会，2009，『在宅介護における高齢者と家族――都市と地方の比較調査分析』勁草書房.
大和礼子，2008，『生涯ケアラーの誕生――再構築された世代関係／再構築されないジェンダー関係』学文社.

Ⅲ　揺らぐ男性の稼ぎ手役割意識

第8章 雇用不安定化のなかの
　　　　男性の稼ぎ手役割意識

大槻　奈巳

1　雇用不安定化と稼ぎ手役割

1.1　男性の稼ぎ手役割意識とは

　本章の目的は，雇用が不安定化するなかで男性の稼ぎ手役割意識は変化するのかを考えることである。日本社会において，強固なジェンダー役割規範や性別役割分業のしくみが男性の「家族の養い手」意識を支え，実際に男性は稼ぎ手役割を担ってきた。女性が稼ぎ手役割を得ることはジェンダー役割変革の必要条件と考えられてきたが，日本の場合，女性が稼ぎ手役割を得ることによってジェンダー役割が変わる方向には，なかなか進んでいない状況がある。

　「男性は仕事，女性は家庭」との考えは減りつつあり，働く女性が増加する傾向はあるものの，男性が稼ぎ手である現状は強固である。総務省「家計調査」によると勤労者世帯の世帯収入に「世帯主の配偶者の収入」が占める割合は2006年で9.8％である。

　また男性が稼ぎ手であるとの考えも根強い。たとえば連合総合生活開発研究所（2001）の行った調査によると「家族の生活を支える責任は夫にある」と答えたのは，専業主婦で89％，共働きで79％である。家計経済研究所が2000年に行った「現代核家族調査」でも，「夫は収入を得る責任をもつべきだ」との考えに，専業主婦の64.3％が「賛成」，31.6％が「まあ賛成」，フルタイムの女性で「賛成」が42.7％，「まあ賛成」が41.9％である。また，妻が専業主婦の夫の場合，69.7％が「賛成」，27.6％が「まあ賛成」であり，妻がフルタイムの

夫では,「賛成」が47.5%,「まあ賛成」が44.1%である(家計経済研究所編,2000)。

その一方で,近年日本的雇用システムの変化によって,年功賃金,終身雇用のあり方が変わりつつあり,この変化に伴って,稼ぎ手役割を維持できない男性が増える傾向が出てきている。

1.2 雇用の不安定化

完全失業率は1990年代半ばから徐々に上昇し,2002年に過去最高の5.4%となった。厚生労働省の「労働経済の年間分析 平成14年度」によると,男性の非自発的理由による失業者の数は2001年平均で75万人であったが,2002年平均で109万人と大きく増加し,25～64歳の幅広い層で増加幅が大きくなっていた。内訳を見ると,勤め先の都合が81万人と,会社都合の人員削減が多くなっていた。また,2002年平均で男性の世帯主失業者は87万人,このうち61万人(70.1%)が非自発的理由により失業者となり,1年以上失業している者が31.5%を占めている。

独立行政法人日本労働研究研修機構(現・労働政策研究・研究機構)が2002年に行った「事業再構築と雇用に関する調査」によると,調査に回答したサービス業を除く各業種でほぼ半数が人員を削減しており,最近3年間に人員削減を実施した企業は17.5%,現在実施中は25.4%,今後実施するのは9.0%と,約半数の企業で人員削減に取り組んでいるという(独立行政法人日本労働研究研修機構,2002)。また,人員削減の方法は,「自然減」が81.6%,「採用抑制」が76.9%,「希望退職の募集,早期退職優遇制度の創設・拡充」が34.2%,「解雇」は6.9%であり,現在の従業員の雇用を打ち切るかたちで人員削減も行われていることがうかがえる。また,同調査によると,過去1年間に再就職した者の離職の理由は,「自己の申し出による退職」が71.1%,「会社の倒産・廃業」が6.0%,「契約期間の満了」が5.7%,45歳を越えると「希望退職,早期退職優遇制度に応じた」が14.8%以上である。

2007年度には完全失業率は4.0%にまで下がり,非自発的失業者数も減りつつあるが,多くの男性にとって「人員削減」や「離職」は身近になってきており,実際に経験した人たちも少なからずいる。雇用不安定化のなかにある男性,

稼ぎ手役割を一時的にせよ遂行できなかった男性が増えてきている。

2 先行研究をめぐって

2.1 男性意識についての先行研究

男性の意識や考えを論じた近年の研究としては，天野・山崎・岡村（天野編，2001）の研究がある。その中で山崎哲哉（2001）が，男性のジェンダー意識に何が影響を与えるのかについて次のように論じている。

山崎は，いままでの先行研究では年齢・世代，学歴，職業，妻の就業形態がおもに男性のジェンダー意識に影響を与えると考えられてきたとして，あらたに調査を実施して男性のジェンダー意識に影響を与える要因を検証した。その結果，性別役割分業意識への考えは，年齢別では20歳前半の若年層と一定年齢以上の高年齢層から肯定派が増えること，学歴，就業形態別では差を見出せなかったこと，職業別ではブルーカラー層に否定派が少ないことがわかったが，それ以外顕著な差はなかったという。そして，より大きな関連が見られたのは，自分の働き方がどこまで会社に依存しているか，といった会社中心主義や会社への忠誠度の尺度であり，これらが高く，「家族の生活より仕事を優先し，昇進をめざす」という生き方を望ましいと思ったり，実際にそのような生き方をしている男性たちに，性別役割分業意識を肯定する者が多い傾向を指摘している。

2.2 仕事中心主義

日本の男性は仕事中心主義であることが指摘されて久しい。三隅と矢守が行った「働くことの意味に関する国際比較調査」では，日本，米国，ドイツ，ベルギーにおける勤労価値観を国際比較し，日本の仕事中心性は他の国に比べて高いことを見出している（三隅・矢守，2003）。

また，「週60時間以上働く」という長時間労働者が，近年増えていることが指摘されている。小倉一哉は総務省の「労働力調査」をもとに働き盛りの男性の20代後半から40代前半の働き方を分析しているが，もともとこの年代は他の年齢階層に比べ長時間労働者の比率が高く1993年で17～19%前後であった

が，1998 年になると 30 歳代で 20% を越え，2004 年には 20 歳代後半から 40 歳代前半で軒並み 20% を越えたという（2007）。

一方で，谷内篤博は先の三隅・矢守の国際比較調査において，1981～83 年，1989～91 年の結果を比べると，どの国も 2 回目の調査において仕事中心性は下がっていること，また，NHK 放送文化研究所の「日本人の意識調査」では，1973 年に男性の「仕事志向」は 54% であったが，2003 年には 30% と減少し，「仕事・余暇両立」が 1973 年の 19% から 38% へ増加していることから「仕事中心志向」は減り，「仕事も余暇も」という両立志向が増えてきていると指摘している（谷内，2007）。小倉，谷内の指摘を踏まえると，意識としては仕事中心ではなく，「仕事も余暇も」という両立志向が強まっているが，実態は先に見た通り，きわめて仕事中心であるといえよう。

山嵜は，男性のジェンダー意識は学齢期初期に形成され，その後の職業生活や配偶者との関係の中で変化していくと指摘しているが，「仕事も余暇も」と思いながらも仕事中心の長時間労働が進んでいくなかで，雇用の不安定化や，転職・離職経験は，男性の稼ぎ手役割意識にどのような影響を与えるのだろうか。

雇用の不安定化を経験している男性とそうでない男性，稼ぎ手役割を失ったり，遂行できなかった経験をもつ男性とそうでない男性の稼ぎ手役割意識について検証することで，この問題にアプローチしたい。

このような問題意識のもとに，私たちは 2004 年，東京都区部在住の 25～49 歳の男性 3,000 人を対象に「都市男性の生活と意識に関する調査」（目黒編，2005）を実施した。本調査の有効回答数は 1,523 人であった（有効回収率 50.8%）。本章では，雇用の不安定化によって男性の稼ぎ手役割意識が変化しているかどうかに焦点を当てるため，特に既婚で稼ぎ手役割を担う男性（805 人）を取り上げて分析し，男性の稼ぎ手役割意識とその揺らぎについて考えてみたい。

本章において分析対象とする 805 人は，Q35 で「結婚している」，かつ Q35-5 で「家計を主に支えている」（「ほとんどあなた（夫）」＋「あなた（夫）のほうが多い」）と回答した男性である。以下，その属性について説明したい。

Q31 年齢は,「25〜29 歳」7.3％とやや少ないが,「30〜34 歳」19.9％,「35〜39 歳」25.0％,「40〜44 歳」25.6％,「45〜49 歳」22.2％とほぼ均等であった。Q32 学歴は,「高校」27.5％,「専門学校」14.2％,「短大・国立高専」2.7％,「大学・大学院」53.7％と高学歴であった。Q34 子どもの有無は,85.3％が子ども有, Q5 年収は,「300 万円未満」7.2％,「300〜500 万円未満」30.5％,「500〜700 万円未満」26.6％,「700〜1,000 万円未満」25.6％,「1,000 万円以上」10.1％と, 比較的収入が高い。Q9 3 年間の収入変化は,「かなり減った」11.7％,「やや減った」23.4％,「ほぼ横ばい」37.3％,「やや増えた」24.5％,「かなり増えた」2.9％であり, 減った人の方が増えた人より多いことがわかる。Q10 今後の収入見通しは,「増えていく」15.8％,「ほぼ横ばいが続く」50.5％,「増えたり減ったりする」21.0％,「減っていく」12.7％と, 収入の見通しに不透明感をもつ割合が高い。Q35-4 妻の年収は,「なし」52.4％, 100 万円未満 21.8％, 100〜300 万円未満 16.7％, 300〜500 万円未満 8.8％, 500〜1,000 万円未満 2.5％である。Q35-5 妻の家計分担度は「ほとんど夫」83.7％,「ほぼ半々」が 16.3％であった。

3 雇用の不安定化, 転職・離職経験と男性意識

3.1 雇用・事業の安定度, 転職・離職の経験

本調査で Q7「現在, あなたの雇用や事業は安定していますか, 不安定ですか」と雇用・事業の安定度を聞いたところ, 不安定(「どちらかといえば不安定」+「かなり不安定」。以下同)は 25.3％いた (図 8-1 上)。属性別に見ると (Q31 年齢, Q5 年収, Q32 学歴, Q3 職業), 年齢では, 40 歳未満では 20％そこそこであるが, 40 歳を越えると約 30％近くになり, 年収別では低い方が高い。学歴では「専門学校・短大・国立高専」で 33.8％,「大学・大学院」で 21.0％が, 職業では「生産工程・労務作業」で 39.5％,「販売・サービス」で 35.9％が,「不安定」と回答している。

Q8「あなたは, 過去 3 年以内に, 退職・転職・開業・廃業などで, 仕事を変えたり, 辞めたりしたことがありますか」を聞いたところ,「ある」は 16.8％であった (図 8-1 下)。属性別に見ると, 年齢の低い方が高く, 25〜29 歳

で40.7%，45〜49歳では8.4%があるとしている。また，年収が低く，学歴の低い方が高い。職業でもっとも高いのが「保安，農林漁業，運輸・通信」で26.5%，次が「販売・サービス」で23.1%である。

3.2 男性本人の稼ぎ手役割意識

Q30「次の（a）〜（e）の項目は，男性の自立にとってどの程度重要だと思われますか」を聞いたところ，（c）「家族を養うことができる」を「とても重要」と答えたのは75.5%，「やや重要」は22.0%であり，97.5%が家族を養うことを男性の自立にとって重視している。また，（a）「経済的に自立している」を「とても重要」と答えたのは80.5%，「やや重要」は18.5%であり，99.0%が男性の自立にとって経済的自立を重視している（図8-2）。

属性別に見ると，（c）「家族を養うことができる」を「とても重要」と答えた割合がもっとも高いのは，年齢30〜34歳，年収300〜400万円未満，職業「管理的職業」で86.0%，（a）「経済的自立」では，年齢30〜34歳，年収1,000万円以上，職業「管理的職業」で92.1%である。

3.3 女性の稼ぎ手役割についての男性意識

Q29「次の（a）〜（e）の項目は，女性の自立にとってどの程度重要だと思われますか」を聞いたところ，（c）「家族を養うことができる」を「とても重要」と答えたのは15.2%，「やや重要」は45.7%であり，約6割の男性が女性の自立にとって重視しているが，男性本人にとって重視する割合に比べると低い。なお，Q19「あなたは，結婚相手（パートナーを含む）に，次の（a）〜（e）のようなことを期待しますか」についても，（e）「自分の収入が十分でないとき，働いて家計を助けること」を妻に「非常に期待する」は8.7%，「ある程度期待する」は50.4%と，6割に満たなかった（図8-3）。

属性別に見ると，女性の自立にとって（c）「家族を養うことができる」は「とても重要」がもっとも高いのは，年齢では25〜30歳17.5%，学歴では中学校卒38.5%で，年収と職業では大きな差はない。また，女性の自立にとって（a）「経済的自立」は「とても重要」がもっとも高いのは，年齢では30〜34歳で30.6%，年収200〜300万円未満で35.7%，職業では「専門技術職」37.4%，「管

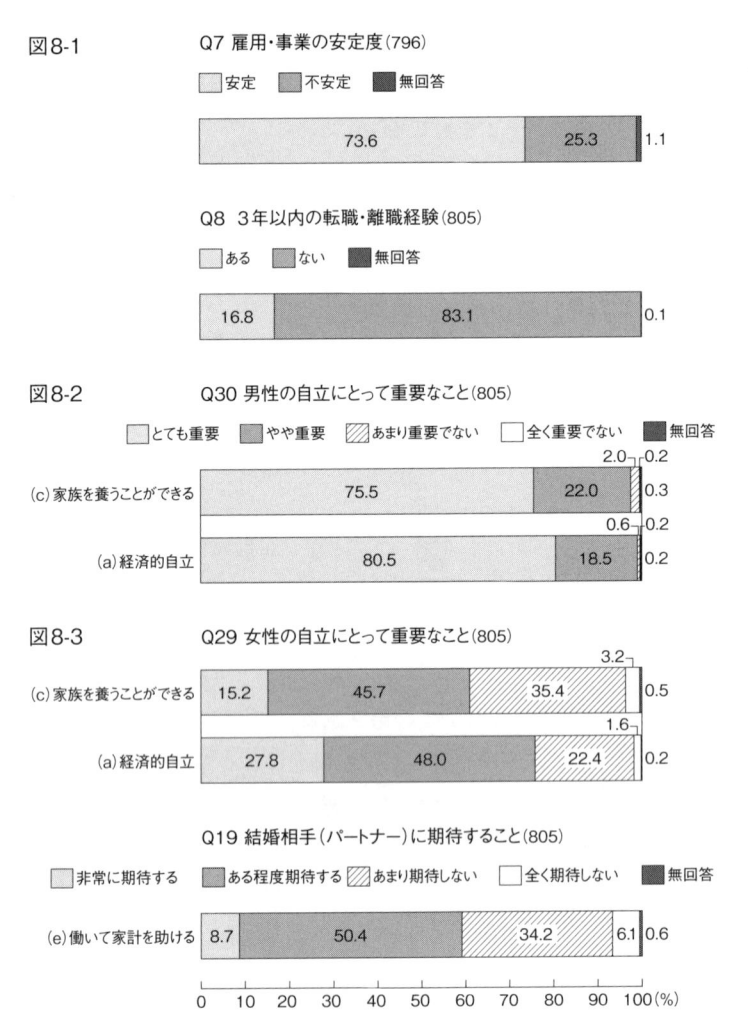

図8-1　Q7 雇用・事業の安定度 (796)

- 安定　■不安定　■無回答
- 73.6 ／ 25.3 ／ 1.1

Q8　3年以内の転職・離職経験 (805)

- ある　■ない　■無回答
- 16.8 ／ 83.1 ／ 0.1

図8-2　Q30 男性の自立にとって重要なこと (805)

- とても重要　やや重要　あまり重要でない　全く重要でない　無回答

(c) 家族を養うことができる：75.5 / 22.0 / 2.0 / 0.2 / 0.3
(a) 経済的自立：80.5 / 18.5 / 0.6 / 0.2 / 0.2

図8-3　Q29 女性の自立にとって重要なこと (805)

(c) 家族を養うことができる：15.2 / 45.7 / 35.4 / 3.2 / 0.5
(a) 経済的自立：27.8 / 48.0 / 22.4 / 1.6 / 0.2

Q19　結婚相手（パートナー）に期待すること (805)

- 非常に期待する　ある程度期待する　あまり期待しない　全く期待しない　無回答

(e) 働いて家計を助ける：8.7 / 50.4 / 34.2 / 6.1 / 0.6

理的職業」34.2%である。結婚相手（パートナー）への期待として (e)「働いて家計を助ける」は，年齢，学歴，職業では差はあまりなかったが，年収では差があり，200万円未満で21.4%が「とても重要」としている。

3.4　男性のジェンダー意識

本調査では，Q13男性，女性のありかたに関する考え方，Q14夫婦や家族の

第8章 雇用不安定化のなかの男性の稼ぎ手役割意識

図8-4 ジェンダー意識の得点分布 (n=805)

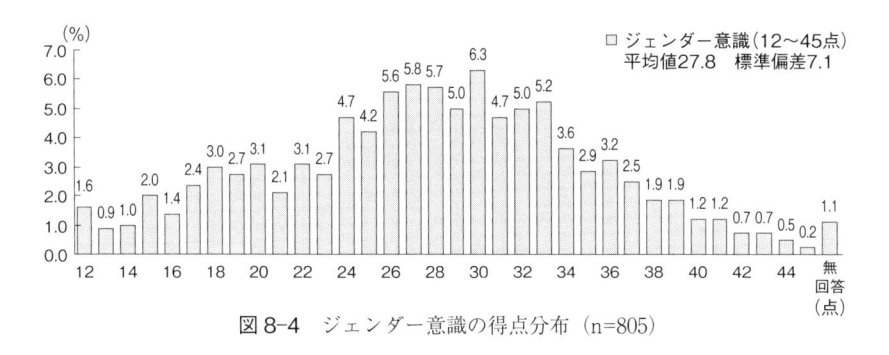

ありかたに関する考え方として，各 (a)〜(f) の計12項目を設定し，男性のジェンダー意識を聞いた。たとえばQ13 (b)「男が最終的に頼りにできるのはやはり男である」，(c)「女性が入れたお茶はやはりおいしい」，Q14 (e)「夫は外で働き，妻は家を守るべきである」などである。その結果を「そう思う」4点，「どちらかといえば，そう思う」3点，「どちらかといえば，そう思わない」2点，「そう思わない」1点として，点数化した。図8-4はその得点分布を見たものである。平均値は27.8点，ジェンダー意識の弱い方にややふれているが，ほぼ山形の分布となった。とても強い，とても弱いの両方とも少なく，多くの男性がある程度のジェンダー意識をもっていることがわかった。

4 社会的成功志向と男性の稼ぎ手役割意識

4.1 職業満足度・社会的成功志向と男性の稼ぎ手役割意識の関連

次に働く状況と男性意識の関連を考えてみたい。まず職業満足度と社会的成功志向を取り上げる。

Q6「現在の職業において，次にあげる (a)〜(d) について，どの程度満足しておられますか」という質問で，(d) 総合的な職業満足度を見ると「とても満足」6.3%，「やや満足」51.1%，「やや不満」36.5%，「とても不満」が5.6%である。約6割は満足しているが，約4割は不満である。Q12「あなたの人生にとって，次の (a)〜(e) にあげる項目はどのくらい重要ですか」という質問で，(a)「社会的に成功する」を見ると，「とても重要」20.0%，「やや重要」

45.5%,「あまり重要でない」27.4%,「重要でない」6.6%であり, 65%が社会的成功は重要だと考えている。

表8-1は, Q6 (d) 職業満足度およびQ12人生にとって (a)「社会的成功」への志向性と, Q30男性の自立にとって (c)「家族を養うことができる」, (a)「経済的自立」, Q29女性の自立にとって (c)「家族を養うことができる」, (a)「経済的自立」の重要度, Q19結婚相手（妻）への期待として (e)「働いて家計を助けること」の期待度を見たクロス表である。職業満足度が「とても不満」の場合, 男性の「家族を養うことができる」「経済的自立」が「とても重要」がもっとも高くなっている。また, 人生にとって「社会的成功」が「とても重要」と回答した人ほど, 男性の自立にとって「家族を養うことができる」「経済的自立」が「とても重要」と回答している。

4.2 雇用・事業の安定度と男性の稼ぎ手役割意識の関連

Q7雇用・事業の安定度を比べると, Q30男性の自立にとって (c)「家族を養うことができる」(a)「経済的自立」, Q29女性の自立にとって (c)「家族を養うことができる」(a)「経済的自立」が重要（「とても重要」＋「やや重要」。以下同）に大きな差はなかったが, Q19妻への期待 (e)「働いて家計を助けること」は雇用・事業不安定の方が期待する傾向があり, 差が見られる（表8-2左）。雇用・事業不安定の場合「期待する」は57.0%（「非常に期待する」6.5%,「ある程度期待する」50.5%）であるが, 安定では,「期待する」は67.5%（「非常に期待する」15.5%,「ある程度期待する」52.0%）である。

4.3 転職・離職経験と男性の稼ぎ手役割意識の関連

Q8 3年以内の転職・離職経験を比べると, Q30男性の自立にとって (c)「家族を養うことができる」(a)「経済的自立」, Q29女性の自立にとって (a)「経済的自立」の重要さや, Q19妻への期待 (e)「働いて家計を助けること」はほぼ同じであったが, 女性の自立にとって (c)「家族を養うことができる」は転職・離職経験有の方が, ない方より高かった（表8-2右）。転職・離職経験有の場合, 妻への期待 (e)「働いて家計を助けること」を「期待する」71.6%（「非常に期待する」＋「ある程度期待する」）であるが, Q7雇用・事業安定で

第8章　雇用不安定化のなかの男性の稼ぎ手役割意識

表 8-1　職業満足度・社会的成功志向と男性の稼ぎ手役割意識の関連

Q30(c)　男性の自立「家族を養うことができる」　　Q30(a)　男性の自立「経済的自立」
Q29(c)　女性の自立「家族を養うことができる」　　Q29(a)　女性の自立「経済的自立」
Q19(e)　結婚相手（妻）への期待「働いて家計を助けること」

%	Q6(d) 職業満足度 総合的				Q12(a) 社会的成功			
	とても満足	やや満足	やや不満	とても不満	とても重要	やや重要	あまり重要でない	重要でない
Q30(c) とても重要	78.7	71.9	79.5	85.7	91.5	71.6	71.0	73.3
Q30(a) とても重要	85.1	79.8	80.3	85.7	94.5	77.3	75.7	80.0
Q29(c) とても重要	25.5	13.5	15.4	21.4	24.2	10.9	14.3	22.2
Q29(a) とても重要	34.0	26.7	27.4	33.3	35.8	24.7	25.7	35.6
Q19(e) 非常に期待	12.8	7.6	8.9	14.3	12.1	6.3	7.6	22.2

表 8-2　雇用・事業の安定度，転職・離職経験と男性の稼ぎ手役割意識の関連

%	Q7 雇用・事業			Q8 3年以内の転職・離職経験		
	安定	不安定	χ^2	ある	ない	χ^2
Q30(c) 重要	97.9	97.5		97.8	97.8	
Q30(a) 重要	99.1	99.5		99.3	99.1	
Q29(c) 重要	60.0	64.0		71.6	59.2	**
Q29(a) 重要	74.9	78.0		79.1	75.3	
Q19(e) 期待	57.0	67.5	**	64.4	58.6	

χ^2 検定　***$p<.001$　**$p<.01$　*$p<.05$　+$p<.10$

表 8-3　雇用・事業の安定度，社会的成功志向，転職・離職経験と男性の稼ぎ手役割意識の関連

	Q12(a) 社会的成功 重要			Q12(a) 社会的成功 重要でない			Q12(a) 社会的成功 重要			Q12(a) 社会的成功 重要でない		
	Q7 雇用・事業			Q7			Q8 3年以内の転職・離職経験			Q8		
%	安定	不安定	χ^2	安定	不安定	χ^2	ある	ない	χ^2	ある	ない	χ^2
Q30(c) 重要	98.7	98.6		96.2	95.2		98.9	98.5		95.2	96.2	
Q30(a) 重要	100.0	100.0		97.8	98.4		98.9	100.0		100.0	97.6	
Q29(c) 重要	63.0	63.8		53.5	64.5		73.9	61.2	*	66.7	54.5	
Q29(a) 重要	77.4	79.7		69.2	74.2		78.3	78.3		81.0	68.7	
Q19(e) 期待	56.1	69.6	**	59.5	62.9		59.8	59.6		74.4	56.7	*

χ^2 検定　***$p<.001$　**$p<.01$　*$p<.05$　+$p<.10$

は,「期待する」57.0%(「非常に期待する」15.4%+「ある程度期待する」51.7%)である。

4.4 社会的成功志向,雇用・事業の安定度,転職・離職経験と男性の稼ぎ手役割意識の関連

次に,社会的成功志向ごとに,雇用・事業の安定・不安定,転職・離職経験と男性の稼ぎ手役割意識を見てみたい(表8-3)。

まず,Q12 人生にとって(a)「社会的に成功する」ことが「重要」である男性を見ると,Q7雇用・事業の安定度によって,Q19妻への期待(e)「働いて家計を助ける」意識が異なっている。雇用・事業が安定している場合,妻が「働いて家計を助けること」を「期待する」は56.1%であるが,不安定では69.6%である。

一方,人生にとって社会的成功を「重要でない」(「あまり重要でない」+「重要でない」。以下同)男性を見ると,Q8 3年以内の転職・離職経験の有無によって,同様の結果が出ている。社会的成功を「重要でない」と考え,3年以内に転職・離職している場合,妻が「働いて家計を助けること」を「期待する」は74.4%,「期待しない」(「あまり期待しない」+「まったく期待しない」)は56.7%である。

また,社会的成功を「重要」と考え,転職・離職経験有の場合,Q29女性の自立にとって(c)「家族を養うことができる」ことが「重要」であるのは73.9%,経験無では,62.1%と差がある。

4.5 社会的成功志向,雇用・事業の安定度,転職・離職経験とジェンダー意識の関連

表8-4は社会的成功志向ごとに,雇用・事業の安定・不安定,転職・離職経験と男性のジェンダー意識を見たものである。

Q12 人生にとって(a)「社会的に成功する」ことが「重要」である男性を見ると,Q7 雇用・事業の安定度で差が出ているのは,ジェンダー意識のうちQ13(c)「女性がいれたお茶はやはりおいしい」Q14(b)「家庭のこまごました管理は女性でなくてはと思う」Q14(c)「女性には最終的に自分の考えに従

第8章 雇用不安定化のなかの男性の稼ぎ手役割意識

表8-4 社会的成功志向,雇用・事業の安定度,転職・離職経験と男性のジェンダー意識の関連

Q13, 14 ジェンダー意識 「そう思う」+「どちらかというとそう思う」の合計
Q13(a) 男性は看護や保育などの職業には向いていない
Q13(b) 男が最終的に頼りにできるのはやはり男である
Q13(c) 女性がいれたお茶はやはりおいしい
Q13(d) 男性は女性に比べて自由に生き方を決められる
Q13(e) 女性が男性より昇進が遅いのは仕方ない
Q13(f) 男らしくないと,女性にはもてないと思う
Q14(a) 妻の収入が夫より多いのは,男として不甲斐ない
Q14(b) 家庭のこまごました管理は女性でなくてはと思う
Q14(c) 女性には最終的に自分の考えに従って欲しい
Q14(d) 人前では,妻は夫をたてるべきだ
Q14(e) 夫は外で働き,妻は家を守るべきである
Q14(f) 夫は妻子を養えなくなったら,離婚されても仕方がない

ジェンダー意識 %	Q12(a) 社会的成功 重要			Q12(a) 社会的成功 重要でない			Q12(a) 社会的成功 重要			Q12(a) 社会的成功 重要でない		
	Q7 雇用・事業			Q7			Q8 3年以内の転職・離職経験			Q8		
	安定	不安定	χ^2	安定	不安定	χ^2	ある	ない	χ^2	ある	ない	χ^2
Q13(a)	33.6	28.8		27.4	30.6		29.3	32.6		7.0	31.8	**
Q13(b)	28.8	26.6		25.8	16.1		29.3	28.0		23.3	23.2	
Q13(c)	60.4	48.2	*	50.0	45.2		45.7	59.5	*	46.5	48.8	
Q13(d)	38.3	33.1		32.3	27.4		33.7	37.0		16.3	33.6	*
Q13(e)	32.7	32.4		28.1	17.7		26.4	33.9		7.0	29.5	**
Q13(f)	51.6	48.9		38.4	35.5		45.7	51.4		23.3	41.0	*
Q14(a)	57.9	64.7		37.6	43.5		58.7	60.2		30.2	40.8	
Q14(b)	61.7	51.8	*	45.7	56.5		52.2	60.0		39.5	49.3	
Q14(c)	59.4	49.6	*	48.4	41.9		54.3	57.8		37.2	47.9	
Q14(d)	73.4	78.4		64.0	62.9		71.7	75.0		55.8	64.9	
Q14(e)	48.7	41.0		34.8	35.5		46.7	46.1		30.2	36.4	
Q14(f)	51.6	51.8		46.8	46.8		51.6	51.1		46.5	46.0	

χ^2 検定 *** $p<.001$ ** $p<.01$ * $p<.05$ + $p<.10$

って欲しい」の項目で，雇用・事業不安定より安定の方が肯定する傾向が強い。

また，人生にとって「社会的に成功する」ことが「重要でない」男性を見ると，Q13（e）「女性が男性より昇進が遅いのは仕方ない」では雇用・事業安定の方が，Q14（b）「家庭のこまごました管理は女性でなくてはと思う」では，不安定の方が肯定している。

さらに，社会的成功が重要でなく，転職・離職経験有の男性の方が，ない方に比べて，ジェンダー意識が弱い。Q13（a）「男性は看護や保育などの職業には向いていない」，（d）「男性は女性に比べて自由に生き方を決められる」，（e）「女性が男性より昇進が遅いのは仕方ない」，（f）「男らしくないと，女性にはもてないと思う」，Q14（a）「妻の収入が夫より多いのは，男として不甲斐ない」，（c）「女性には最終的に自分の考えに従って欲しい」への賛成（「そう思う」+「どちらかといえば，そう思う」）を見ると，社会的成功が重要でなく，かつ転職・離職経験有の男性は，社会的成功が「重要」，あるいは社会的成功は「重要でない」が転職・離職経験無の男性に比べて，顕著に割合が低い（表8-4下線）。

5 男性の稼ぎ手役割意識に何が影響を与えているか
――複数の要因の検討

どのような男性が，強固な稼ぎ手役割意識をもつのか。すなわち，男性の自立，女性の自立にとって「家族を養うことができる」「経済的に自立している」をより重要と思うのか，「働いて家計を助けること」を妻により期待するのか，「ジェンダー意識」がより強いかを検討するため，Q31年齢，Q5年収，Q8転職・離職経験，Q7雇用・事業の安定度，Q12（a）人生にとって社会的成功の重要度，Q32学歴，Q3職業，Q6職業満足度，を説明変数として重回帰分析を行った（**表8-5，8-6**）。

まず，Q30男性の自立にとって（c）「家族を養うことができる」ことは，Q12人生にとって（a）「社会的成功」が重要である男性ほど，専門技術職に比べて管理職の方が重要と考えている。また，職業満足度の低い方が「家族を養うことができる」ことを重要と考えている。

次にQ30男性の自立にとって（a）「経済的自立」は，社会的成功が重要である男性ほど，中学・高校卒に比べて大学・大学院卒の方が重要と考えている。一方で，転職・離職経験や雇用・事業の安定度は影響が見られなかった。

Q13, 14 ジェンダー意識では，転職・離職経験有の男性ほどジェンダー意識は弱い。職業では，管理職，事務職は専門技術職に比べてジェンダー意識が強い。また，社会的成功を重要と思う男性ほど，ジェンダー意識は強かった。

さらに，男性がQ29女性の自立にとって重要と思うことを見てみたい（**表8-6**）。(c)「家族を養うことができる」は，転職・離職経験有の男性ほど重要と考えている。(a)「経済的に自立している」も，転職・離職経験有の男性ほど重要と考えている。Q19妻への期待（e）「働いて家計を助けること」は，雇用・事業が不安定で，年齢が高いほど期待する傾向があった。

6 考　察

6.1　男性の稼ぎ手役割意識はなぜ強固なのか

現在稼ぎ手役割を担っている既婚男性を対象に，雇用不安定化や転職・離職経験が男性意識，特に稼ぎ手役割意識にどのように影響を与えるかを見てきた。雇用が不安定であること，転職・離職経験は，男性自身の稼ぎ手役割意識（家族を養うこと）には影響を与えていない。一方で，転職・離職経験のある男性ほど，女性が家族を養うことができ，経済的に自立していることを重要と考え，雇用・事業が不安定な男性ほど，妻が働いて家計を助けることは重要と考えていることが明らかになった。つまり，男性にとって雇用・事業の不安定化や転職・離職経験は，稼ぎ手役割意識を変化させるものではなく，あくまで自分自身が稼ぎ手の遂行者であるとの考えは変わらない。

ここから浮かび上がるのは，男性の稼ぎ手役割意識の非常な強固さである。「家族を養うことができる」を97.5%が重要と回答し，雇用・事業の安定度，転職・離職の有無は男性が「家族を養うことができる」意識に影響を与えていない。雇用が不安定であろうと，転職・離職の経験があろうと，稼ぎ手役割を重要だと考えている。一方で，実際に雇用・事業が不安定化したり，転職・離職せざるをえない状況が生じており，その状況を踏まえて，あくまで自分が稼

表8-5 男性の稼ぎ手役割意識・ジェンダー意識への影響要因

重回帰分析		Q30(c)男性の自立「家族を養うことができる」		Q30(a)男性の自立「経済的自立」		Q13, 14 ジェンダー意識	
		B	β	B	β	B	β
Q31 年齢		-0.002	-0.021	0.000	0.000	-0.003	-0.002
Q5 年収（中央値換算）		0.000	-0.009	0.000	0.025	-0.002	-0.058
Q8 転職・離職経験（あり　ダミー）		0.030	0.021	0.058	0.049	-1.796	-0.091 *
Q7 雇用・事業の安定度（不安定 ダミー）		0.028	0.024	0.053	0.053	-0.948	-0.058
Q12(a) 社会的成功（とても重要=4〜重要でない=1）		0.098	0.158 ***	0.076	0.144 ***	1.903	0.218 ***
Q32 学歴（基準：中学・高校）	専門・短大・国立高専	-0.013	-0.010	-0.065	-0.057	0.731	0.039
	大学・大学院	-0.078	-0.078 +	-0.097	-0.112 *	-0.296	-0.021
Q3 職業（基準：専門・技術）	管理職	0.197	0.139 **	0.087	0.072	2.527	0.126 **
	事務職	0.032	0.030	-0.058	-0.063	2.147	0.141 **
	販売・サービス職	0.016	0.012	-0.094	-0.079	1.468	0.074
	保安・農林・運輸・通信・生産・労務職	0.096	0.079	-0.065	-0.062	2.413	0.141 *
Q6 職業満足度（とても満足=4〜とても不満=1）		-0.061	-0.081 *	0.000	-0.001	0.019	0.002
定数		3.663	***	3.632	***	22.276	***
(n)		(749)		(744)		(741)	
調整済 R^2		0.035		0.026		0.061	
分散分析	F値(d.f.=12)	3.246		2.645		5.031	
	有意確率 p.<	0.000		0.002		0.000	

χ^2検定　***$p.<.001$　**$p.<.01$　*$p.<.05$　+$p.<.10$

第 8 章　雇用不安定化のなかの男性の稼ぎ手役割意識

表 8-6　女性の稼ぎ手役割についての男性意識への影響要因

重回帰分析		Q29(c) 女性の自立「家族を養うことができる」		Q29(a) 女性の自立「経済的自立」		Q19(e) 妻への期待「働いて家計を助ける」	
		B	β	B	β	B	β
Q31 年齢		-0.001	-0.012	0.002	0.017	0.015	**0.130** **
Q5 年収（中央値換算）		0.000	0.080 +	0.000	0.023	0.000	-0.067
Q8 転職・離職経験（あり　ダミー）		0.217	**0.104** **	0.174	**0.083** *	0.083	0.041
Q7 雇用・事業の安定度（不安定　ダミー）		0.044	0.025	0.081	0.046	0.197	**0.116** **
Q12(a) 社会的成功（とても重要 =4 〜重要でない =1）		0.023	0.025	0.063	0.068 +	-0.019	-0.021
Q32 学歴（基準：中学・高校）	専門・短大・国立高専	0.107	0.053	-0.002	-0.001	0.128	0.065
	大学・大学院	-0.007	-0.005	0.028	0.019	0.021	0.014
Q3 職業（基準：専門・技術）	管理職	0.113	0.053	-0.021	-0.010	0.022	0.011
	事務職	0.163	0.101 +	-0.140	-0.087	0.023	0.015
	販売・サービス職	0.125	0.059	-0.137	-0.065	0.016	0.008
	保安・農林・運輸・通信・生産・労務職	0.206	**0.113** *	-0.118	-0.065	-0.013	-0.007
Q6 職業満足度（とても満足 =4 〜とても不満 =1）		0.011	0.009	-0.005	-0.005	0.002	0.001
定数		2.351	***	2.761	***	2.110	***
(n)		(747)		(749)		(744)	
調整済 R^2		0.006		0.005		0.026	
分散分析	F 値 (d.f.=12)	1.356		1.306		2.645	
	有意確率 p.<	0.182		0.210		0.002	

χ^2 検定　***$p.< .001$　**$p.< .01$　*$p.< .05$　+ $p.< .10$

ぎ手だが，女性が「家族を養うことができる」「経済的に自立している」ことを重要と考えたり，妻が「働いて家計を助けること」を期待しているのである。本章の出発点は雇用・事業が不安定，または転職・離職の経験がある場合，男性が「家族を養うことができる」ことを重要とは思わなくなるのではないか，との問題意識であった。しかし，そうではなかった。男性の稼ぎ手役割意識はもっとも中核にあり，転職・離職経験によってジェンダー意識が弱まっても，雇用・事業の不安定や転職・離職経験で女性に対する考えや期待が変わっても，男性の稼ぎ手役割意識は変わっていない。

　この強固さはいったいどこからくるのだろうか。男性は「家族を養うことができる」を，社会的成功への志向性が強いほど，また職業満足度が低いほど，専門技術職に比べて管理職の方が重要と考えていた。社会的成功への志向性が強いほど重要，専門技術職に比べて管理職の方が重要と考えるのは，山嵜が指摘した点と重なる。

　山嵜は会社中心主義の度合や忠誠度が高く，「家族の生活より仕事を優先し，昇進をめざす」という生き方を望ましいと思い，実際にそのような生き方をしている男性たちに性別役割分業意識を肯定する傾向があることを指摘しているが，本調査で明らかになったように社会的成功への志向性が強く，管理職である方が稼ぎ手役割意識が強いということは，山嵜のいう「家族の生活より仕事を優先」という点までは特定できないが，「社会的成功」や「昇進」をめざして，実際に実現している方が，稼ぎ手役割意識が強いといえる。つまり，そうした生き方をめざしていくなかで，男性の稼ぎ手役割意識は弱まることはなく，強化されていく可能性が示唆されよう。

　約40年前，リーボーは下層階級の男性が家族を捨ててしまうのはなぜかという問いに，「男には家族が一定の水準で暮らせるようにする責任」があるが，下層階級の男性は，その責任を果たせるだけの収入を得られず挫折感を味わうことになり，この挫折感から逃れるために物理的にも感情的にも家族から離れていく，と指摘した（Liebow, 1967）[1]。日本の男性は，同じように稼ぎ手役割規範は強固であるが，責任をまったく果たせない状況にはなっておらず，雇用が不安定であること，転職・離職経験は，男性自身の稼ぎ手役割意識のうち「家族を養うことができる」要素には影響を与えず，あくまで自分自身が稼ぎ

第8章　雇用不安定化のなかの男性の稼ぎ手役割意識

手の遂行者であることは変わらないが，女性に対する意識に変化が生じていた。男性が「おりずに」「社会的成功」や「昇進」をめざしていくなかで，男性の稼ぎ手役割意識は弱まることはなく，強化されていく。そして，そうした男性を支えているのが「家族を養うことができる」意識ではないだろうか。

6.2 「おりずにがんばる」から「普通に暮らせる」へ

　一方，職業満足度の低い方が，男性の稼ぎ手役割意識はより強かった。これはどのように考えられるだろうか。職業満足度が低いということは，職場，仕事，給与などのあり方に不満があるわけだが，そのなかで折り合いをつけてやっていかなくてはならない。「もうこんな仕事やってられない」と思っても，仕事を辞められない状況にいるわけである。そのときに支えになるのが，「家族を養うことができる」という稼ぎ手役割意識なのではないか。

　また，稼ぎ手役割を遂行できない経験は稼ぎ手役割意識を弱めるのではないかという点は，今回の調査では影響を及ぼしていなかったことがわかった。逆に，インタビュー調査からは「稼ぎ手役割」を遂行できなかった経験によって，稼ぎ手役割意識がより強く出てくる点が示唆された。たとえば，離職経験のある40代の男性はインタビューの際に「自分が会社を辞めるとき，妻の収入のことは全く考えなかった。会社を辞めるが自分が家族の生活には全責任をもつという気持ちがあった」と語っている。

　日本の労働市場のあり方から，現実に妻に「稼ぎ手役割」を期待しても，妻がそのような仕事についている・もしくはつける可能性は低く，妻からも「夫は収入を得る責任をもつべきだ」と期待されているなか，自分は「おりずにがんばり」稼がざるをえない状況がある。その結果として，稼ぎ手役割意識を強固に保持しつつ，転職・離職経験があるほど，女性が「家族を養うことができる」「経済的に自立している」を重要と思い，雇用が不安定であるほど，妻が「働いて家計を助けること」を期待すると考えられる。

　これらから見えてくるのが，「おりられない」男性の状況である。「おりる」というのは「もうこの辺でいいからぽちぽちいこう」と考え，特に社会的成功や昇進をめざさないことである。男性は，雇用が不安定であろうが，転職・離職しようが，仕事に不満があろうが，おりられない。逆にこれらが「おりずに

表 8-7 社会的成功，雇用の安定度とストレス感の関連

Q11 ストレス感 「よくある」+「ときどき ある」　　　　　%	Q12(a) 社会的成功　重要			Q12(a) 重要でない		
	Q7 雇用・事業			Q7		
	安定	不安定	χ^2	安定	不安定	χ^2
Q11（b）経済的ゆとり	40.9	58.0	**	39.5	50.0	
Q11（c）家族との関係	14.6	29.0	**	11.9	14.8	
Q11（d）仕事・職場	22.1	48.6	**	25.9	35.5	

χ^2 検定　***$p<.001$　**$p<.01$　*$p<.05$　+$p<.10$

やっていく」意識を強め，「稼ぎ手役割」を「がんばって果たさなければならない」状況を生み出しているのではないか。

近年,「格差社会」「勝ち組，負け組」という言葉がよく聞かれるようになった。雇用不安定化や，転職・離職経験という状況があるからこそ，男性たちは「おりたら負け組になってしまう」,「おりずにがんばってやっと普通の暮らし」と思わざるをえない「きつさ」があるのではないか。たとえば，社会的成功志向が強く，雇用不安定の場合，Q11 日頃の意識として（b）「経済的なゆとりがない」(c)「家族との関係がうまくいかない」(d)「仕事・職場がうまくいかない」と感じるという結果が出ている。

一方で，ジェンダー意識については，社会的成功が重要でなく，かつ転職・離職経験有の男性は，ジェンダー意識が弱いことが明らかになった（**表 8-7 参照**）。つまり，「おりて」いて転職・離職経験のある男性はその他の男性に比べて，稼ぎ手役割意識は変わらないが，ジェンダー意識は柔軟である。ここに今後の日本における男性のジェンダー意識，稼ぎ手役割意識を考えるヒントがあると考えられる。「おりて」かつ転職・離職という職業的に弱い立場におかれたことが，女性の労働市場への理解，男らしさへのとらわれから自由になることにつながったと考えられる。

この状況をより一般化すると，男性が「おりずに」稼がざるをえない社会から，人々がとりたてて「おりる」ことなしに，「おりた」時のような心持で普通に暮らせる社会への転換が必要であろう。また，本当のジェンダー平等のためには，女性も「家族の生活を支える責任は夫にある」とせず，労働市場において不利な条件はあるが収入を得て，夫がおりられずにいる状況を変えていく

ことは重要であろう。

注
(1) リーボーの指摘を認知的不協和と合理的選択の理論に基づく2段階意思決定の数理モデルにしたのは，モントゴメリー（Montogomery, 1994）である。

参考文献
天野正子編，2001，『団塊世代・新論』有信堂．
独立行政法人日本労働研究研修機構（現・労働政策研究・研究機構），2002「事業再構築と雇用に関する調査」ニュースリリース（報道発表資料），2002年6月17日発表（http://www.jil.go.jp/press/koyo/020617.html）．
家計経済研究所編，2000，『現代核家族の風景』大蔵省印刷局．
Liebow, E., 1967, *Tally's Corner*, Boston: Little, Brown and Company.
目黒依子編，2005，『男性のケア意識・職業意識がジェンダー秩序の流動化に与える影響に関する実証的研究　平成15-16年度科学研究費助成金（基盤研究（B）(1)）研究成果報告書』．
三隅二不二・矢守克也，1993，「日本人の勤労価値観」『組織科学』Vol. 26, No. 4: 83-96.
Montogomery, J., 1994, "Revisiting Tally's Corner: Mainstream Norms, Cognitive Dissonance, and Underclass Behavior," *Rationality and Society*, 6(4): 462-88.
NHK放送文化研究所編，2004，『現代日本人の意識構造』日本放送出版協会．
小倉一哉，2007，『エンドレス・ワーカーズ——働き好き日本人の実像』日本経済新聞出版社．
連合総合生活開発研究所，2001，『少子化社会における勤労者の仕事観・家族観に関する調査研究』委託研究調査報告書．
総務省，2006，『家計調査年報』．
谷内篤博，2007，『働く意味とキャリア形成』勁草書房．
山嵜哲哉，2001，「団塊男性のジェンダー意識—変わるタテマエ，変わらぬ本音」天野正子編『団塊世代・新論』有信堂．

第9章 夫たちの「夫婦関係に関する意識」
―― 妻の就労と夫の経済力が及ぼす影響

島　直子

1　はじめに

　日本では年金制度や税制などの政策を通じて，性別役割分業を基盤とする家族システムが強固に維持されてきたことが指摘されている。しかしその一方で，「女は家庭」という価値観は崩れつつあるともいわれる。家庭に支障がない範囲に限定されがちではあるものの，結婚後も女性がなんらかの仕事につくことは一般的であり，政治活動や市民活動などに携わる女性も多々見受けられるのである。そして多くの計量研究によって，妻が働いている夫は女性の就労や男性の家事・育児分担をより支持する傾向にあることが明らかにされてきた。
　しかしその一方で，夫婦関係について質的研究が進む欧米では，妻の就労が夫の性別役割分業意識に及ぼす影響は夫の経済力によって異なることが指摘されている。そして Zuo と Tang はその一因として，経済力が低い夫にとって妻の就労は「脅威」であり，彼らは妻が就労すると，むしろ性別役割分業規範に固執することになると論じている（Zuo & Tang, 2000）。そこで本章では，今回の調査のQ14夫婦や家族のありかたに関する考え方への回答から，妻の就労が夫の「夫婦関係に関する意識」に及ぼす影響について，夫の経済力による差が見られるか検証を試みる。これによって，本書全体のテーマである「雇用不安が男性のジェンダー意識に及ぼす影響」について考察を深めたい。

2 先行研究の検討——男性の性別役割分業意識に影響を及ぼす要因

2.1 妻の就労

　これまでに行われた多くの計量研究によって，妻が働いている夫は，妻が無職である夫と比較して女性の就労や男性の家事・育児分担を支持する傾向にあることが明らかにされてきた（Cassidy & Warren, 1996；Coltrane, 1996；Ferber, 1982；Mason & Lu, 1988；白波瀬，2005；Smith, 1985；Wilkie, 1993；山嵜，1998；Zuo, 1997）。しかし興味深い知見として，夫婦の勢力関係やジェンダー意識について質的研究が進む欧米では，妻の就労が夫の性別役割分業意識に及ぼす影響は，夫の経済力によって異なることが指摘されている。経済力が比較的低い夫においては，妻の就労によってむしろ伝統的な性役割意識が強化される事例が報告されているのである。そして Zuo と Tang はそれらの知見をもとに，経済力が低い夫にとって妻の就労は「脅威」であるとする「脅威仮説」を提示している（Zuo & Tang, 2000）。

　妻の就労は，夫が家庭生活に必要な収入を十分に得ていないことの象徴といえる。また妻が収入を得ると，夫に対するパワーが高まることが知られている。ゆえに夫にとって妻の就労は，夫優位のジェンダー秩序を脅かし「男としてのプライド」を傷つける「脅威」といえる（Mirowsky, 1987）。ただし妻の就労にこのような「脅威」を見出すのは，おもに経済力が比較的低い夫であることが報告されている。

　たとえば労働者階級の夫婦を対象として行われたインタビュー調査によると，労働者階級の夫は収入が低いため「稼ぎ手」としての地位とパワーを維持することがより困難であり，職場での地位が低く権威を行使しうる場が家庭に限られがちである。そのため妻が就労することで「男」としてのアイデンティティを喪失したり，妻のパワーが高まったりすることに対して不満をもちやすい。そこで労働者階級の夫婦は，妻の就労によって失われる夫のプライドと権威を維持するための戦略として，男性優位のジェンダー秩序を強化するような行動を選択することになる。具体的には妻の就労はあくまで家計補助にすぎないことを内外に示したり，「女の仕事」をすることで夫のアイデンティティがさらに

脅かされないよう妻が家事・育児を一手に担ったり、夫の自尊心を高めるべく妻はより従順にふるまう、といった夫婦関係が展開されるのである（Hochschild, 1989＝1990；Komarovsky, 1962；Rosen, 1987；Rubin, 1976）。

これらは欧米における質的研究の成果であるが、2001年に日本で行われた日本版総合的社会調査データ（JGSS-2001）を用いた筆者の計量研究では、妻が常勤雇用者である夫が性別役割分業を否定する傾向は、「年収が低い」「この2～3年で経済状態が悪化した」「今後1年間に失業する可能性がある」といった経済力が低い夫において、比較的ゆるやかであることを報告している（島、2010）。また2003年第2回、2008年第3回全国家族調査（NFRJ03, NFRJ08, 日本家族社会学会）データを用いた分析では、妻の家計貢献度が50％以上のグループでは、社会経済的地位の低い夫は高い夫ほど性別役割分業を否定しないことが示された（島、2011）。こうした知見から日本においても、夫の経済力によって、妻の就労が夫の性別役割分業意識に及ぼす影響は異なることが推測される。

以上のような議論から、夫の「稼ぎ手」としての地位の安定度によって妻の就労が夫の性別役割分業意識に及ぼす影響は異なることが考えられるが、Zuoらはそのメカニズムについて検証する際、「夫婦の総収入に占める夫もしくは妻の収入割合（＝夫もしくは妻の家計分担度）」を指標に用いる必要があると述べる。なぜなら妻の就労が「脅威」となるのは単に妻が高い収入を得るからではなく、それによって夫の家計分担度が低下し、「稼ぎ手」としての地位やプライドが脅かされるためと推測される。ゆえに「夫もしくは妻が得る所得額」によって夫の稼ぎ手としての地位を測定するのでは不十分であり、「夫もしくは妻の家計分担度」を指標に用いることで、夫の稼ぎ手としての地位の上昇もしくは低下を、妻のそれと関連づけて考察する必要があるだろう。（Zuo, 1997；Zuo & Tang, 2000）。

2.2 その他の影響要因

なおこれまでの研究によると、妻の就労に加え、以下の要因も男性の性別役割分業意識に影響を及ぼす。第一に、「年齢」が高い男性ほど、性別役割分業を支持する傾向にある（東・鈴木、1991；Powell & Steelman, 1982；白波瀬、

2005；Ulbrich, 1988；Wilkie, 1993；Willinger, 1993；Zuo, 1997)。第二に,「学歴」が低い男性ほど,性別役割分業を支持する傾向にある(東・鈴木, 1991；Ferber, 1982；Powell & Steelman, 1982；Mason & Lu, 1988；Wilkie, 1993；Zuo, 1997)。第三に,「職種」も男性の性別役割分業意識に影響を及ぼす。ホワイトカラー職に従事する中流階級の男性は性別役割分業に否定的であるのに対し (Connell, 1995；Hochschild, 1989 = 1990),イギリスの労働者階級を対象とした研究によると,重筋作業現場では攻撃的な男らしさを尊ぶ文化が浸透しており,体力的に過酷な課業をやりとげることから生まれる自負が「男らしさ」規範や性別役割分業規範を強化することが報告されている (Willis, 1977 = 1985)。また日本においても,ブルーカラー層では「男は仕事,女は家庭」という考え方について否定派が少なく,肯定派がやや多いことが見出されている (山嵜, 1998)。

3 分析方法と分析結果

3.1 分析手法と分析対象

はじめに「夫の夫婦関係に関する意識」を従属変数,「妻の家計分担度」を独立変数,「夫の夫婦関係に関する意識」に影響を及ぼすと考えられる「夫の年齢」「夫の学歴」「夫の職業」「子どもの有無」をコントロール変数とする重回帰分析を行う。次に,「妻の家計分担度」との交互作用効果が予想される「夫の経済力」変数を投入する。最後に,「妻の家計分担度」と「夫の経済力」の交互作用項を投入する。

分析対象は,Q1 就業状態を「現在仕事を持っている」,かつ,Q35 既婚「結婚している（パートナーがいる）」と答えた 915 人である。

3.2 分析に使用した変数

夫の年齢は,Q31 年齢を用い,夫の学歴は Q32 最後に卒業した学校を教育年数に変換した。夫の職種は,Q3 職業を「自由業」「専門技術職」=1 とする「専門職ダミー」に変換した。子どもの有無は,Q34 子どもの有無を「いる」=1 とする「子ども有ダミー」に変換した。妻の家計分担度は,妻の年収／妻

の年収＋夫の年収として算出した。その際にはQ35-4結婚相手（パートナー）の年収，Q5男性本人の年収ともに，「なし」＝0,「1,000万円以上」＝1,150，その他のカテゴリーには各カテゴリーの理論的中央値を与えた。

　夫の経済力は，性別役割分業の否定との関連について先の知見（島，2010）に基づき，現在の経済力，過去から現在にかけての経済力の変化，今後の経済力の見通しという3時点について検討する。現在の経済力は，Q5年収を用いた。前述したとおり，「なし」＝0,「1,000万円以上」＝1,150，その他のカテゴリーには各カテゴリーの理論的中央値を与えた。過去から現在にかけての経済力の変化は，Q9 3年間の収入変化を「かなり減った」「やや減った」＝1とする「収入減少ダミー」に変換した（分析対象が有職者に限定されているため，「収入はない」はなかった）。今後の経済力の見通しについては，Q10今後の収入見通しを「減っていく」＝1とする「収入減少予想ダミー」に変換した。

　夫の夫婦関係に関する意識は，Q14（a）〜（f）夫婦や家族のありかたに関する考え方を用いて主成分分析による尺度化を行った。役割配分や勢力配分に格差があるような夫婦関係を支持する人ほど高得点となるよう，「そう思う」「どちらかといえば，そう思う」「どちらかといえば，そう思わない」「そう思わない」という選択肢に対して，順に4〜1点を与えた。主成分分析の結果，固有値3.022，寄与率50.37％という顕著な成分が1つ抽出された。他の成分は固有値が1に満たなかった。そこでこの主成分得点を「夫の夫婦関係に関する意識」の尺度として用いる。

3.3　分析対象者の特徴

　分析対象者の特徴について確認したところ，次のような結果が得られた。

　Q31年齢は20代（25〜29歳）が1割弱であり，残りを30代と40代がほぼ同じ割合で占めている。Q32学歴は過半数が大学・大学院卒であり，高学歴者の占める割合が高いといえる。そしてQ34子ども有は8割を占める。

　Q5年収は，300万円未満は1割にも満たず，500万円以上が6割を占めている。Q9 3年間の収入変化は，「ほぼ横ばい」が4割弱で最も多く，「増えた」（「やや増えた」＋「かなり増えた」）が3割弱，「減った」（「やや減った」＋「かなり減った」）が3割強である。Q10今後の収入見通しも「ほぼ横ばいが続く」

第9章　夫たちの「夫婦関係に関する意識」

図9-1

Q31 年齢(915)

25~29歳	30~34歳	35~39歳	40~44歳	45~49歳
7.9	20.8	24.4	24.9	22.1

Q32 学歴(912)

□中学校　■高校　▨専門学校　□短大・国立専門　▤大学・大学院　■その他

| 1.6 | 26.8 | 13.8 | 2.4 | 55.0 | 0.3 |

Q34 子どもの有無(909)

□子ども有　■子ども無

| 81.5 | 18.5 |

Q5 年収(899)

□無収入　■100万円未満　▨100~200万円未満　□200~300万円未満　▤300~400万円未満
■400~500万円未満　□500~700万円未満　■700~1000万円未満　▥1000万円以上

0.2　0.2
| 6.5 | 14.3 | 17.8 | 26.5 | 23.6 | 9.1 |
1.8

Q9 3年間の収入変化(915)

□かなり減った　■やや減った　▨ほぼ横ばい　□やや増えた　▤かなり増えた　■無収入

| 13.0 | 22.8 | 37.4 | 24.2 | 2.6 |

Q10 今後の収入見通し(913)

□増えていく　■ほぼ横ばいが続く　▨増えたり減ったりする　□減っていく

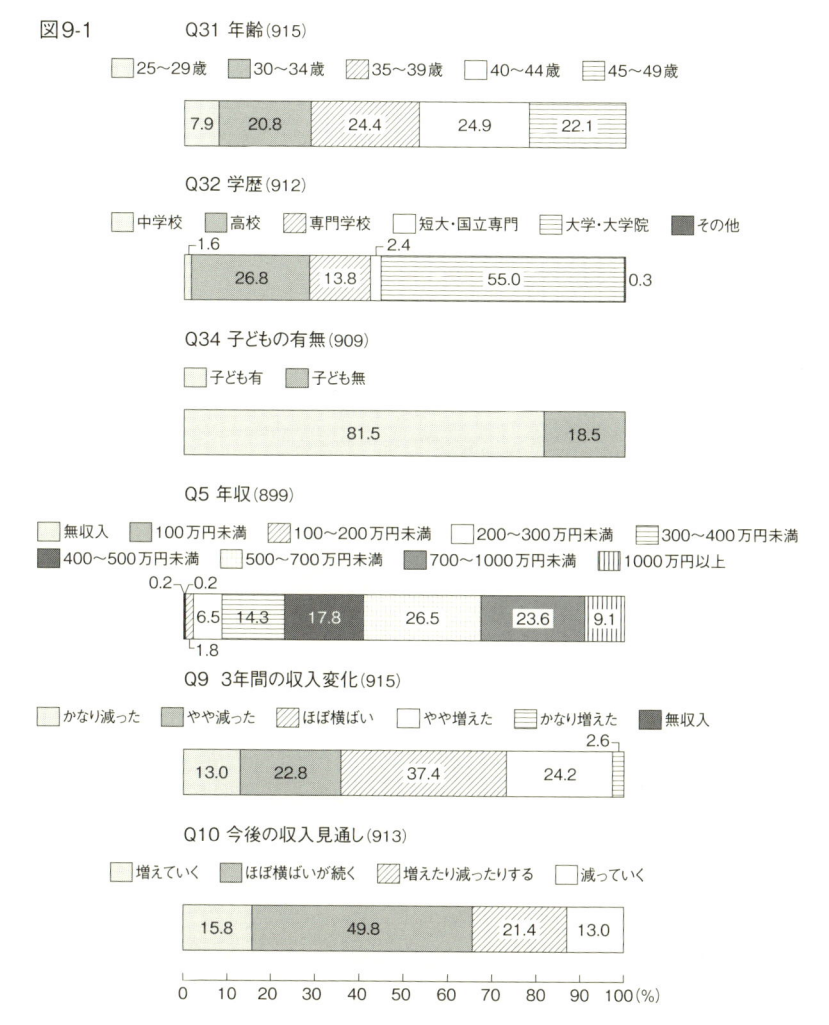

| 15.8 | 49.8 | 21.4 | 13.0 |

0　10　20　30　40　50　60　70　80　90　100(%)

との予想が最も多く，半数を占めている。次に多いのが「増えたり減ったりする」で，2割となっている（図9-1）。

Q35-4 妻の年収は，半数近くが「なし」と答えている。次に多いのが「100万円未満」で，2割を占めている。一方，妻が400万円以上の年収を得ている人は1割にすぎない。このため妻の家計分担度は全般的に低く，0％が5割を占める。妻の家計分担度が50％以上という，自分と同等以上の収入を得る妻

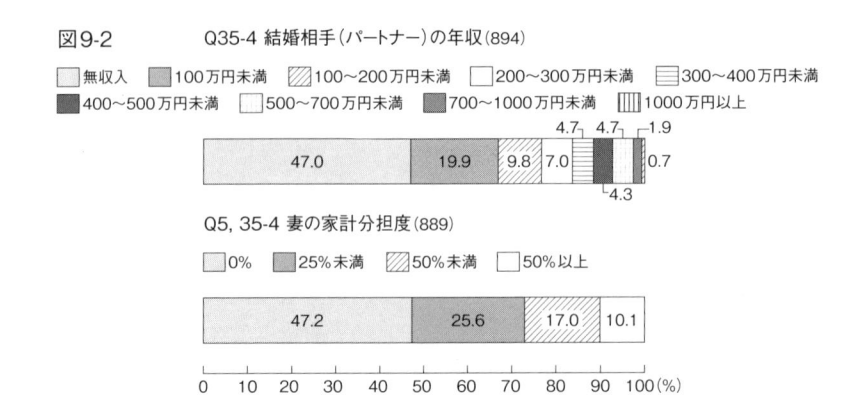

図9-2　Q35-4 結婚相手（パートナー）の年収(894)

☐無収入　■100万円未満　▨100〜200万円未満　☐200〜300万円未満　▧300〜400万円未満
■400〜500万円未満　☐500〜700万円未満　▨700〜1000万円未満　▥1000万円以上

47.0	19.9	9.8	7.0	4.7	4.7	1.9

4.3　0.7

Q5, 35-4 妻の家計分担度(889)

☐0%　■25%未満　▨50%未満　☐50%以上

47.2	25.6	17.0	10.1

0　10　20　30　40　50　60　70　80　90　100(%)

をもつ人は，1割にすぎない（図9-2）。

3.4　分析結果

重回帰分析を使用して，Q14(a)〜(f)夫の「夫婦関係に関する意識」に影響を及ぼす要因について検証したところ，表9-1のような結果が得られた。表中のR^2値は，決定係数と呼ばれるものである。1に近いほど従属変数のより多くの部分を説明できることを意味するため，よりよいモデルと見なされる。なお，独立変数それぞれの影響力は標準化係数によって判断される。標準化係数の値が大きいほど，その変数が従属変数に与える影響が強いと判断される。−の符号は従属変数に対する効果の方向が負であることを意味し，右肩の*，**，***は，有意水準何％で統計的に有意かを示している。

モデル1〜5の結果から，専門職についている夫，妻の家計分担度が高い夫は，役割配分や勢力配分に格差があるような夫婦関係により否定的である。収入減の見通しをもつ夫も，より否定的である（ただし$p < .10$）。一方，子ども有の夫はそのような夫婦関係をより支持する。交互作用については，妻の家計分担度と夫の年収の交互作用項が有意を示した。ただしモデル1〜5のいずれも，R^2値が必ずしも高くないことに留意する必要があるだろう。

次に，有意を示した交互作用の方向について検討する（図9-3）。

妻の家計分担度と夫の年収の交互作用の方向を見るため，夫の年収を400万円未満と400万円以上に分類し，妻の家計分担度を0%，25%未満，25〜50%

第 9 章　夫たちの「夫婦関係に関する意識」

表 9-1　夫の「夫婦関係に関する意識」に影響を及ぼす要因

重回帰分析	モデル 1	モデル 2	標準化係数 モデル 3	モデル 4	モデル 5
Q31 年齢	-0.031	-0.020	-0.024	-0.022	-0.020
Q32 学歴	-0.046	-0.043	-0.053	-0.043	-0.043
Q3 専門職　ダミー	-0.114 **	-0.111 **	-0.110 **	-0.108 **	-0.108 **
Q34 子ども有　ダミー	0.080 *	0.075 *	0.077 *	0.071+	0.073 *
Q5 年収		-0.024	0.045	-0.022	-0.024
Q9 収入減少　ダミー		0.061+	0.058	0.028	0.062+
Q10 収入減少予想　ダミー		-0.067+	-0.067+	-0.068+	-0.094 *
Q35-4, Q5 妻の家計分担度	-0.154 ***	-0.159 ***	0.015	-0.196 ***	-0.174 ***
Q35-4, Q5 妻の家計分担度×年収			-0.194 **		
Q35-4, Q5, Q9 妻の家計分担度×収入減少　ダミー				0.069	
Q35-4, Q5, Q10 妻の家計分担度×収入減少予想 ダミー					0.045
(n)	(871)	(867)	(867)	(867)	(867)
R^2	0.061	0.066	0.075	0.068	0.067
調整済 R^2	0.056	0.058	0.066	0.059	0.058
F 検定	$p<.001$	$p<.001$	$p<.001$	$p<.001$	$p<.001$

+ $p<.10$　* $p<.05$　** $p<.01$　*** $p<.001$

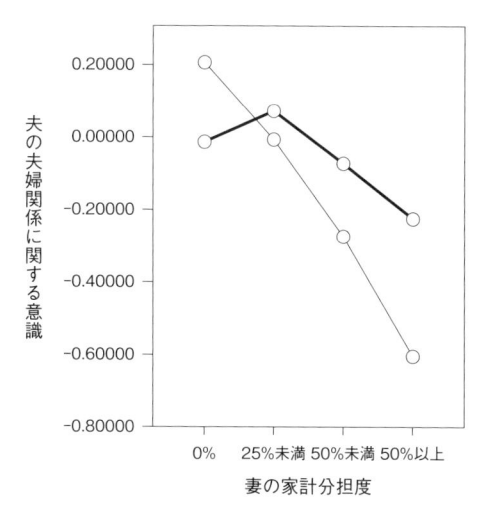

図 9-3　夫の「夫婦関係に関する意識」に対する妻の家計分担度と夫の年収の交互作用

未満，50%以上の4グループに分けて2元配置分散分析を行った。その結果，妻の家計分担度と夫の年収の交互作用は有意であった（$F=2.675$, $d.f.=3$, $p<.05$）。分散分析における平均値を見ると，妻の家計分担度が0%では，年収400万円未満の夫の方が，役割配分や勢力配分に格差があるような夫婦関係に否定的である。しかし妻の家計分担度が25%未満，25〜50%未満，50%以上のグループでは，年収400万円以上の夫の方がそのような夫婦関係を否定する。なかでも妻の家計分担度が50%以上のグループにおいて，そうした傾向がより顕著である。

4 考察と今後の課題
――夫たちの「夫婦関係に関する意識」に影響を及ぼす要因

4.1 妻の就労と夫の経済力の影響

分析の結果，夫の「夫婦関係に関する意識」に影響を及ぼす要因について次のような知見が得られた。

先行研究の知見と同様，専門職に従事する夫は，役割配分や勢力配分に格差があるような夫婦関係についてより否定的である。一方，子どもをもつ夫は，このような夫婦関係をより支持することが示された。なお先行研究と異なり，年齢と学歴については有意な効果は見出せなかった。

そして今回の分析の焦点である，妻の就労と夫の経済力の影響については次のような結果が得られた。

第一に夫の経済力の主効果については，今後は収入が減っていくと見通している夫の方が，役割配分や勢力配分に格差があるような夫婦関係に否定的であることが示された（ただし$p<.10$）。一方，「現在の年収」と「ここ3年のうちに収入が減った」ことは有意な効果をもたない。つまり年収が比較的低く，自分一人で家計を支えることが難しいのではないかと思われる夫，もしくは収入減に直面した夫が，必ずしも性別役割分業型の夫婦関係を否定するわけではないといえる。こうした結果からひとつの推測として，男性は「年収が低い」「収入が減少した」といった現在もしくは過去の状態ではなく，「これからは収入が減るだろう」などと明るい将来像が描けないことによって自身の経済力不

第9章　夫たちの「夫婦関係に関する意識」

足を実感し，その実感が「夫婦関係に関する意識」に影響を及ぼすことが考えられる。

たとえば1995年に行われたSSM調査データを用いた分析によると，階層帰属意識（＝自分は社会の「上」「中の上」「中の下」「下の上」「下の下」のどこに位置すると思うか）は現時点の所得水準では十分に説明できないという。そこで「階層帰属意識は，近い過去と比較して生活が向上していることや，将来向上しそうなことなど，時間軸に沿っての実感に依存することが多い」という仮説が導き出され，その有力性が論じられている（間々田，2000: 75-78）。

階層帰属意識は収入のみならず，家柄や職業威信，学歴などさまざまな要因を反映している点に留意が必要である。しかし男性の階層帰属意識を，「自身の経済力に対する自己評価」の一指標と位置づけることは可能だろう。ゆえに間々田の議論から，男性は「現時点の所得水準」ではなく「時間軸に沿っての実感」によって自身の経済力を判断する可能性が考えられる。

ただし今回の結果に依拠するならば，「時間軸に沿っての実感」としては間々田の言う「近い過去と(の)比較」「将来(の見通し)」のうち，後者の方が重要であると考えられる。つまり「現在の年収が低い」，もしくは「ここ3年で収入が減少した」としても，これからは収入が増えるという明るい見通しがもてるならば，あまり悲観的にならずにすむ。あるいは「現在の年収は高い」，もしくは「ここ3年は順調に収入が増えていた」としても，これからは収入が減ると予想されるとき，心もとなさを感じるのではないだろうか。「男性は現在もしくは過去との比較ではなく，将来の見通しによって自身の経済力を判断する」という推測が妥当であるならば，本書全体のテーマである「雇用不安が男性のジェンダー意識に及ぼす影響」について考察する際，とくに「雇用や収入に関する将来の見通し」に注目することが有効であると考えられる。

第二に妻の就労の主効果については，妻の家計分担度が高い夫ほど，役割配分や勢力配分に格差があるような夫婦関係を否定する傾向にある。つまりこれまでの計量研究による知見と同様，妻が働いている夫は性別役割分業型の夫婦関係により否定的であることが示されたといえる。

ただし第三に，妻の家計分担度が夫の「夫婦関係に関する意識」に及ぼす影響は，夫の年収によって異なる。妻の家計分担度が高い夫ほど役割配分や勢力

配分に格差があるような夫婦関係を否定する傾向は，年収400万円未満の層では比較的ゆるやかであることが示されたのである．なお，2.1 で紹介した島(2010) の計量分析について，本調査のデータでは，「3年間の収入変化」や「今後の収入見通し」と妻の家計分担度との交互作用は有意でなかった．

4.2 今後の課題

最後に，今回設定した分析モデルの説明力は必ずしも高くないことに留意する必要がある．このような結果となった一因として，分析対象者の年齢や学歴があまり分散していないことが考えられるだろう．なぜなら2節で論じたように，多くの先行研究によって「年齢」が高い人ほど，また「学歴」が低い人ほど，性別役割分業を支持する傾向にあることが確認されている．しかし本章の分析対象のデータでは，年齢，学歴とも有意な効果が見られず，その理由として，分析対象者の大半が30〜40代の高学歴層であることが考えられるのである．今回と類似する「東京都中野区，北区，大田区，世田谷区在住の30〜60歳の既婚男性」を対象にした先行研究でも「男は仕事，女は家庭」という意識に年齢差や学歴差がさほど見られない（山嵜，1998）ことから，都市に暮らす中高年男性の夫婦関係をめぐる意識には，年齢差や学歴差がほとんど見られないと考えられる．

参考文献

東清和・鈴木淳子, 1991, 「性役割態度研究の展望」『心理学研究』62(4): 270–276.

Cassidy, M. L. & Warren, B. O., 1996, "Family employment status and gender role attitudes: A comparison of women and men college graduates," *Gender and Society*, 10(3): 312–329.

Coltrane, S., 1996, *Family Man: Fatherhood, Housework, and Gender Equity*, New York: Oxford University Press.

Connell, R. W., 1995, *Masculinities*, Cambridge: Polity Press.

Ferber, M. A., 1982, "Labor market participation of young married women: Causes and effects," *Journal of Marriage and the Family*, 44(2): 457–468.

Hochschild, A., 1989, *The Second Shift: Working Parents and the Revolution at Home*, New York: Penguin. (=1990, 田中和子訳『セカンド・シフト――アメリカ

共働き革命のいま』朝日新聞社.)

Komarovsky, M., 1962, *Blue-Collar Marriage*, New Haven and London: Yale University Press.

間々田孝夫,2000,「自分はどこにいるのか─階層帰属意識の解明」海野道郎編『日本の階層システム2 公平感と政治意識』東京大学出版会,61-81.

Mason, K. O. & Lu, Y., 1988, "Attitudes toward women's familial roles: Changes in the United States, 1977-1985," *Gender and Society*, 2(1): 39-57.

Mirowsky, J., 1987, "The psycho-economics of feeling underpaid: Distributive justice and the earnings of husbands and wives," *American Journal of Sociology*, 92(6): 1404-1434.

Powell, B. & Steelman, L. C., 1982, "Testing an undertested comparison: Maternal effects on sons' and daughters' attitudes toward women in the labor force," *Journal of Marriage and the Family*, 44(2): 349-355.

Rosen, E. I., 1987, *Bitter Choices: Blue-Collar Women in and out of Work*, Chicago and London: University of Chicago Press.

Rubin, L. B., 1976, *Worlds of Pain: Life in the Working-Class Family*, New York: Basic Books.

島直子,2010,「妻の常雇就労が夫の性別役割分業意識に及ぼす影響─夫の経済力による交互作用」『国際ジェンダー学会誌』8: 99-112.

島直子,2011,「妻の家計貢献が夫の性別役割分業意識に及ぼす影響─夫の社会経済的地位による交互作用」『家族社会学研究』23(1): 53-64.

白波瀬佐和子,2005,『少子高齢社会のみえない格差──ジェンダー・世代・階層のゆくえ』東京大学出版会.

Smith, T. W., 1985, "Working wives and women's rights: The connection between the employment status of wives and the feminist attitudes of husbands," *Sex Roles*, 12(5/6): 501-508.

Ulbrich, P. M., 1988, "The Determinants of depression in two-income marriages," *Journal of Marriage and the Family*, 50(1): 121-131.

Wilkie, J. R., 1993, "Changes in U.S. men's attitudes toward the family provider role, 1972-1989," *Gender and Society*, 7(2): 261-279.

Willinger, B., 1993, "Resistance and change: College men's attitudes toward family and work in the 1980s," Hood, J. C. ed., *Men, Work, and Family*, London: Sage Publications, 108-130.

Willis, P. E., 1977, *Learning to Labour: How Working Class Kids Get Working Class Jobs*, Ashgate.（=1985, 熊沢誠・山田潤訳『ハマータウンの野郎ども──学校への反抗 労働への順応』筑摩書房.）

山嵜哲哉, 1998,「価値意識の構造」『男性の自立とその条件をめぐる研究─団塊世代を中心に』東京女性財団1998年度研究助成報告書, 84-110.

Zuo, J., 1997, "The effect of men's breadwinner status on their changing gender beliefs," *Sex Roles*, 37(9/10): 799-816.

Zuo, J. & Tang, S., 2000, "Breadwinner status and gender ideologies of men and women regarding family roles," *Sociological Perspectives*, 43(1): 29-43.

第10章 男性の家族扶養意識とジェンダー秩序

矢澤　澄子

1 「男性稼ぎ主モデル」と家族扶養意識

1.1 雇用不安の時代

　日本の企業中心社会には性別役割規範が深く浸透し，家族生活や社会慣習上でも性別分業のしくみは根強く維持されている。そして税制にせよ健康保険・年金制度にせよ，生活保障システムの基本的制度設計と運用は，「男性稼ぎ主モデル」(male breadwinner model) を前提としてきた。これは，結婚後の男性（夫）は定年まで働いて家族を養い，女性は夫に扶養され家事・育児に専念するというモデルである。このモデルは，男性正規雇用者の「家族賃金」とこれに依存する性別分業家族を「標準世帯」に見立てた「片働き」世帯モデル（夫＝稼得者，妻・子＝被扶養者）であり，高度経済成長期以降の大企業体制の下で導入され，その後も温存されている（大沢，2007）。

　だがこうした制度設計に合致し，日本の経済発展を支えてきた性別役割規範に基づく「サラリーマン―主婦型」の家族は，1990年代半ば頃から十分に機能しなくなった（大沢，2008）。とりわけ1997年の「金融危機」以降，グローバルな大競争時代に対応した経済効率優先の労働市場の「柔軟化」に合わせて非正規雇用が増大し，世帯主収入の不安定化や失業等によりサラリーマン世帯の間でも経済的格差が広がっている。その結果，自営業世帯を含む中流階層の二極化が進行し，国民の間にはさまざまな形の生活不安，経済不安が生来している。共働きであれ片働きであれ，一家の稼ぎ手の収入減やリストラによる失

業・離職・転職などのリスクは今やだれにでも起こりうる，雇用不安の時代が到来した。

　男性稼ぎ主型の社会経済システムに組み込まれた家族や個人は，流動化した労働市場がもたらす生活上，人生上のさまざまなリスクに対応しにくい。国民生活のセイフティネットとなってきたはずの大企業中心の雇用管理や国の生活保障のしくみが，多様化する世帯のニーズや流動化する雇用形態に対応できず，人びとの生活を脅かす状況も広がっている。これは大沢真理によれば，「男性稼ぎ主」への所得移転を中心とした，福祉国家の「従来の生活保障システムが機能不全に陥るという以上に，逆機能している」事態を指す。「『逆機能』とは，生活を保障するはずのシステムが，かえって生活を脅かし人々を排除する状況をさす」（大沢，2007: 2）。そうしたなかで社会政策や社会のさまざまな分野で，「男性稼ぎ主モデル」や家族扶養のあり方の見直しが求められている（山田，2004: 130-156）。

1.2　男性の家族扶養意識・稼ぎ手役割意識

　本章では，そのような時代状況を背景に，東京都区部在住の 25〜49 歳の男性を対象にした「都市男性の生活と意識に関する調査」（2004 年時点の結果）をもとに，男性の家族扶養意識・稼ぎ手役割意識と「男性稼ぎ主モデル」の揺らぎの中身を検討する。そのため本調査票の Q29, 30 女性／男性の自立にとって何が重要かを問う質問を中心に取り上げ，特にその中の（c）「家族を養うことができる」こと（家族扶養役割）がどの程度重要かを問う項目に注目して，「働き盛り」の都市男性の家族扶養意識の諸相を分析する。

　その上で，Q29 女性の自立にとって（c）「家族を養うことができる」ことは「とても重要」と回答した 229 人（15.0%），つまり「女性の家族扶養役割」を重視する男性たちに注目し，彼らの家族意識，ジェンダー意識，ケア意識のありようをさぐる。さらに Q30 男性の自立にとって（c）「家族を養うことができる」ことは「重要でない」（「あまり重要でない」+「全く重要でない」。以下同）と回答した 47 人（3.1%），つまり「男性＝稼ぎ手」役割を重視しない男性たちの特徴についても考察する。

　これらの検討を通して，雇用不安時代における男性の家族扶養意識（女性の

家族扶養役割への期待を含む）の多様化や稼ぎ手役割意識の変容，夫婦・子どもへのケア意識（パートナーに期待するケア役割を含む）の諸相について明らかにしたい。またそこから，日本の性別役割規範に枠づけられた「男性稼ぎ主型」社会経済システムと「ジェンダー秩序」のゆくえについても展望する。

2　先行調査の結果——女性／男性の自立と家族扶養意識

　本調査に先立ち，東京都在住25～39歳の女性を対象に私たち研究会が実施した「女性のライフスタイルに関する意識調査」（女性意識調査1995年）でも，「女性／男性の自立」についての質問項目を設けた。その結果，女性の自立にとって「家族を養うことができる」を「重要」とした女性は23.7%，「やや重要」は50.4%であった。一方，男性の自立にとって「家族を養うことができる」を「重要」とした女性は79.1%，「やや重要」が17.8%であった。つまり「一家の稼ぎ手は男」とする性別役割分業意識をもち，「男性稼ぎ主モデル」を自明視する女性が8割と大多数を占めた（矢澤，2000: 173-174）。

　日本は，「家族賃金」を稼得する男性労働者を正規雇用の中核に位置づけ，女性労働者をパート等の非正規雇用に釘付けにして「景気安全弁」的な二流の労働者と見なす，「日本的経営」のイデオロギーが根強い企業中心社会である。有配偶女性はM字型就労に誘導され，男性と「同等」に家族を扶養できるほどの職や収入を得ることが難しい。このような実態を反映して，「家族を扶養する」ことまで視野に入れて「女性の自立」を考える女性は少ないのであろう。

　女性意識調査（1995）では，女性／男性の自立にとって「家族を養うことができる」を「重要」とする回答の差は55.4ポイントと極めて大きく，女性／男性の自立を問うほかの4項目（「経済的に自立している」「生き方を自分で選択できる」「家事ができる」「育児ができる」）に比べても，男女差が際立った。同調査からは，「男性稼ぎ主モデル」を自明視する日本社会の根強いジェンダー規範と家族扶養をめぐるジェンダー意識の特徴が女性の側から確認されたが，これまでいくつかの調査でも同様の結果が得られている（矢澤，2000: 174；山田，2006: 214-216）。

　本章ではこの女性意識調査の結果をふまえ，男性の側から家族扶養をめぐる

ジェンダー意識の特徴を検証する。雇用の不安定化が進行するなかで、「一家の稼ぎ手は男」とする男性の意識は、揺らいでいるのか、あるいはいないのか。企業社会での性別役割規範や家族の性別役割分業による生活実態を背景に、「男性＝稼ぎ手」を自明視する家族扶養意識は、男性のジェンダー意識のどの面で揺るぎなく、どの面で揺らいでいるのか（この点の分析は第8章も参照）。

これらの問いに対して、Q29, 30 女性／男性の自立の要件を問う（a）～（e）のうち、（c）「家族を養うことができる」を軸にほかの質問項目とクロス集計を行い、雇用不安定化のなかで働き盛りの男性の家族扶養意識がどのような要因によって形づくられているのか、またその中身に変化はないのかなどを詳細に検討していく。

3　男性の家族扶養意識の揺らぎ

3.1　女性／男性の自立にとって重要なこと

まず、Q29, 30 女性／男性の自立にとって重要なことから、男性たちが（c）「家族を養うことができる」をどうとらえているか検討する。

図10-1と図10-2を見ると、男性の自立にとって「家族を養うことができる」が「とても重要」とする男性は7割（71.6％）を超えるが（「やや重要」25.1％）、女性の自立にとって「家族を養うことができる」が「とても重要」は15.0％（「やや重要」45.3％）にとどまり、「とても重要」の男女差は56.6ポイントときわめて大きい（女性意識調査での男女差は55.4ポイント）。

3.2　女性の家族扶養役割への男性意識

次に、男性たちが女性の経済的自立、生き方の自己選択、家族を扶養する役割等をどのように考え、またどんな期待をもっているのかを見ておこう。Q29 女性の自立に関わる5項目それぞれについて、Q31 年齢、Q1 現職の有無、Q3-1 雇用形態、Q5 年収、Q8 転職・離職経験、Q34 子どもの有無、Q35 結婚の有無、Q16 男性の「仕事と子育て」のバランス、Q17 結婚相手（パートナー）に望む「仕事と子育て」のバランス、Q18 結婚相手（パートナー）に望む理想の人生等とのクロス集計を行い、統計的に有意な関連項目を検出した。

第10章　男性の家族扶養意識とジェンダー秩序

図10-1　Q29 女性の自立にとって重要なこと(1,523)

	とても重要	やや重要	あまり重要でない	全く重要でない	無回答
(a)経済的自立	29.9	49.4	19.0	1.4	0.3
(b)生き方を自分で選択できる	44.1	47.9	6.8	0.8	0.4
(c)家族を養うことができる	15.0	45.3	35.9	3.2	0.7
(d)家事ができる	40.2	42.5	14.8	2.0	0.4
(e)育児ができる	48.1	39.0	11.0	1.4	0.5

図10-2　Q30 男性の自立にとって重要なこと(1,523)

	とても重要	やや重要	あまり重要でない	全く重要でない	無回答
(a)経済的自立	78.9	20.0	0.7	0.3	0.1
(b)生き方を自分で選択できる	64.1	32.1	2.9	0.7	0.2
(c)家族を養うことができる	71.6	25.1	2.7	0.4	0.3
(d)家事ができる	16.2	47.1	32.5	3.9	0.3
(e)育児ができる	19.4	51.8	25.3	3.1	0.4

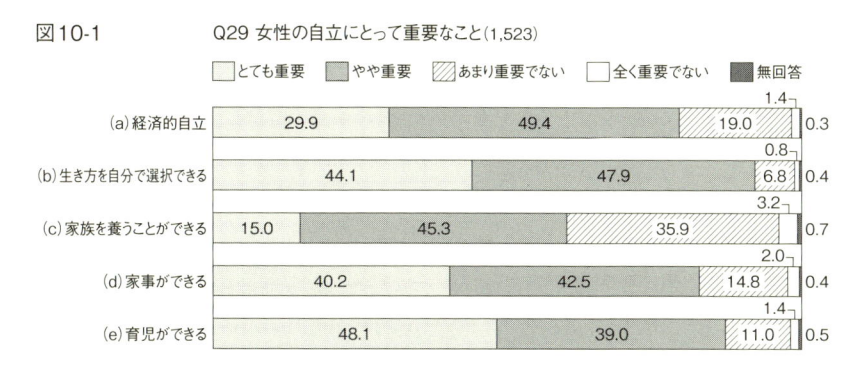

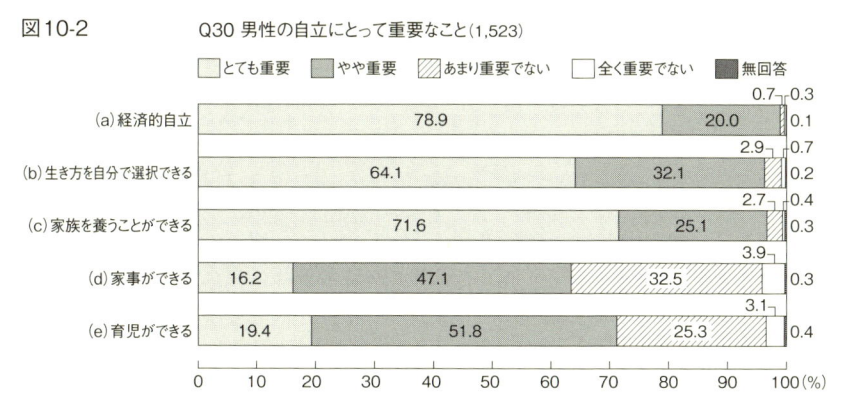

　Q29 女性の自立にとって（a）「経済的に自立している」が「とても重要」は全体では29.9%であったが，高めだったのは，年齢では30～34歳代（31.7%）と40～44歳代（31.4%），雇用形態では「臨時・パート」（36.4%），結婚相手に望む「仕事と子育て」のバランスでは「同じくらい関わってほしい」（33.8%），結婚相手に望む理想の人生では「子どもをもち，仕事を続ける」（42.1%）であった。不安定な雇用形態の男性や妻に仕事と子育ての両立・就業継続を期待する男性たちに，女性の経済的自立を重視する傾向がある。また女性の自立にとって（b）「生き方を自分で選択できる」を「とても重要」は全体では44.1%であったが，高めだったのは，25～29歳，30～34歳（48.3%，48.6%），子ども無（48.1%）など，未婚者の多い若年男性であった。

　では，女性の家族扶養役割を重視しているのは，どのような男性たちか。

171

Q29女性の自立にとって（c）「家族を養うことができる」を「重要」（「とても重要」+「やや重要」。以下同）とする男性たちのクロス集計で，統計的に有意な関連が見られたのは，Q8 3年以内の転職・離職経験であった（図10-3参照。就業状態，雇用形態，年収等とは有意な関連なし）。雇用の不安定化を経験している男性たちの間で，女性の家族扶養役割への期待が高まっていると推測される（クロス集計はすべて無回答を除く。以下同）。

ほかには，Q16「仕事と子育て」のバランスとQ17結婚相手に望む「仕事と子育て」のバランスの2項目のみに有意な関連が見られた（結婚，子どもの有無等の属性や，Q18結婚相手に望む理想の人生等とは有意な関連なし）。つまり，女性の家族扶養役割を重視する男性たちの意識は，年齢・階層その他の社会的属性いかんにかかわらず，離職・転職によって「稼ぎ手」としてのジェンダー・アイデンティティ（男性性）が揺らいだ経験があるか否か，またパートナーとの家族生活において「仕事と子育て」のバランス（両立ライフ）をどのように想定しているかなど，ジェンダー関係に関わる意識と関連が見られる。

3.3 「仕事と子育て」のバランス意識と女性の家族扶養役割への期待

女性の家族扶養役割への期待と明らかに有意な関連が見られたのは，Q16「仕事と子育て」のバランスである。図10-4からバランス意識の3タイプ別の傾向を見てみよう。

Q29（c）女性の自立にとって「家族を養うことができる」は「重要」が高めなのは，男性本人が「仕事と子育て」に「同じくらい関わりたい」（62.8%）人たちであり，順に「子育て優先」（57.5%），「職業優先」（53.5%）となっている。逆に「重要でない」（「あまり重要でない」+「全く重要でない」。以下同）は，「職業優先」（46.6%）の男性で高めである。「子育て優先」にはバラツキがあるが，「同じくらい関わりたい」では「重要でない」がもっとも少ない（37.2%）。自らの「仕事と子育て」の両立ライフを重視する6割強の男性たちは，女性にも家族扶養役割を期待している。また「仕事と子育て」のバランスをめぐる3タイプの男性すべてで，女性の自立にとって家族扶養役割は「重要」が過半数を超えている（図10-4参照）。「一家の大黒柱は男性」「家族を養うことは男の甲斐性」といわれてきたが，雇用不安定化のなかで男性の意識

第 10 章　男性の家族扶養意識とジェンダー秩序

図10-3　Q29 女性の自立にとって重要なこと(c)家族を養うことができる

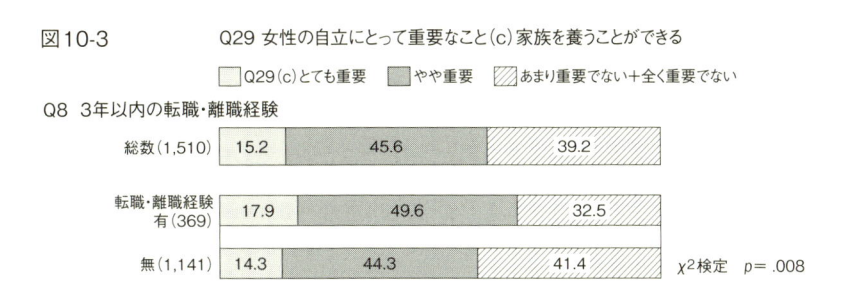

□ Q29(c)とても重要　■やや重要　▨あまり重要でない+全く重要でない

Q8　3年以内の転職・離職経験

	とても重要	やや重要	あまり+全く重要でない
総数(1,510)	15.2	45.6	39.2
転職・離職経験有(369)	17.9	49.6	32.5
無(1,141)	14.3	44.3	41.4

χ²検定　p = .008

図10-4
Q16「仕事と子育て」のバランス

	とても重要	やや重要	あまり+全く重要でない
総数(1,507)	15.1	45.5	39.3
職業優先(277)	13.4	40.1	46.6
同じくらい(1,110)	15.4	47.4	37.2
子育て優先(120)	16.7	40.8	42.5

χ²検定　p = .054

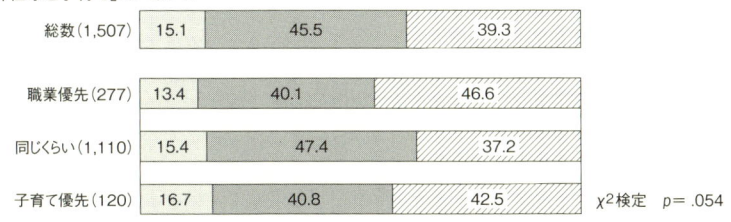

図10-5
Q17 結婚相手に望む「仕事と子育て」のバランス

	とても重要	やや重要	あまり+全く重要でない
総数(1,507)	15.1	45.6	39.3
職業優先(22)	22.7	40.9	36.4
同じくらい(743)	15.2	49.5	35.3
子育て優先(742)	14.8	41.8	43.4

χ²検定　p = .016

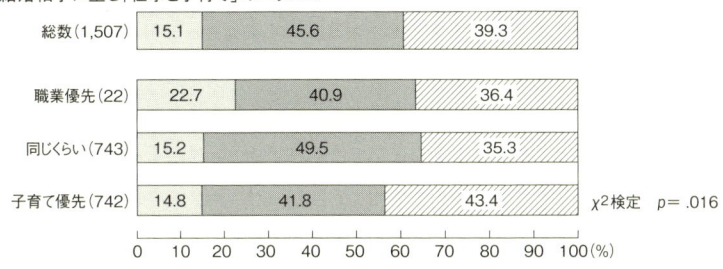

は変化していると見られる。

　1997 年を境に共働き世帯数が片働き世帯数を上回る時代となった（1997 年以降，内閣府男女共同参画局，2007）。また「両立ライフ」を志向する男性が増えている。男女の家族扶養責任をめぐるそうした意識動向は，男女のワーク・ライフ・バランスの実現，家族生活における夫婦間の家事・育児・介護分担等をめぐるジェンダー平等やジェンダーに中立的な社会保障・雇用制度等の法制度改革を進めていく上でも，留意すべき意識の変化と受け止められよう。

次に図10-5から，女性の家族扶養役割への期待をQ17結婚相手に望む「仕事と子育て」のバランス意識との関連で見ておこう。「家族扶養」を「重要」とするのが高めなのは，女性に望む「仕事と子育て」のバランスが「同じくらい」（64.7%）および「職業優先」（63.6%）である（「子育て優先」では56.6%）。結婚相手に「子育て優先」を望む男性は「重要でない」がもっとも高く（43.4%），「職業優先」（36.4%）「同じくらい」（35.3%）の男性との差が大きい。

女性の家族扶養役割の重視と男女の「両立ライフ」志向との関連をまとめると，次のようになる。結婚相手に「子育て優先」を望む男性は，女性の家族扶養役割をあまり重視していない。一方結婚相手に「同じくらい」「職業優先」を望む男性は，女性の家族扶養役割を重視する度合が高い。今後，雇用不安定化のリスク回避を組み込み，男女の「両立ライフ」を目指す男性たちの意識がより顕在化していけば，女性に対しても家族扶養役割を期待する男性は，これまで以上に増えていくのではないか（第6章参照）。

3.4 まとめ

パートナーに「子育て優先」を望む男性は本調査でも約半数を占め，男性が女性に期待する「仕事と子育て」のバランス意識の中身はいまのところほぼ二分されている。日本の男性の育児休業取得率がわずか2.64%（厚生労働省2011年）という現状から見ると，日本男性の実際の働き方は「両立ライフ」からはほど遠い。また，男性の職業優先の生活実態や意識，家事時間の少なさ等から見て，男性から女性への，家族扶養役割の期待や圧力が，家庭における女性の「セカンド・シフト」の負荷，つまり仕事と家族生活の「二重負担」を，これまで以上に増大させかねない点には注意を要する。そうした危惧が杞憂でないことは，均等法時代を生きる働く女性たちの「両立困難」のさまざまな実態が明らかにしている（萩原，2006）。

だが，厚生労働省が発表した「今後の仕事と家庭の両立支援に関する調査」（2007年11～12月，40歳以下の正社員を対象に実施，男性753人，女性801人より回答）によると，男性の「育休」希望は32%，「短時間勤務」希望は35%あり，若い父親の育児参加への志向は高まっている（「朝日新聞」08年5

月22日)。

これらの点を考えると，女性が男性と同等の家族扶養責任を担える経済力を身につけ，男性からの期待に応えられるようになるには，まず企業や国が男性の働き方(「男性稼ぎ主モデル」のもとで働く女性も含む)，働かせ方(長時間労働やサービス残業の増加，「名ばかり管理職」等)を見直し，雇用の場における男女の均等待遇(同一労働同一賃金等)と男女労働者の家族責任を保障する体制づくり，非正規雇用者への差別撤廃，女性差別撤廃に早急に取り組む必要があろう(浅倉，2004；森・浅倉，2010)。

4 男性の家族扶養意識とジェンダー・アイデンティティ

4.1 男性の家族扶養意識に関連する諸要因と特徴

では，男性たちは「男性の自立」の要件についてどのように考えているのか。Q30 (a) (b) (c) 男性の自立にとっての3項目を「とても重要」とする男性たちの特徴を見てみよう。

Q30 (a)「経済的に自立している」は全体では「とても重要」が78.9％であるが，Q1「就業」(79.4％) Q34「子ども有」(81.7％) Q16「仕事と子育て」のバランス「職業優先」(83.9％) Q17 結婚相手に望む「仕事と子育て」のバランス「子育て優先」(82.0％)で，それぞれ「とても重要」が高めである。ここから，男性の「経済的自立」意識のなかには，家族扶養意識がしっかりと組み込まれていることがわかる。また Q30 (b)「生き方を自分で選択できる」は，全体では「とても重要」64.1％であるが，Q3-1 雇用形態「臨時・パート」(75.0％)，結婚相手に望む「仕事と子育て」のバランス「同じくらい」(66.8％)，Q18 結婚相手に望む理想の人生「子どもはもたず，一生仕事」(81.0％)で「とても重要」が高めである。男性たちがポジティブな「生き方の自己選択」への意識をもつ上で，本人の仕事(働き方)への志向やライフスタイル，パートナーの仕事，「両立ライフ」への期待などが作用している。

これらに対して Q30 (c)「家族を養うことができる」の項目について有意な関連が見られたのは，Q1 就業状態，Q34 子どもの有無，Q16「仕事と子育て」のバランス，Q17 結婚相手に望む「仕事と子育て」のバランス，Q18 結婚相手

に望む理想の人生の各項目であった。女性の家族扶養役割への意識に関連した項目に比べ、男性については属性も含めて有意な要因が多い。図10-6から、それぞれの関連項目別にその特徴を見よう。

Q30 男性の自立にとって（c）「家族を養うことができる」は「とても重要」が高めなのは、Q1 就業（72.0%、無68.9%）、Q34 子ども有（76.0%、子ども無67.2%）であった。男性の家族扶養意識は、「妻子を養う」「妻子を守る」という世帯主としての職業意識や稼ぎ手意識、つまり日本の近代家族の枠内で再生産される「男の甲斐性」としてのジェンダー・アイデンティティ（「稼ぎ手的男性性」）と関連をもつことがわかる（第2章参照）。

Q16 本人の「仕事と子育て」のバランスでは、「とても重要」は「職業優先」（76.3%）でもっとも高めで（「同じくらい」71.1%「子育て優先」68.3%）、Q17 結婚相手に望む「仕事と子育て」のバランスでは、「とても重要」は結婚相手に「子育て優先」を望む（77.1%）がもっとも高めだった（「職業優先」68.2%、「同じくらい」66.6%）。また、Q18 結婚相手に望む理想の人生では、「結婚・出産退職、仕事につかない」（77.8%）や「結婚・出産退職、再び仕事につく」（74.3%）で、男性の自立にとって「家族を養うことができる」は「とても重要」が7割以上なのに対して、「子ども有、一生仕事」では64.1%、「子ども無、一生仕事」では38.1%にとどまった。このように男性の家族扶養意識は、男性の「職業優先」のアイデンティティとパートナーの「子育て優先」人生への期待が、いわばセットになったジェンダー意識ともいえる。

4.2 まとめ

今後日本の既婚男性の家族扶養意識は、パートナーとの生活設計（子どもをもたない選択を含む）や、パートナーの「仕事や子育て」のバランス意識・生き方に左右される度合が高まっていくと予想される。つまり女性の高学歴化、職場進出がさらに進み、経済的自立意識・経済力が高まるにつれて、それらは男性の家族扶養意識や女性（パートナー）に対する男性の意識に少なからず作用を及ぼすであろう。一方マクロ・レベルでは、男性を世帯主として自明視してきた日本の「家族主義的」福祉国家・福祉社会制度（「家族主義的」福祉レジーム）の揺らぎやそれらをめぐる法制度改革のいかんが、男性の家族扶養意

第 10 章　男性の家族扶養意識とジェンダー秩序

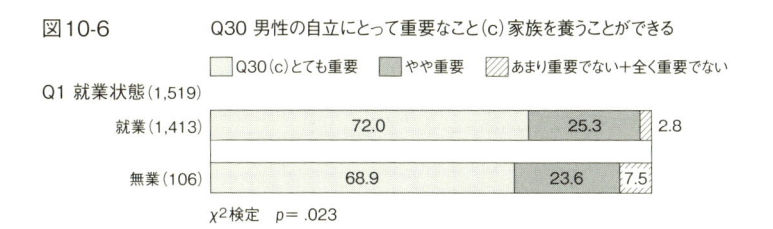

図 10-6　Q30 男性の自立にとって重要なこと(c) 家族を養うことができる

□ Q30(c)とても重要　■やや重要　▨あまり重要でない＋全く重要でない

Q1 就業状態 (1,519)

就業 (1,413)	72.0	25.3	2.8
無業 (106)	68.9	23.6	7.5

χ² 検定　p = .023

Q34 子どもの有無 (1,505)

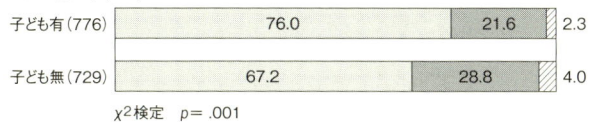

子ども有 (776)	76.0	21.6	2.3
子ども無 (729)	67.2	28.8	4.0

χ² 検定　p = .001

Q16 「仕事と子育て」のバランス (1,513)

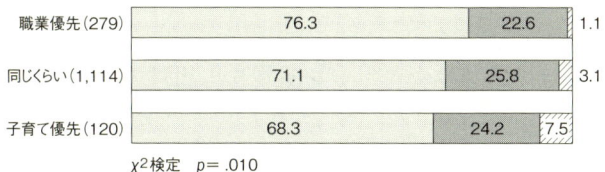

職業優先 (279)	76.3	22.6	1.1
同じくらい (1,114)	71.1	25.8	3.1
子育て優先 (120)	68.3	24.2	7.5

χ² 検定　p = .010

Q17 結婚相手に望む「仕事と子育て」のバランス (1,513)

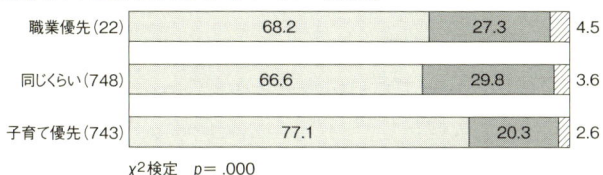

職業優先 (22)	68.2	27.3	4.5
同じくらい (748)	66.6	29.8	3.6
子育て優先 (743)	77.1	20.3	2.6

χ² 検定　p = .000

Q18 結婚相手に望む理想の人生 (1,493)

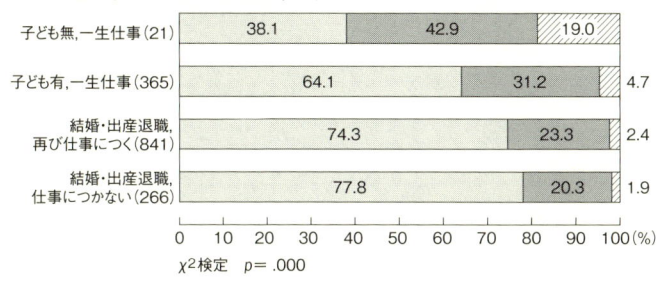

子ども無, 一生仕事 (21)	38.1	42.9	19.0
子ども有, 一生仕事 (365)	64.1	31.2	4.7
結婚・出産退職, 再び仕事につく (841)	74.3	23.3	2.4
結婚・出産退職, 仕事につかない (266)	77.8	20.3	1.9

χ² 検定　p = .000

識の動向に影響を与えていくと予想される（山田，2006: 256-269；落合，2006: 42-45）。

本章2.1で見たように，雇用不安定化のなかで生きる男性たちの過半数は，女性にも一定程度の家族扶養役割を期待しており，両立ライフや家族扶養をめぐる男性意識も流動化・多元化している。したがって，グローバルな経済的・社会的リスクに柔軟に対応できる男女間の対等なジェンダー意識を培っていく上でも，ジェンダー中立的な「個人単位」の社会保障制度の実現，職場における間接差別の禁止，雇用形態間（正規／非正規等）の均等待遇など，雇用平等の促進は急務である（浅倉，2004；大沢，2007）。日本におけるジェンダー秩序の流動化は，職場，家族，法制度など，あらゆるレベルのジェンダー平等の実現に基礎づけられてこそ，21世紀の公平で持続可能な男女共同参画社会を展望しうるものとなろう（辻村ほか，2008；矢澤，2009）。

5 「女性の家族扶養役割」を重視する男性のジェンダー意識・ケア意識

5.1 男女の「両立ライフ」と「幸せな家庭」志向

5節では，男性の家族扶養意識の多元化の中身をさらに深く検討するために，Q29女性の自立にとって「家族を養うことができる」は「とても重要」とする229人（15.1%）の男性たちの意識に焦点をあてて分析する。2.1の分析から，転職・離職を経験した男性たちや，そうした経済的リスクの回避に向けて男女の「両立ライフ」を志向する男性たちの間で，「女性の家族扶養役割」を重視する傾向が明らかになった。それらを前提に，女性の家族扶養役割を「特に重視している」男性たちに注目し，彼らの夫婦・家族観，ジェンダー意識，パートナーへのケア意識，子育て意識の特徴を見ていく。

女性の家族扶養役割を「とても重要」とする男性は，「重要でない」とする男性に比べて，Q21「父親とはどうあるべきか」について「父親も母親と同じように，子育てをするのがよい」が高めであった（56.8%, 51.9%）（**図10-7**）。

また，Q12 (d) 人生にとって重要なこととして「幸せな家庭をつくる」も有意な関連があり，「幸せな家庭をつくる」は「とても重要」がやはり高めで

ある（79.3%）（図10-8）。同時に，Q30 男性の自立にとって（c）「家族を養うことができる」は「とても重要」もきわめて高かった（96.1%，全体では71.8%）（図10-9）。なお，サンプル数が少なく統計的検定の意味は限定されるが，属性別ではQ1 就業状態，Q3-1 雇用形態，Q5 年収，Q31 年齢，Q32 学歴，Q34 子どもの有無，Q35 結婚の有無のいずれとも，有意な関連は見られなかった。

これらの結果を見ると，女性の家族扶養役割を「とても重要」とする男性たちは，男女が共に家族扶養役割を担い，「父親も母親と同じように子育てをする」ことを大事にしながら，「幸せな家庭をつくる」ことを重視している。また，既存の性別役割規範から比較的自由度の高い夫婦関係・家庭生活を志向するこれらの男性たちは，今回のデータで見る限り，一定の社会階層や家族形態で特徴づけられるとはいえない。

5.2　男性／女性に関する考え方（ジェンダー意識）

では，女性の家族扶養役割を「とても重要」とする男性は，どのようなジェンダー意識をもっているであろうか。Q13（a）～（f）男性／女性のありかたに関する考え方との関連を見ると，女性の家族扶養役割を重視する男性には，男らしさ・女らしさの固定観念から比較的自由な意識傾向がうかがえる。おもな項目で見ると，(a)「男性は看護や保育などの職業には向いていない」では「そう思わない」（「どちらかといえばそう思わない」＋「そう思わない」。以下同）が52.4%（「重要でない」では43.7%，以下の対比も同），(b)「男が最終的に頼りにできるのはやはり男である」では51.8%（39.3%）である。(d)「男性は女性に比べて自由に生き方を決められる」では43.4%（33.1%），(e)「女性が男性より昇進が遅いのは仕方ない」では50.7%（38.3%）である。ただし(c)「女性がいれたお茶はやはりおいしい」では，「そう思わない」（28.2%）に加えて「そう思う」（29.1%）の比率もやや高めであった。

5.3　夫婦や家族のありかたに関する考え方（性別役割規範）

Q14（a）～（f）夫婦や家族のありかたに関する考え方との関連を見ると，全体的に性別役割に基づく夫婦や家族のジェンダー規範から自由な考え方が高め

図10-7　Q21 父親とはどうあるべきか

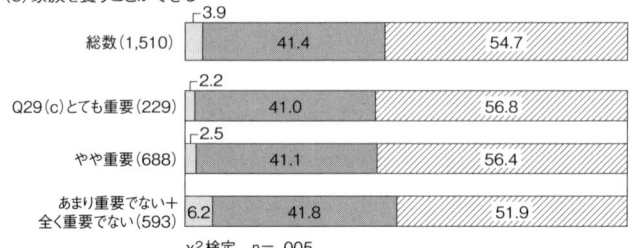

凡例：□ 子育てはできるだけ母親に任せる　■ 必要なときにだけ，役割を果たす　▨ 母親と同じように，子育てをする

Q29 女性の自立にとって重要なこと
(c) 家族を養うことができる

区分	子育てはできるだけ母親に任せる	必要なときにだけ，役割を果たす	母親と同じように，子育てをする
総数(1,510)	3.9	41.4	54.7
Q29(c)とても重要(229)	2.2	41.0	56.8
やや重要(688)	2.5	41.1	56.4
あまり重要でない＋全く重要でない(593)	6.2	41.8	51.9

χ²検定　p＝.005

図10-8　Q12 人生にとって重要なこと (d) 幸せな家庭をつくる

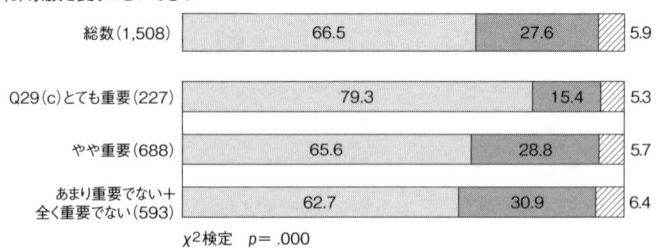

凡例：□ Q12(d)とても重要　■ やや重要　▨ あまり重要でない＋重要でない

Q29 女性の自立にとって重要なこと
(c) 家族を養うことができる

区分	とても重要	やや重要	あまり重要でない＋重要でない
総数(1,508)	66.5	27.6	5.9
Q29(c)とても重要(227)	79.3	15.4	5.3
やや重要(688)	65.6	28.8	5.7
あまり重要でない＋全く重要でない(593)	62.7	30.9	6.4

χ²検定　p＝.000

図10-9　Q30 男性の自立にとって重要なこと (c) 家族を養うことができる

凡例：□ Q30(c)とても重要　■ やや重要　▨ あまり重要でない＋重要でない

Q29 女性の自立にとって重要なこと
(c) 家族を養うことができる

区分	とても重要	やや重要	あまり重要でない＋重要でない
総数(1,512)	71.8	25.2	3.0
Q29(c)とても重要(229)	96.1	3.5	0.4
やや重要(689)	66.5	32.5	1.0
あまり重要でない＋全く重要でない(594)	68.5	25.1	6.4

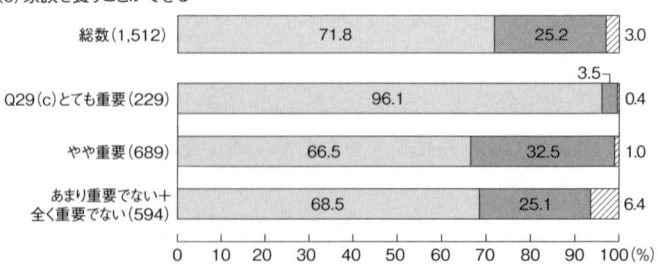

である。おもな項目を見ると，(a)「妻の収入が夫より多いのは，男として不甲斐ない」では「そう思わない」が40.9%（26.5%），(b)「家庭のこまごました管理は女性でなくてはと思う」では33.9%（24.7%），(d)「夫は外で働き，妻は家を守るべきである」では44.7%（32.7%）である。

ただし (c)「女性には最終的に自分の考えに従って欲しい」（「そう思わない」36.3%,「そう思う」16.8%）や (d)「人前では，妻は夫を立てるべきだ」（「そう思わない」20.1%,「そう思う」30.8%），(f)「夫は妻子を養えなくなったら，離婚されても仕方がない」（「そう思わない」33.3%,「そう思う」25.8%）などの項目では，「そう思う」も高めであった。このように自らの夫婦関係や「男らしさ」に関わる意識を見ると，男性の優位性を肯定する「男らしさ」規範の根強さもうかがえる。この「男らしさ」規範は，自らの家族扶養役割を重視する意識とも重なり，男性たちのジェンダー・アイデンティティの中核を形づくっているのではないかと見られる（第2,8章参照）。

5.4　パートナーに期待するケア役割

女性の家族扶養役割を重視する男性たちが，パートナーに期待するケア役割にはどのような特徴があるか。ケア意識に関わる項目を見てみよう。

Q19 (a)〜(e) 結婚相手（パートナー）に期待するケア役割意識の関連を見ると，女性の家族扶養役割を「とても重要」とする男性は，「重要でない」男性より，全体的に多くの面でパートナーへのケア役割の期待が高めである。(a)「あなたの仕事が忙しいとき，家庭のことで煩わせないこと」では「非常に期待する」24.9%（15.4%），(b)「あなたが病気のときに世話をすること」では43.2%（34.6%），(c)「あなたの疲労や体調不良がないか気遣いをすること」では36.6%（21.1%），(d)「あなたの心配ごとや悩みごとを聞くこと」では26.0%（17.7%），が「非常に期待する」としている。

なお Q27, 28 男性本人とパートナーの介護については，有意な関連が見られなかった。

5.5　パートナーへのケア意識

一方，Q25 (a)〜(e) 結婚相手（パートナー）へのケア意識との関連を見る

と，女性の家族扶養役割を「とても重要」とする男性は「重要でない」男性より，全体的に多くの面でパートナーへのケア意識も高めである。(a)「相手が忙しいとき，家事をする」では「すすんでする」が 49.3%（31.3%），(b)「相手の体の具合が悪いときに家事をする」では 65.8%（47.7%），(c)「相手が病気のときに世話をする」では 69.7%（50.3%），(d)「相手の疲労や体調不良がないか気遣いをする」では 49.1%（32.7%），(e)「相手の心配ごとや悩みごとを聞く」では 48.7%（32.3%）である。

これらの結果を合わせると，女性の家族扶養役割を「とても重要」とする男性は，本人とパートナーの家族扶養役割，ケア役割の両面において，男女の相互的な関係性を重視する傾向がある。つまり，これまでおもに女性のジェンダー役割とされてきたケア役割について，パートナーにケアを期待すると同時にパートナーをすすんでケアする意識をもつということができる。家族扶養役割とケア役割をパートナーとともに分かち合いたいとする相補的・互酬的志向，夫婦間の情愛関係の志向がより明確である（第7章参照）。

5.6 出産・子育てに関するタイプ

さらに Q23 (a)～(e) 出産・育児に関するタイプとの関連を見ると，女性の家族扶養役割を「とても重要」とする男性は，「重要でない」男性より多くの面で積極的傾向が見られる。(a)「出産に立ち会う」では 31.1%（17.3%），(b)「乳幼児の身の回りの世話をする」では 40.6%（21.8%），(c)「子どものしつけに責任をもつ」では 62.4%（41.1%），(d)「子どもと遊ぶ」では 69.9%（51.8%），(e)「勉強やスポーツなどを教える」では 62.9%（44.7%）が「すすんでする」としている。これらと本章 5.1，5.4，5.5 の結果を合わせてみると，女性の家族扶養役割を重視する男性は，パートナーに対してだけでなく子どもへのケアについても，父親としての性別役割規範にあまりとらわれず，自らも「ケアラーとしての男性」の役割を担おうとする傾向がうかがわれる（矢澤ほか，2003: 138-169）。

5.7 まとめ

以上の結果から，これら男性たちの家族扶養意識とケア意識には，男性も女

性もともに家族扶養役割とケア役割を担いながら「両立ライフ」を志向し、パートナーとの性別役割の相互乗り入れによって「幸せな家庭」をつくることを「とても重要」とするジェンダー関係への志向が見られる。彼らのジェンダー・アイデンティティ（男性性）には、「ワーク・ライフ・バランス」を重視する今後の男女共同参画社会の担い手としての志向もうかがえる。

このような男性たちのケア意識を、家族内に閉塞する「ケアの私事化」に向かわせないためには、パートナーへのケアや親としてのケア志向（イクメン志向）を、地域や社会の多様な市民間の「社会的・協働的なケア・ネットワークづくり」（ケア・チェーン）につなげていくための公共的・総合的な「社会環境」「都市環境」の整備が必要であろう（内閣府男女共同参画局、2006；矢澤、2006）。また男性たちの働き方、働かせ方の見直しと「ケアラーとしての男女」のシティズンシップ、つまり子育てや介護などに関わる市民の「ケアする」権利（時間、費用、サービス等）の保障や、男女がともに「家族的責任」を担い合える、かけ声倒れにならない男女共同参画社会の実現が、政府・企業等各方面に求められている（矢澤ほか、2003: 138-201；矢澤・天童、2004: 97-102）。

6 「男性＝稼ぎ手」役割を重視しない男性のジェンダー意識・ケア意識

6.1 「幸せな家庭」志向

では、「男性＝稼ぎ手」役割を重視しない男性のジェンダー意識・ケア意識には、どのような特徴があるのか。Q30 男性の自立にとって（c）「家族を養うことができる」を「あまり重要でない」（41人、2.7%）「全く重要でない」（6人、0.4%）とした男性は、合わせて47人（3.1%）とごく少数であった。だがこうした男性が一定数存在することは、今日の男性たちがもつ家族扶養意識の流動化・多元化を端的に示しており注目に値する。

この男性たちについて詳しく見てみよう。属性との関連を見ると、サンプル数が少なく統計的検定の意味は低いが、Q1就業状態、Q3-1雇用形態、Q5年収、Q31年齢、Q32学歴、Q34子どもの有無、Q35結婚の有無のいずれの項目とも有意な関連はない。では、男性の家族扶養役割を「重要でない」とする

図10-10　Q12 人生にとって重要なこと(d)幸せな家庭をつくる

Q30 男性の自立にとって重要なこと
(c)家族を養うことができる

	Q12(d)とても重要	やや重要	あまり重要でない+重要でない
総数(1,513)	66.5	27.6	5.9
Q30(c)とても重要(1,086)	73.4	22.6	4.1
やや重要(381)	49.6	40.4	10.0
あまり重要でない+全く重要でない(46)	43.5	39.1	17.4

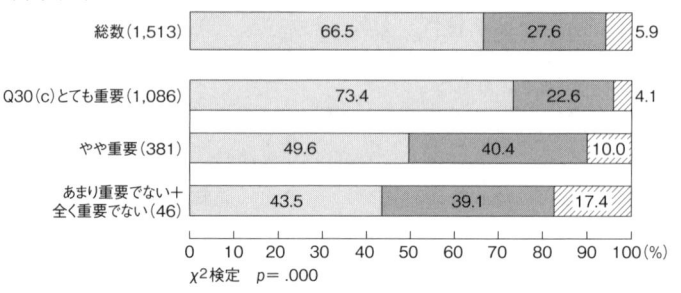

χ^2検定　$p=.000$

のはどのような人たちか。彼らは，Q29 女性の自立にとって(c)「家族を養うことができる」は「重要でない」が高めであった（38人，82.6%，図10-9も参照）。つまり，男性のみでなく女性の家族扶養役割についても，「重要でない」が高めである。また，Q12 人生にとって(d)「幸せな家庭をつくる」との関連を見ると，「とても重要」が43.5%と低めである（男性の家族扶養役割「とても重要」73.4%，「やや重要」49.6%）（図10-10）。男性の家族扶養役割を「とても重要」とする男性に比べると，「幸せな家庭」志向も低い。彼らは，男女の家族扶養役割といわば地続きに形づくられる「幸せな家庭」像に対して否定的とも見られる。では彼らのジェンダー意識，また彼らの描く家族像はどのようなものか。

6.2　男性／女性に関する意識（ジェンダー意識）

男性の家族扶養役割を「重要でない」とする男性のジェンダー意識の特徴を見てみよう。Q13（a）〜（f）男性／女性のあり方に関する考え方とのクロス集計では，全体的にジェンダーの固定観念から比較的自由な意識が高めである。先に見た，女性の家族扶養役割を「とても重要」とする男性に比べると各項目のパーセントはやや低めだが，(c)「女性がいれたお茶はやはりおいしい」でも「そう思わない」が40.4%（「とても重要」24.8%，「やや重要」27.0%）と高めで，女性の「ジェンダー・イメージ（女らしさ）」へのこだわりは弱めであった。

6.3 夫婦や家族のありかたに関する意識(性別役割規範)

Q14 (a)～(f) 夫婦や家族のありかたに関する考え方との関連を見ると,男性の家族扶養役割は「重要でない」とする男性は「とても重要」「やや重要」に比べて,すべての項目で夫婦や家族をめぐる性別役割規範から自由な意識が高めである。たとえば (a)「妻の収入が夫より多いのは,男として不甲斐ない」では「そう思わない」が,51.1%と高めである(「とても重要」27.2%,「やや重要」32.0%)。5節で検討した,女性の家族扶養役割を重視する男性に比べても,各項目で一貫して高めであった。

6.4 パートナーに期待するケア役割

さらに Q19 (a)～(e) パートナーに期待するケア役割との関連を見ると,男性の家族扶養役割を「重要でない」とする男性は,全体的に多くの面でパートナーへのケア役割期待が低めである。(a)「あなたの仕事が忙しいとき,家庭のことで煩わせないこと」では「期待しない(「あまり期待しない」+「まったく期待しない」)」が48.9%(「とても重要」22.8%,「やや重要」30.6%),(b)「あなたが病気のときに世話をすること」では23.9%(「とても重要」7.7%,「やや重要」11.5%),(d)「あなたの心配ごとや悩みごとを聞くこと」は47.8%(「とても重要」26.3%,「やや重要」30.8%)などである。パートナーへのケア役割期待が高めであった,女性の家族扶養役割を「とても重要」とする男性とは対照的な意識を示している。

つまり彼らは総じて,パートナーとの関係においては「男性=稼ぎ手,女性=世話・ケアの担い手」という性別役割規範から比較的自由な人たちといえる。それは,彼らの生活面の自立志向によるものなのか,あるいはジェンダーにとらわれない家族観や規範によるものかなど,さらに他の諸要因との関連分析や事例研究での検討が必要であろう。

6.5 パートナーへのケア意識

一方,Q25 (a)～(e) パートナーへのケア意識との関連を見ると,全体的に多くの面でパートナーへのケア意識は高めである。(a)「相手が忙しいとき,家事をする」では「すすんでする」40.4%(「とても重要」36.1%,「やや重要」

28.5%）で，(c)「相手が病気のときに世話をする」では61.7%（「とても重要」58.4%，「やや重要」42.0%），(e)「相手の心配ごとや悩みごとを聞く」では44.7%（「とても重要」36.4%，「やや重要」25.9%）である。

6.6 出産・子育てに関するタイプ

Q23 (a)〜(e) 出産・育児に関するタイプとの関連を見ると，積極的に出産・子育てに関わりたい意識が高めである。特に (b)「乳幼児の身の回りの世話をする」では「すすんでする」36.2%（「とても重要」27.6%，「やや重要」20.5%），(e)「勉強やスポーツなどを教える」でも55.3%（「とても重要」48.8%，「やや重要」36.2%）である。またQ21 父親はどうあるべきかについても「父親も母親と同じように，子育てするのがよい」が74.5%と，かなり高めであった（「とても重要」53.6%，「やや重要」55.1%）。

6.7 介護意識

さらにQ27, 28 男性本人と結婚相手（パートナー）の介護との関連を見ると，Q27 本人の介護は「主に結婚相手に介護してもらう」（36.2%）は低めであり（「とても重要」48.9%，「やや重要」43.2%），これは6.4で見たパートナーに期待するケア役割の低さと対応した介護意識と見られる。「主に福祉サービスなどを利用する」（42.6%）はもっとも高い。一方，Q28 パートナーの介護については，「主に自分が介護する」が78.7%と高く（「とても重要」76.2%，「やや重要」68.9%），「福祉サービス利用」は10.6%とかなり低い（「とても重要」16.9%，「やや重要」24.0%）。

6.4〜6.7の結果から，男性の家族扶養役割を「重要でない」とする男性たちのケア意識や介護意識を見ると，子育て，パートナーの介護など多くの場面で意識が高めである。つまり，このタイプの男性には「ケアラーとしての男性（父親）」役割に積極的志向が高いといえる。彼らは，5節で検討した女性の家族扶養役割は「とても重要」とする男性と異なり，パートナーに家庭でのケアや介護をあまり期待していない。男性のこのようなケア意識は，どのような家族像を結ぶのか。家族扶養の単位（世帯）としての近代家族像（「幸せな家庭」像）ではなく，夫婦・親子間等の「ケアの絆」を軸とする，性別役割規範から

第 10 章 男性の家族扶養意識とジェンダー秩序

自由な現代(「ポスト近代」)の多様な家族像が,そこから描かれていくのかもしれない(有賀,2011: 127-165)。

6.8 まとめ

以上 5～6 節で検討した 2 タイプの男性たちは,本調査でも少数派といえる。したがって,これら男性の意識動向が,今後の日本のジェンダー秩序の揺らぎにつながるような変化に連動していくと予測するのは早計であろう。サンプル数が少なく仮説的結論になるが,本調査で新たに見出された 2 タイプの男性意識からは,男女共同参画社会に適合的な男性意識の傾向を一定程度読み取ることはできる。雇用の流動化・不安定化という時代動向や人口構造の超少子高齢化が進行するなかで,従来型の性別役割規範や家族扶養意識からある程度解放された志向をもつ男性たちが,日本でも出現している点に注目したい。彼らは,「おりずにがんばる」「働きすぎ」社会日本の方向転換の水先案内人となりうるのか。これら男性たちに見出された家族扶養意識,ジェンダー意識,ケア意識のゆくえについては,男女双方の職業とケアをめぐる意識の多元化・重層化を生み出す社会・文化的文脈に関連づけてさらに検討を深めていく必要があろう。

7 「男性稼ぎ主モデル」の揺らぎとジェンダー秩序のゆくえ

7.1 本調査の結果から

本書では,大都市(東京)で働く少産化世代,働き盛りの男性意識の諸相を分析した。そして本章では男性の家族扶養意識や仕事と家庭の「両立」意識が一定程度多元化していることを明らかにした。また 5～6 節では既存の性別役割規範から比較的自由な家族扶養意識をもつ 2 タイプの男性たちに注目し,彼らの家族観,ジェンダー意識,ケア意識と他の諸要因との関連を分析し,「男性稼ぎ主モデル」や近代家族像の変容につながる意識の動向をさぐった。

収入減やリストラ,非正規雇用の拡大などのリスクが高まるグローバルなポスト工業社会において,世帯主として「一家の大黒柱」の役割を担うことは,多くの男性の重荷になっている。また働き盛りの男性の過労死,過労自殺や心の病の増加に表れているように,長時間勤務,サービス残業,配転,失業,転

職，離職など仕事上のストレスにより，「男らしさ」「父親らしさ」をめぐる男性たちのジェンダー・アイデンティティは揺らぎ，危機に瀕している（多賀，2006, 2011）。警察庁統計によると，日本の自殺者は，2011年まで14年連続で3万人を超えている。男性が7割を占め，30年前と比べ約1.8倍に増加している。

　本書の各章で検討しているように，男性の職業意識，稼ぎ手役割意識，子育て・介護・パートナー関係におけるケア意識を規定する要因はさまざまである。全体として見ると，雇用の流動化・不安定化という時代状況を内面化した男性たちの意識は，ジェンダーに強く規定されながらも多元的な様相を呈していることが確かめられた。本章で分析した複数のタイプの男性の家族観，ジェンダー意識，ケア意識の諸相も，現代日本社会におけるジェンダーの複合的作用やその効果の一端を示唆するものである。多元化した家族扶養意識には，男女共同参画時代を拓くポジティヴな志向も見出せた。それらの志向をネガティヴな方向に転化させないためにも，男女共同参画社会実現へのジェンダーに敏感な多面的経済政策，社会政策の展開が求められる（大沢，2007；Esping-Andersen, 2009＝2011）。

　一方，雇用の流動化・不安定化が労働市場の周辺部（非正規雇用者，女性，若者，高齢者等）において顕在化していくなかでも，男性の稼ぎ手意識，家族扶養意識は，ジェンダー・アイデンティティ（男性性）の中核部分として維持されていることが示された。男性を世帯主，「稼ぎ手」と見なす家族扶養意識は，年齢，学歴，階層，ジェンダーを横断するかたちで，日本に根強い「家族主義的」国民意識として，人びとの生活や社会慣習，法制度の「ハビトゥス」（P. ブルデュー）の中でいまも温存されている。新自由主義的国家戦略による「構造改革」路線，市場化路線と手をたずさえて，新たな男性優位的，「家族主義的」自己責任論や教育論，国家（「強い国柄」）・家族論も台頭している（民法改正やジェンダー平等教育，性教育反対を主張する大衆的メディアを利用したジェンダー・バッシングの動き等，木村，2005）。

　とはいえ，グローバルな金融危機の進行や雇用不安定化の下で社会経済システムや家族のあり方の「流動化」は，いわば不可逆的なマクロ構造変動（社会変動過程）として進展しており，制度・慣習上の「男性稼ぎ主モデル」の不適

合性はすでにさまざまな面で露呈している。国際的に見て固定的な性別役割規範が根強い日本社会においても，男女のジェンダー意識は確実に流動化しており（内閣府男女共同参画局，2007: 10；独立行政法人国立女性教育会館，2012: 190-192），国民意識の中核にある男女の家族扶養意識や「男性稼ぎ主モデル」は揺らいでいる。それゆえにこそ今日，企業等によるワーク・ライフ・バランスの推進や政府等による「"両立支援型"生活保障システムの構築」（大沢，2008）が，緊急の政策課題となっているのである。

7.2 ジェンダー秩序再編のゆくえ

社会経済の諸領域でグローバルな流動化が進む「リキッド・モダニティ」（Bauman, 2000 = 2001）としての21世紀は，「男らしさ」「女らしさ」，そしてジェンダー秩序を地球規模で再編成する時期である（Giddens, 1999 = 2001: 118-133）。グローバリゼーションによるジェンダー意識やジェンダー秩序の再編がもたらすローカルな帰結とは，果たして既存の「男（女）らしさ」からの「解放」なのか，あるいは「新たな男（女）らしさ」への「再編」「収斂」なのか（江原，2001）。男女の性別分業や性別役割規範からの解放の先には，男と女，男と男，女と女の間のどのような相互関係のあり方や「関係的自立」が予測されるのか（天野，2001）。また，どのようなオルタナティブなジェンダー・アイデンティティ，職業意識，ケア意識，家族規範の形成と，それらが織りなす親密圏，公共圏を展望することができるのか（Fraser, 1997 = 2003: 214-217）。

今後の研究においては，グローバルな文脈が錯綜して現出するローカルな親密圏・公共圏の複数の社会的・文化的文脈に降り立ち，男女の自立と依存の関係性を見極め，ジェンダー秩序を再構築するミクロ・マクロの多様な線分を検討し，ジェンダー秩序再編のゆくえを見定めていく必要がある。本調査研究で行ったような理論的・実証的な研究の積み重ねにより，グローバルに越境し，ローカルに生きるジェンダー化された諸主体の，未来を拓く多元的な意識についての社会的・文化的意味は，さまざまな文脈から解読されていくであろう（矢澤，2006: 141-168）。

付記　本章で使用したデータの整理と分析には，東京女子大学大学院博士後期課程の堀聡子さんの助力を得た。記して感謝したい。

参考文献

浅倉むつ子，2004，『労働法とジェンダー』勁草書房．
天野正子，2001，『団塊世代・新論——関係的自立をひらく』有信堂．
有賀美和子，2011，『フェミニズム正義論——ケアの絆をつむぐために』勁草書房．
江原由美子，2001，『ジェンダー秩序』勁草書房．
大沢真理，2007，『現代日本の生活保障システム』岩波書店．
大沢真理，2008，「国際比較のなかの日本—"両立支援型"生活保障システムの構築と日本の課題」『女性労働問題研究』女性労働問題研究会，52: 7-22．
落合恵美子，2006，「家族主義政策の帰結としての超低出生率」北九州市立男女共同参画センター"ムーブ"編『ジェンダー白書4　女性と少子化』明石書店，37-55．
木村涼子編，2005，『ジェンダー・フリー・トラブル』白澤社．
多賀太，2006，『男らしさの社会学——揺らぐ男のライフコース』世界思想社．
多賀太編著，2011，『揺らぐサラリーマン生活——仕事と家庭のはざまで』ミネルヴァ書房．
辻村みよ子・戸澤英典・西谷裕子編，2008，『世界のジェンダー平等——理論と政策の架橋をめざして』東北大学出版会．
独立行政法人国立女性教育会館編，2012，『男女共同参画統計データブック2012——日本の女性と男性』ぎょうせい．
内閣府男女共同参画局，2004，『平成16年版　男女共同参画白書』国立印刷局．
内閣府男女共同参画局，2006，『少子化と男女共同参画に関する社会環境の国際比較報告書』国立印刷局．
内閣府男女共同参画局，2007，『平成19年版　男女共同参画白書』国立印刷局．
萩原久美子，2006,『迷走する両立支援』太郎次郎社．
森ます美・浅倉むつ子編，2010，『同一価値労働同一賃金原則の実施システム——公平な賃金の実現に向けて』有斐閣．
山田昌弘，2004，『希望格差社会——「負け組」の絶望感が日本を引き裂く』筑摩書房．
山田昌弘，2006，『新平等社会——「希望格差」を超えて』文藝春秋．
矢澤澄子，2000,「『母』の変容と女性の人生設計・自立の困難」目黒依子・矢澤澄子編『少子化時代のジェンダーと母親意識』新曜社．
矢澤澄子，2006,「都市の親密圏・公共圏とケアの危機」似田貝香門・矢澤澄子・吉原

直樹編著『越境する都市とガバナンス』法政大学出版局.
矢澤澄子,2009,「男女共同参画時代と女性のライフキャリア」矢澤澄子・岡村清子・東京女子大学女性学研究所編『女性とライフキャリア』勁草書房,182-220.
矢澤澄子・国広陽子・天童睦子,2003,『都市環境と子育て――少子化・ジェンダー・シティズンシップ』勁草書房.
矢澤澄子・天童睦子,2004,「子どもの社会化と親子関係」有賀美和子・篠目清美・東京女子大学女性学研究所編『親子関係のゆくえ』勁草書房,68-106.

Bauman, Z., 2000, *Liquid Modernity*, Polity Press(=2001,森田典正訳『リキッド・モダニティ』大月書店.)
Esping-Andersen, G., 2009, *The Incomplete Revolution: Adapting to Women's New Roles*, Cambridge: Polity.(=2011,大沢真理監訳『平等と効率の福祉革命――新しい女性の役割』岩波書店.)
Fraser, N, 1997, *Justice Interruptus: Critical Reflection on the "Postsocialist" Condition*, London & New York: Routledge(=2003,仲正昌樹監訳『中断された正義――「ポスト社会主義的」条件をめぐる批判的省察』御茶の水書房.)
Giddens, A, 1999, *Runaway World*, London Profile Books, Ltd.(=2001,佐和隆光訳『暴走する世界――グローバリゼーションは何をどう変えるか』ダイヤモンド社.)

付録　調査票と単純集計

都市男性の生活と意識に関する調査

―― ご記入に際してのお願い ――

1. この調査は<u>お願いした方ご本人自身</u>でご記入をお願いします。
2. お答えは、あてはまる番号を○で囲んでいただくか、数字をご記入ください。
3. ご回答いただく○印の数は質問文の終わりに（○は1つ）とか（○はそれぞれ1つずつ）などと示していますので、それに従ってご回答ください。
4. ご記入は、質問の番号や矢印（→）の指示にそってお願いします。
5. ご記入は鉛筆または黒・青のペン、ボールペンでお願いします。
6. 「その他」をお答えになった場合は、（　）内に具体的な内容をご記入ください。
7. 回答に迷う場合は、あなたの気持、考えにできるだけ近いものを選ぶようにしてください。
8. 質問数が多く、記入時間も長くなると思いますが、なにとぞ全部の質問にご回答くださいますよう、お願いいたします。

なお、記入上おわかりにならない点などがありましたら、調査員にお尋ねになるか、下記（社）新情報センターまでお問い合わせください。

＿＿＿月＿＿＿日＿＿＿時頃に、調査員がいただきにまいりますので、それまでにご記入くださいますようお願いいたします。

平成16年1月

【調査主体】　ジェンダー社会学研究会
　　　　　　　調査代表者　目黒依子（上智大学文学部教授）

【調査実施機関・お問い合わせ先】
　　　　　　　社団法人　新情報センター

まず、あなた自身の職業などについてお聞きします。
Q1　あなたは、現在お仕事をお持ちですか。（○は１つ）　　※　(n) 表示のないときは、1,523人を基数とする。数字は％。

```
93.0  はい           （n＝106）
 7.0  いいえ ──→  50.0  失業中
                    28.3  学　生  ──→ 次ページの問８にお進みください
                    21.7  その他
```

【Q2～Q7は、Q1で「１」と答えた、現在仕事をしている方にお聞きします。】

Q2　あなたは、具体的にどのようなお仕事をされていますか。下の〔　〕内に、簡単にお書きください。

[　（例）会社で経理をしている。工場でコンビニ弁当を作っている　　　　　　　　]

Q3　では、あなたの職業は、次のどれにあたりますか。（○は１つ）
（n＝1,417）

```
自営業主   0.1  農林漁業（植木職、造園師を含む）
           9.2  商工サービス業（小売店、飲食店、理髪店主など）
           3.9  自由業（開業医、弁護士事務所経営者、芸術家、茶華道師匠など）
家族従業者 2.3  農家や個人商店などで自分の家族が経営する事業を手伝っている者
           6.5  管理的職業（官庁、企業の課長以上、会社の経営者など）
           5.4  専門技術職（研究者、教員、技術者、弁護士、病院勤務医師、保育士など）
勤め人    37.7  事務職（事務系社員・公務員、営業職など）
          17.5  労務職（大工、運転手、修理工、生産工程作業員など）
           7.9  販売職（販売店員、セールスマンなど）
                サービス・保安職（ヘルパー、理・美容師、調理人、保険外交員、ウェイター、
           9.2  管理人、警察官、自衛官、消防員など）
           0.4  その他
```

【Q3で「５」～「10」と答えた、勤め人の方にお聞きします。】
Q3－1　では、あなたの雇用形態は、次のどれにあたりますか。（○は１つ）
（n＝1,193）

```
86.0  常勤の正社員、正職員      3.7  臨時・パート      2.3  無回答
 6.8  委託・契約社員            1.3  その他（具体的に　　　　　　　　　　）
```

【現在仕事をしている方にお聞きします。】
Q4　あなたの勤め先の従業員数は、およそ何人くらいですか。本社、支社、支店、営業所、工場などのすべてを含めた、企業全体の従業員の数を、お答えください。また、官公庁にお勤めの方は、「９官公庁」とお答えください。（○は１つ）
（n＝1,417）

```
18.3  １～５人        11.6  100～299人    11.9  1,000～4,999人   1.6  無回答
17.2  ６～29人         6.1  300～499人    11.2  5,000人以上
12.6  30～99人         5.3  500～999人     4.1  官公庁
```

付録　調査票と単純集計

Q5　あなた自身の1年間の収入は、どのくらいになるでしょうか。ボーナスを含めた税込みでお答えください。（○は１つ）
（n=1,417）

0.3	なし	17.8	400万円以上500万円未満
0.7	100万円未満	21.2	500万円以上700万円未満
4.7	100万円以上200万円未満	16.7	700万円以上1,000万円未満
11.8	200万円以上300万円未満	6.5	1,000万円以上
18.6	300万円以上400万円未満	1.8	無回答

Q6　現在のご自分の職業において、次にあげる(a)～(d)について、どの程度満足しておられますか。
（n=1,417）　　　　　　　　　　　　　　　　　　　　　　　　　　（○はそれぞれ１つずつ）

	とても満足	やや満足	やや不満	とても不満	無回答
(a) 給与（収入）	4.9	34.6	41.8	18.3	0.4
(b) 仕事の内容	10.9	52.5	30.8	5.4	0.4
(c) まわりからの評価	10.5	55.7	28.4	4.8	0.6
(d) 総合的に	6.3	51.1	36.5	5.6	0.6

Q7　では現在、あなたの雇用や事業は、安定していますか、それとも不安定ですか。（○は１つ）
（n=1,417）

19.1	とても安定している（解雇・倒産の不安はほとんどない）		
50.2	どちらかといえば安定している（解雇・倒産の不安はあまりない）		
22.8	どちらかといえば不安定（解雇・倒産の不安がややある）		
6.6	かなり不安定（解雇・倒産の不安はとてもある）	1.3	無回答

【全員の方にお聞きします。】

Q8　あなたは、過去3年以内に、退職・転職・開業・廃業などで、仕事を変えたり、辞めたりしたことがありますか。（○は１つ）

24.6	75.2	0.2
ある	ない	無回答
	→ 次ページのQ9へお進みください	

【Q8で「1」と答えた、転職や離職経験のある方にお聞きします。】

Q8-1　あなたが、仕事を変えたり、辞めたりしたのはなぜですか。何回か職を変えたり、辞めたりした方は、最近のことについてお答えください。（○は１つ）
（n=374）

12.6	解雇された、倒産した	27.8	仕事や事業の先行きに見切りをつけた
3.2	退職奨励にあった	1.6	親の事情
6.4	契約期間が終了した	0.8	妻や子どもの事情
33.4	転職のためにやめた	9.6	その他（具体的に　　　　　　）
4.0	あなたの健康上の理由	0.5	無回答

Q9 あなた自身の収入は、ここ3年のうちに変化しましたか。（○は１つ）

```
14.6  かなり減った                                    0.3  無回答
19.8  やや減った
37.6  ほぼ横ばい
23.1  やや増えた
 3.0  かなり増えた
 1.6  収入はない
```

Q10 あなた自身の収入の、今後の見通しはいかがですか。（○は１つ）

```
17.3  増えていく                                     0.8  無回答
48.1  ほぼ横ばいが続く
21.9  増えたり減ったりする
12.0  減っていく
```

次に、あなたの日頃の意識などについてお聞きします。

Q11 あなたは、日頃、次の(a)～(d)のようなことでイライラする（ストレスを感じる）ことがありますか。
（○はそれぞれ１つずつ）

	よくある	ときどきある	たまにある	ほとんどない	無回答
(a) 時間的なゆとりがない	25.4	30.1	28.1	16.0	0.4
(b) 経済的なゆとりがない	20.7	25.6	30.8	22.3	0.7
(c) 家族との関係がうまくいかない	4.3	12.8	30.9	50.8	1.2
(d) 仕事・職場がうまくいかない	7.8	21.5	45.1	24.8	0.7

Q12 あなたの人生にとって、次の(a)～(e)にあげる項目はどのくらい重要ですか。
（○はそれぞれ１つずつ）

	とても重要	やや重要	あまり重要でない	重要でない	無回答
(a) 社会的に成功する	20.0	45.5	27.4	6.6	0.5
(b) 好きな仕事ができる	48.7	43.6	6.4	1.0	0.3
(c) 趣味や余暇を楽しむ	50.6	42.0	6.2	0.7	0.5
(d) 幸せな家庭をつくる	66.2	27.4	5.1	0.8	0.5
(e) 人のためになることをする	29.6	53.0	15.2	1.8	0.4

付録　調査票と単純集計

Q13　男性もしくは女性のありかたに関する、次の(a)〜(f)のような考え方について、あなたはどう思われますか。あなたの考えに近いものを選んでください。（○はそれぞれ１つずつ）

	そう思う	どちらば、そう思う	どちらば、そう思わない	そう思わない	無回答
(a) 男性は看護や保育などの職業には向いていない	5.3	23.2	26.3	45.0	0.2
(b) 男が最終的に頼りにできるのはやはり男である	7.9	20.8	29.5	41.4	0.5
(c) 女性がいれたお茶はやはりおいしい	20.0	34.6	19.4	25.7	0.3
(d) 男性は女性に比べて自由に生き方を決められる	9.4	27.1	28.4	34.7	0.4
(e) 女性が男性より昇進が遅いのは仕方ない	6.2	23.3	30.3	39.7	0.5
(f) 男らしくないと、女性にはもてないと思う	16.3	32.5	24.4	26.2	0.7

Q14　夫婦や家族のありかたに関する、次の(a)〜(f)のような考え方について、あなたはどう思われますか。あなたの考えに近いものを選んでください。（○はそれぞれ１つずつ）

	そう思う	どちらば、そう思う	どちらば、そう思わない	そう思わない	無回答
(a) 妻の収入が夫より多いのは、男として不甲斐ない	19.8	30.1	20.6	29.1	0.5
(b) 家庭のこまごました管理は女性でなくてはと思う	16.1	34.3	23.4	25.5	0.6
(c) 女性には最終的に自分の考えに従って欲しい	12.7	38.7	23.6	24.6	0.5
(d) 人前では、妻は夫をたてるべきだ	22.0	43.3	18.3	15.9	0.5
(e) 夫は外で働き、妻は家を守るべきである	8.0	28.2	29.5	33.6	0.7
(f) 夫は妻子を養えなくなったら、離婚されても仕方がない	19.0	28.5	28.4	23.6	0.5

Q15　次の(a)〜(c)のような意見について、あなたはどの程度賛成あるいは反対ですか。

（○はそれぞれ１つずつ）

	賛成	やや賛成	やや反対	反対	無回答
(a) 子どもを産むか産まないかは、産む女性本人が決めるべきだ	17.5	30.5	31.4	20.4	0.3
(b) 女性が妊娠を望んでいない場合は、男性も避妊に協力するべきだ	59.0	33.1	6.1	1.4	0.4
(c) 女性が望まない性行為は、相手が夫であってもレイプ（強姦）である	38.5	37.6	17.7	5.6	0.6

さらに、結婚観や家族についてのお考えをお聞きします。

Q16 「仕事と子育て」のバランスについて、いろいろな意見がありますが、あなた自身はどのようにしたいと思いますか。お子さんがいらっしゃらない方も、いる場合を想定してお答えください。(○は1つ)

```
18.3  子育てより職業を優先したい                    0.4  無回答
73.4  子育てにも職業にも同じぐらいかかわりたい
 7.9  職業より子育てを優先したい
```

Q17 あなたは結婚相手(パートナーを含む)には、「仕事と子育て」のバランスをどのようにとってほしいと思いますか。現在、未婚の方やお子さんがいらっしゃらない方も、いる場合を想定してお答えください。(○は1つ)

```
 1.4  子育てより職業を優先してほしい                0.5  無回答
49.2  子育てにも職業にも同じぐらい関わってほしい
48.9  職業より子育てを優先してほしい
```

Q18 あなたは、結婚相手(パートナーを含む)にどのような人生を送ってもらうのが理想ですか。
(○は1つ)

```
 1.4  子どもはもたず、一生仕事を続ける              1.7  無回答
24.0  子どもをもち、一生仕事を続ける
55.4  結婚・出産を機にいったん退職し、子育て後に再び仕事につく
17.5  結婚・出産を機に退職し、その後は仕事につかない
```

Q19 あなたは、結婚相手(パートナーを含む)に、次の(a)~(e)のようなことを期待しますか。
(○はそれぞれ1つずつ)

	非常に期待する	ある程度期待する	あまり期待しない	まったく期待しない	無回答
(a) あなたの仕事が忙しいとき、家庭のことで煩わせないこと	14.8	59.0	21.6	3.8	0.8
(b) あなたが病気のときに世話をすること	34.2	56.2	7.4	1.6	0.5
(c) あなたの疲労や体調不良がないか気遣いをすること	23.2	61.9	12.5	2.0	0.5
(d) あなたの心配ごとや悩みごとを聞くこと	18.1	53.5	24.3	3.6	0.7
(e) あなたの収入が十分でないとき、働いて家計を助けること	11.1	53.4	29.3	5.6	0.5

Q20 あなたの人生にとって、子どもはどのような存在ですか。または、存在になると思いますか。お子さんがいらっしゃらない方も、いる場合を想定してお答えください。(○は1つ)

```
44.4  絶対必要                  1.3  いないほうがよい
43.3  いるほうがよい             0.3  まったく必要ない
10.3  いてもいなくてもよい       0.3  無回答
```

付録　調査票と単純集計

Q21　あなたは、父親とはどうあるべきだと思いますか。（○は１つ）

3.9	子育ては、できるだけ母親に任せるのがよい
41.4	父親が必要であると思われるときにだけ、きちんと役割を果たすのがよい
54.6	父親も母親と同じように、子育てをするのがよい
0.2	無回答

Q22　もしあなたが子どもを１人だけ持つとしたら、男の子を望みますか、女の子を望みますか。すでにお子さんが２人以上いる方も、１人だった場合のこととしてお答えください。（○は１つ）

31.4	18.1	50.1	0.4
男の子	女の子	どちらでも良い	無回答

Q23　あなたは出産・育児に関する次の(a)〜(e)について、自分はどのようなタイプだと思いますか。未婚の方、お子さんのいない方も、ご自分が父親になった場合を想定してお答えください。

（○はそれぞれ１つずつ）

	すすんで	どちらかといえばすすんで	できればさけたい	どうしてもできない	無回答
(a) 出産に立ち会う	19.5	39.1	32.6	8.3	0.6
(b) 乳幼児の身の回りの世話をする	25.9	56.1	16.3	1.3	0.3
(c) 子どものしつけに責任をもつ	43.3	49.9	6.0	0.4	0.4
(d) 子どもと遊ぶ	55.0	42.3	2.1	0.3	0.3
(e) 勉強やスポーツなどを教える	45.7	49.6	3.9	0.5	0.3

Q24　もし近い将来、子どもが生まれることになったら、父親として育児休業を取りますか。（○は１つ）

31.7	１週間程度とる	3.5	２ヶ月以上とる	2.3	無回答
7.4	１ヶ月程度とる	55.2	まったくとらない		

Q25　あなたは、結婚相手（パートナーを含む）との関係の中で次の(a)〜(e)の事柄について、自分はどのようなタイプだと思いますか。（○はそれぞれ１つずつ）

	すすんで	どちらかといえばすすんで	できればさけたい	どうしてもできない	無回答
(a) 相手が忙しいとき、家事をする	34.3	51.9	12.3	1.3	0.2
(b) 相手の体の具合が悪いときに家事をする	50.8	43.5	5.1	0.4	0.2
(c) 相手が病気のときに世話をする	54.2	42.3	3.1	0.2	0.3
(d) 相手の疲労や体調不良がないか気遣いをする	35.4	59.6	4.5	0.4	0.2
(e) 相手の心配ごとや悩みごとを聞く	33.8	58.4	7.3	0.3	0.3

Q26 あなたは、自分の親が高齢期に介護が必要になったとき、どのようにしたいと思いますか。
(○は1つ)

- 30.1 主にあなたが介護する
- 16.4 主にあなたのきょうだいが介護する
- 18.0 主に結婚相手が介護する
- 34.1 主に福祉サービスを利用する
- 1.4 無回答

Q27 あなたは、あなた自身が高齢になったときには、どのような介護を望みますか。(○は1つ)

- 46.9 主に結婚相手に介護してもらう
- 7.9 主に子どもに介護してもらう
- 0.6 主にあなたのきょうだいなどに介護してもらう
- 44.1 主に福祉サービスなどを利用する
- 0.5 無回答

Q28 あなたは結婚相手(パートナーを含む)が高齢になったとき、介護をどのようにしたいですか。
(○は1つ)

- 74.0 主にあなたが介護する
- 6.2 主に子どもが介護する
- 0.9 主に結婚相手(パートナーを含む)のきょうだいなどが介護する
- 18.3 主に福祉サービスなどを利用する
- 0.7 無回答

Q29 次の(a)～(e)の項目は、**女性**の自立にとって、どの程度重要だと思われますか。
(○はそれぞれ1つずつ)

	とても重要	やや重要	あまり重要でない	全く重要でない	無回答
(a) 経済的に自立している	29.9	49.4	19.0	1.4	0.3
(b) 生き方を自分で選択できる	44.1	47.9	6.8	0.8	0.4
(c) 家族を養うことができる	15.0	45.3	35.9	3.2	0.7
(d) 家事ができる	40.2	42.5	14.8	2.0	0.4
(e) 育児ができる	48.1	39.0	11.0	1.4	0.5

Q30 次の(a)～(e)の項目は、**男性**の自立にとって、どの程度重要だと思われますか。
(○はそれぞれ1つずつ)

	とても重要	やや重要	あまり重要でない	全く重要でない	無回答
(a) 経済的に自立している	78.9	20.0	0.7	0.3	0.1
(b) 生き方を自分で選択できる	64.1	32.1	2.9	0.7	0.2
(c) 家族を養うことができる	71.6	25.1	2.7	0.4	0.3
(d) 家事ができる	16.2	47.1	32.5	3.9	0.3
(e) 育児ができる	19.4	51.8	25.3	3.1	0.4

付録　調査票と単純集計

最後にこの調査を統計的に分析するために、あなたご自身のことについてうかがいます。

Q31　あなたの年齢は。

19.4	23.8	20.7	19.2	16.9
25～29歳	30～34歳	35～39歳	40～44歳	45～49歳

Q32　あなたが最後に卒業した学校は次のどれですか。中退した場合も「卒業」としてお答えください。
（○は1つ）

2.5　中学校	16.4　専門学校	52.2　大学・大学院	0.2　無回答
26.3　高　校	2.1　短大・国立専門	0.3　その他（具体的に　　　）	

Q33　現在、あなたはどなたと同居していますか。（○はいくつでも）

58.0　配偶者	3.0　配偶者の親	8.7　その他（具体的に　　　）
46.2　子ども	2.8　祖父母	3.6　ひとり暮らし
1.8　子どもの配偶者	0.9　配偶者の祖父母	5.5　無回答
27.1　あなたの親	7.1　きょうだい	

Q34　お子さんはいらっしゃいますか。（○は1つ）

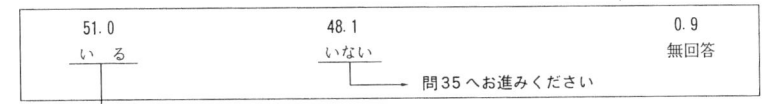

51.0	48.1	0.9
いる	いない	無回答
↓	→ 問35へお進みください	

Q34－1　お子さんの人数と一番下のお子さんの年齢をそれぞれご記入ください。

（a）　子どもの人数　　（n＝777）

36.7	48.3	13.8	0.9	0.3	0.1
1人	2人	3人	4人	5人以上	無回答

（b）　一番下の子どもの年齢　（n＝777）

27.0　0～2歳	15.4　6～8歳	10.0　12～14歳	7.3　18歳以上
21.5　3～5歳	13.4　9～11歳	4.6　15～17歳	0.6　無回答

【全員の方にお聞きします。】

Q35　あなたはご結婚されていますか。（○は1つ）

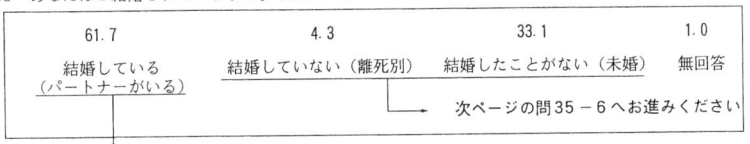

61.7	4.3	33.1	1.0
結婚している（パートナーがいる）	結婚していない（離死別）	結婚したことがない（未婚）	無回答
		→ 次ページの問35－6へお進みください	

【問35－1～35－5は、「1 結婚している」と答えた方にお聞きします。】

Q35－1　あなたの結婚相手（パートナーを含む）の年齢は。　（n＝939）

1.6	11.3	26.3	26.3	21.7	11.2	0.9	0.7
24歳以下	25～29歳	30～34歳	35～39歳	40～44歳	45～49歳	50歳以上	無回答

Q35－2　あなたの結婚相手（パートナーを含む）が最後に卒業した学校は次のどれですか。中退した場合も、「卒業」としてお答えください。（○は１つ）　　（n＝939）

1.3	中学校	19.4　短大・国立専門	0.6　無回答
35.8	高　校	25.8　大学・大学院	
17.1	専門学校	－　その他（具体的に　　　　　）	

Q35－3　あなたの結婚相手（パートナーを含む）のお仕事は次のどれにあたりますか。職種の分からない方は、「11　その他」に具体的にお書きください。（○は１つ）　　（n＝939）

自営業主	－　農林漁業（植木職、造園師を含む）	0.7　無回答
	3.0　商工サービス業（小売店、飲食店、理髪店主など）	
	1.8　自由業（開業医、弁護士事務所経営者、芸術家、茶華道師匠など）	
家族従業者	3.1　農家や個人商店などで自分の家族が経営する事業を手伝っている者	
勤め人	1.2　管理的職業（官庁、企業の課長以上、会社の経営者など）	
	7.2　専門技術職（研究者、教員、技術者、弁護士、病院勤務医師、保育士など）	
	17.7　事務職（事務系会社員・公務員、営業職など）	
	1.0　労務職（大工、運転手、修理工、生産工程作業員など）	
	4.9　販売職（販売店員、セールスマンなど）	
	サービス・保安職（ヘルパー、理・美容師、調理人、保険外交員、ウェイター、	
	8.8　管理人、警察官、自衛官、消防員など）	
	3.1　その他（　　　　　　　　　　　　　　　　　　　　　）	
無職	47.5　無職（専業主婦を含む）	

Q35－4　あなたの結婚相手（パートナーを含む）の１年間の収入は、どのくらいになるでしょうか。ボーナスを含めた税込みでお答えください。（○は１つ）　　（n＝939）

45.3	なし	4.2	400万円以上500万円未満
19.1	100万円未満	4.7	500万円以上700万円未満
9.9	100万円以上200万円未満	2.0	700万円以上1,000万円未満
7.2	200万円以上300万円未満	0.7	1,000万円以上
4.7	300万円以上400万円未満	2.2	無回答

Q35－5　お宅の家計を主に支えているのは、夫婦のうちどちらですか。（○は１つ）　　（n＝939）

71.8	ほとんどあなた（夫）	3.4	妻の方が多い
14.0	あなた（夫）の方が多い	1.9	ほとんど妻
8.4	ほぼ半々	0.5	無回答

【Q35で「2」または「3」と答えた、現在結婚していない方にお聞きします。】
Q35－6　あなたは、恋人がいますか。（○は１つ）　　（n＝569）

3.5	婚約者がいる	32.2	異性の友人がいる	1.4	無回答
24.3	恋人としてつきあっている女性がいる	38.7	いない		

どうもありがとうございました。

著者紹介 （執筆順）

江原 由美子（えはら ゆみこ） 第2章
首都大学東京理事副学長・人文科学研究科教授 博士（社会学）
主著 『フェミニズムと権力作用』1988；『ラディカル・フェミニズム再興』1991；『装置としての性支配』1995；『フェミニズムのパラドックス』2000；『ジェンダー秩序』2001（以上勁草書房）；『自己決定権とジェンダー』2002；『ジェンダーの社会学入門』（山田昌弘と共著）2008；『新編 日本のフェミニズム 1～12』（共編）2009-2011（以上岩波書店）

山田 昌弘（やまだ まさひろ） 第3章
中央大学文学部教授
主著 『近代家族のゆくえ』1988；『家族のリストラクチュアリング』1999（以上新曜社）；『家族というリスク』勁草書房 2001；『パラサイト社会のゆくえ』『希望格差社会』2004（以上筑摩書房）；『迷走する家族』有斐閣 2005；『新平等社会』文藝春秋 2006；『少子社会日本』岩波書店 2007；『ワーキングプア時代』文藝春秋 2009；『ジェンダーの社会学入門』（江原由美子と共著）岩波書店 2008

渡辺 秀樹（わたなべ ひでき） 第5章
慶應義塾大学文学部教授
主著 『講座社会学2 家族』（目黒依子と共編著）東京大学出版会 1999；『現代家族の構造と変容』（共編著）東京大学出版会 2004；『現代日本の社会意識』（編著）慶應義塾大学出版会 2005；『国際比較にみる世界の家族と子育て』（共編著）ミネルヴァ書房 2010；『いま，この日本の家族』（共著）弘文堂 2010

舩橋 惠子（ふなばし けいこ） 第6章
静岡大学副学長・人文社会科学研究科教授 博士（社会学）
主著 『赤ちゃんを産むということ』日本放送出版協会 1994；『育児のジェンダー・ポリティクス』勁草書房 2006；『母性の社会学』（共著）サイエンス社 1992；『雇用流動化のなかの家族』（共編著）ミネルヴァ書房 2008；『国際比較にみる世界の家族と子育て』（共編著）ミネルヴァ書房 2010

直井 道子（なおい みちこ） 第7章
桜美林大学大学院老年学研究科客員教授 博士（人間科学）
編著 『現代日本の階層構造4 女性と社会階層』（岡本英雄と共編著）東京大学出版会 1990；『高齢者福祉の世界』（中野いく子・和気純子と共編著）有斐閣 2008；『学校教育の中のジェンダー』（村松泰子と共編著）日本評論社 2009；『よくわかる高齢者福祉』（中野いく子と共編著）ミネルヴァ書房 2010；『講座社会学11 福祉』（平岡公一と共編著）東京大学出版会 2010

大槻 奈巳（おおつき なみ） 第8章
聖心女子大学文学部准教授 博士（社会学）
論文 「雇用不安定化におけるジェンダー格差―男性，女性それぞれの困難」『労働理論学会学会誌』19号 2010；「施設介護職員とホームヘルパーの職務の比較と賃金」『同一価値労働同一賃金原則の実施システム』（森ます美・浅倉むつ子編著）有斐閣 2010；「扉を開いた女性たち―女性正規雇用者の軌跡」『高度成長の時代3 成長と冷戦への問い』（共編著）大月書店 2011；

Nami Otsuki & Keiko Hatano, 2009, "Japanese Perceptions of Trafficking in Persons: An Analysis of the 'Demand' for Sexual Services and Policies for Dealing with Trafficking Survivors", *Social Science Japan Journal*, 12(1) 2011.

島　直子（しま　なおこ）**第9章**
首都大学東京都市教養学部特任研究員　博士（社会学）
論文　「妻の家計貢献が夫の性別役割分業意識に及ぼす影響——夫の社会経済的地位による交互作用」『家族社会学研究』23(1) 2011.

編者紹介

目黒 依子（めぐろ よりこ）第 4 章
上智大学名誉教授・元総合人間科学部教授　Ph. D.
主著　『女役割―性支配の分析』垣内出版 1980；『個人化する家族』1987；『家族社会学のパラダイム』2007（以上勁草書房）；『講座社会学 2　家族』（渡辺秀樹と共編著）東京大学出版会 1999；『少子化時代のジェンダーと母親意識』（矢澤澄子と共編著）新曜社 2000；『少子化のジェンダー分析』（西岡八郎と共編著）勁草書房 2004

矢澤 澄子（やざわ すみこ）第 10 章
元東京女子大学現代教養学部教授
主著　『都市と女性の社会学』（編著）サイエンス社 1993；『講座社会学 14　ジェンダー』（鎌田とし子・木本喜美子と共編著）東京大学出版会 1999；『少子化時代のジェンダーと母親意識』（目黒依子と共編著）新曜社 2000；『都市環境と子育て』（国広陽子・天童睦子と共著）勁草書房 2003；『越境する都市とガバナンス』（似田貝香門・吉原直樹と共著）法政大学出版局 2006；『女性とライフキャリア』（岡本清子と共編著）勁草書房 2009

岡本 英雄（おかもと ひでお）第 1 章
上智大学名誉教授・元総合人間科学部教授　2010 年 9 月 11 日逝去
主著　『経営と社会』（岩内亮一と共編著）税務経理協会 1986；『現代日本の階層構造 4　女性と社会階層』（直井道子と共編著）東京大学出版会 1990；『社会学への招待』（共著）ミネルヴァ書房 1992；『発展途上国の環境意識――中国，タイの事例』（西平重喜・小島麗逸・藤崎成昭と共編著）アジア経済研究所 1997；『少子化時代のジェンダーと母親意識』（共著）新曜社 2000；『女性のキャリア形成支援に関する調査研究報告書』（共著）2004；『女性のキャリア形成と NPO 活動に関する調査報告書』（共著）2005；『生涯学習の活用と女性のキャリア形成に関する調査報告書』（共著）2006（以上独立行政法人国立女性教育会館）．

揺らぐ男性のジェンダー意識
仕事・家族・介護

初版第 1 刷発行　2012 年 7 月 15 日

編　者　目黒依子・矢澤澄子・岡本英雄
発行者　塩浦　暲
発行所　株式会社　新曜社
　　　　101-0051　東京都千代田区神田神保町 2-10
　　　　電話（03）3264-4973（代）・FAX（03）3239-2958
　　　　E-mail：info@shin-yo-sha.co.jp　URL：http://www.shin-yo-sha.co.jp/
印　刷　長野印刷商工（株）　製　本　渋谷文泉閣

ⓒ Yoriko Meguro, Sumiko Yazawa, Hideo Okamoto, 2012　Printed in Japan
ISBN978-4-7885-1289-4 C3036

──────── フェミニズム・ジェンダー・家族 ────────

江原由美子・金井淑子 編
ワードマップ　フェミニズム
　　　　　　　　　　　　　　　　　四六判 384 頁・2600 円

ピルチャー／ウィラハン　片山亜紀ほか 訳・金井淑子 解説
キーコンセプト　ジェンダー・スタディーズ
　　　　　　　　　　　　　　　　　Ａ5 判 256 頁・3200 円

有賀美和子
現代フェミニズム理論の地平
ジェンダー関係・公正・差異　　　　四六判 232 頁・2200 円

山田昌弘
近代家族のゆくえ
家族と愛情のパラドックス　　　　　四六判 296 頁・2300 円

牟田和恵 編
家族を超える社会学
新たな生の基盤を求めて　　　　　　四六判 224 頁・2200 円

牟田和恵
ジェンダー家族を超えて
近現代の生／性の政治とフェミニズム　四六判 280 頁・2400 円

小宮友根
実践の中のジェンダー
法システムの社会学的記述　　　　　四六判 336 頁・2800 円

中村英代
摂食障害の語り
〈回復〉の臨床社会学　　　　　　　四六判 320 頁・3200 円

──────── 表示価格は税抜 ────────

―――― 社会学・教養 ――――

金子勇・長谷川公一
マクロ社会学
社会変動と時代診断の科学　　　　　　　Ａ５判 352 頁・3200 円

金子勇
コミュニティの創造的探求
公共社会学の視点　　　　　　　　　　　Ａ５判 224 頁・3200 円

富永健一
思想としての社会学
産業主義から社会システム理論まで　　　Ａ５判 824 頁・8300 円

佐藤健二
社会調査史のリテラシー
方法を読む社会学的想像力　　　　　　　Ａ５判 608 頁・5900 円

佐藤郁哉・芳賀学・山田真茂留
本を生みだす力
学術出版の組織アイデンティティ　　　　Ａ５判 584 頁・4800 円

好井裕明
批判的エスノメソドロジーの語り
差別の日常を読み解く　　　　　　　　　四六判 346 頁・3200 円

山本富美子 編著
国境を越えて
［本文編］改訂版　留学生・日本人学生のための一般教養書
　　　　　　　　Ｂ５判 168 頁 音声 CD 付・2500 円
［タスク編］留学生・日本人学生のための日本語表現練習ノート
　　　　　　　　Ｂ５判 204 頁・2200 円
［語彙・文法編］中・上級留学生のための語彙・文法ノート
　　　　　　　　Ｂ５判 240 頁 index CD 付・2900 円

―――― 表示価格は税抜 ――――

―――― 環境・開発・戦争 ――――

長谷川公一
脱原子力社会の選択　増補版
新エネルギー革命の時代　　　　　　　　　四六判 456 頁・3500 円

宮内泰介
開発と生活戦略の民族誌
ソロモン諸島アノケロ村の自然・移住・紛争　四六判 384 頁・4200 円

宮内泰介 編
コモンズをささえるしくみ
レジティマシーの環境社会学　　　　　　　四六判 272 頁・2600 円

足立重和
郡上八幡　伝統を生きる
地域社会の語りとリアリティ　　　　　　　四六判 336 頁・3300 円

金菱　清
生きられた法の社会学
伊丹空港「不法占拠」はなぜ補償されたのか　四六判 248 頁
　　　　　　　　　　　　　　　　　　　　（口絵 16 頁）・2500 円

荻野昌弘
開発空間の暴力
いじめ自殺を生む風景　　　　　　　　　　四六判 256 頁・2600 円

福間良明
焦土の記憶
沖縄・広島・長崎に映る戦後　　　　　　　四六判 536 頁・4800 円

関西学院大学先端社会研究所
叢書　戦争が生みだす社会 (仮題)
第 1 巻　移動と空間の変容　荻野昌弘 編
第 2 巻　引揚者の戦後　島村恭則 編
第 3 巻　基地文化　難波功士 編　　　　　四六判 250～350 頁・近刊

―――― 表示価格は税抜 ――――

3・11 慟哭の記録

71人が体感した大津波・原発・巨大地震

金菱 清 編　東北学院大学 震災の記録プロジェクト

東北魂　**サンドウィッチマン 推薦！**

3月11日、平穏な日常が壊れた。
泣く暇もない現実が始まった。
（伊達みきお）

テレビでは語られない『3.11』が
ここにある。（富澤たけし）

新曜社

正体不明の"つなみ"が、悲しみだけを残していった
生き残る方がつらい、と何度も思った
震災を忘れない、この経験を風化させてはならない

【東北学院大学震災の記録プロジェクトとは】

震災直後から宮城・岩手・福島の被災地を訪ねて調査を行い、あらゆる年齢・職業の人々に震災記録の執筆を依頼した結果、2011年11月までに27市町村71人の原稿が集まった。写真を収録せず、言葉の力のみで現場のリアリティを伝える震災エスノグラフィ（民族誌）をめざした。生と死の瀬戸際を彷徨い、家族を亡くし、家や仕事場を失った人々の慟哭に、どのように寄り添い、支援することができるか。本書は、苦難に立ち向かう東北再興の出発点である。

【おもな内容】

震災川柳・仮土葬・行方不明者捜索・津波・火柱から脱出・消防団活動・海苔養殖・遺体身元照合・福島第一原発・転々と原発避難・一時帰宅・脱ニート・避難所運営・女川原発見学・山津波・新幹線閉じ込め・エコノミークラス症候群…

金菱 清 編
（東北学院大学教養学部地域構想学科准教授）
東北学院大学 震災の記録プロジェクト

株式会社 新曜社

〒101-0051
東京都千代田区神保町2-10
多田ビル
電話 03-3264-4973
FAX 03-3239-2958
mail info@shin-yo-sha.co.jp
新曜社ブログもごらん下さい

■ご注文は書店、生協または上記小社へ

ISBN978-4-7885-1270-2 C1036 ¥2800E
四六判 560 頁ハードカバー
税込2,940円（本体2800円）
2012年2月20日発売